VOCES FEMENINAS DE HISPANOAMÉRICA

Voces femeninas de Hispanoamérica

ANTOLOGÍA

EDITED BY

Gloria Bautista Gutiérrez

UNIVERSITY OF PITTSBURGH PRESS

Published by the University of Pittsburgh Press, Pittsburgh, Pa., 15260
Copyright © 1996, University of Pittsburgh Press
Manufactured in the United States of America
Printed on acid-free paper

Library of Congress Cataloging-in-Publication Data
Voces femeninas de Hispanoamérica : antología / Gloria Bautista, editor.
   p.   cm. — (Pitt Latin American series)
   Includes bibliographical references.
   ISBN 0-8229-3877-4 (alk. paper). — ISBN 0-8229-5558-x (pbk. :
alk. paper)
   1. Spanish American literature—Women authors.   I. Bautista
Gutiérrez, Gloria.   II. Series.
PQ7083.V6   1995
860.8'09282'098—dc20   95-16033

A CIP catalogue record for this book is available from the British Library.

CONTENIDO

PRÓLOGO

La selección de escritoras para esta antología ha sido ardua, ya que hay más de setecientas de las cuales sólo seleccioné treinta y tres. Incluyo escritoras desde las más conocidas hasta las novísimas sobre las cuales todavía no hay estudios críticos.

El criterio de selección ha sido exclusivamente literario, aunque por razones de espacio, se excluyen la mayoría de las novelistas. La distribución del material va en orden cronológico y por género: poesía, cuento, ensayo, teatro y fragmentos de novelas.

La mayoría de la producción femenina se ha dado en los últimos cincuenta años y el "Boom" es bastante reciente, al igual que el avance del feminismo occidental el cual ha incrementado el interés en la literatura escrita por mujeres.

En América Latina, hasta hace poco, las jóvenes sólo tenían dos alternativas dignas: el casamiento o el convento. Con los movimientos independentistas, la mujer comenzó a participar en otras actividades más afines con las luchas que se estaban librando. Este comienzo fue seguido por su participación en obras de caridad, y más tarde en la docencia, el magisterio y el periodismo; generalmente se les permitía publicar en periódicos y revistas, aunque en la mayoría de las cuales ellas mismas eran fundadoras. En la segunda parte del siglo XX la mujer empezó a ejercer otras profesiones socialmente toleradas.

Entre los siglos dieciséis y diecinueve no se dieron muchas escritoras debido a las restricciones sociales y religiosas que amordazaron el espíritu femenino. Algunas escribieron sobre temas que, reaciamente, les permitía la sociedad patriarcal; otras lucharon y enfrentaron fuerte oposición. Domingo Faustino Sarmiento, escritor y pedagogo argentino, llegó a decir: "Una mujer pensadora es un escándalo. ¡Ay, pues de aquél por quien el escándalo venga!"

Al repasar antologías de literatura latinoamericana advertí, con perplejidad, las lagunas inmensas que existen y la ausencia casi total de escritoras. Por lo general, entre ochenta o cien escritores aparecen sólo ocho o diez mujeres, y más grave aún fue descubrir que en pleno 1992, no había un compendio que cubriera la historia literaria femenina del mundo hispanoparlante. Sí, hay ensayos, bibliografías y biografías pero no una antología utilizable para la docencia. Este trabajo busca rendir tributo a las escritoras y a los estudiosos que las han divulgado.

Espero que cada escritora en esta antología sea una cuerda en la conciencia humana para que juntos compongamos una sifonía en la que todos participemos sin distinción de género, color o clase.

INTRODUCCIÓN

Literatura femenina en Hispanoamérica

En América Latina la creación femenina tiene una larga y significativa historia, a pesar de la reticencia que aún existe para otorgarle la importancia que ha tenido en el desarrollo artístico. El propósito del presente compendio es insistir en la difusión de este segmento fundamental en la cultura, a través del cual se da testimonio a la imaginación y a la experiencia femenina, diferente de la masculina que se ha considerado, casi siempre, de mayor envergadura.

La literatura femenina posee extraordinaria vitalidad imaginativa, energía de palabra y fuerza innovadora. Debido a la calidad artística, un buen número de escritoras vive hoy en día de su producción literaria, un fenómeno nuevo, que había tardado siglos en realizarse.

El camino transcurrido ha sido arduo. Un filósofo genovés decía: "Benditos son esos que acosados por la hostilidad se refugian en sí mismos para realizar su labor." Desde comienzos de la literatura del Nuevo Mundo, las escritoras se vieron obligadas a esconderse bajo el anonimato como es el caso de "Clarinda" y "Amarilis." Por siglos, su poesía no se aceptaba como escrita por ellas, porque el numen era un don de dominio masculino. En ocasiones, las inspiradas tuvieron que refugiarse en conventos para tener libertad creadora, como acaeció con Sor Juana Inés de la Cruz, Madre Josefa del Castillo y Guevara y Santa Rosa de Lima.

Las raíces misóginas de Latinoamérica se remontan a la herencia española legada de la Edad Media y traspasada al Nuevo Mundo. La educación de la mujer era considerada como algo maléfico y el hombre prefería a la mujer "graciosa, amable y sencilla." Se insistía en que la sabiduría causaba la caída de la mujer, como le sucedió a Eva cuando buscó el conocimiento en la fruta prohibida y cuyo pecado condenó eternamente a todo el género humano.

El conocimiento y el debate intelectual, se creía, no era propio para la mujer porque esto contribuía al error, a la confusión y a la degeneración moral. Tal opinión continuó hasta el Renacimiento como se aprecia en Fray Luis de León con *La perfecta casada:* "Así como a la mujer buena y honesta la naturaleza no la hizo para el estudio de las ciencias, ni para los negocios de dificultades, sino para un sólo oficio simple y doméstico; ahí les limitó el entender, y por consiguiente les tasó las palabras y las razones."[1] El fraile catalán Francesco Eiximenis apoya tales argumentos basado en los textos de San Pablo: "La dueña presumptuosa que pone questiones y sutiles argumentos en la fe, merece ser azotada, y si era de gran estado, debía ser bien humillada y aún tenida por vil."[2]

El Renacimiento cambió un poco la actitud hacia la educación de la mujer, lo que no hizo la religión. Juan Luis Vives argumenta que: "Por tanto, como la mujer sea naturalmente animal enfermo, y su juicio no esté de todas partes seguro, y puede ser muy ligeramente engañado, según mostró nuestra madre Eva, que por muy poco se dejó embobecer y persuadir del demonio."[3]

Al estar la tradición literaria latinoamericana ligada estrechamente con la española, la posición de la mujer continuó siendo la de servilismo, pureza y obediencia como cantaba Lope de Vega:

¿Quién la mete a la mujer
Con Petrarca y Garcilaso,
Siendo su Virgilio y Tasso,
Hilar, lavar y coser?[4]

También Quevedo dio rienda suelta a la misoginia con el mordaz y desdeñoso ensayo titulado *La culta latiniparla.*

La presencia de la mujer en la historia latinoamericana se remonta al descubrimiento. En el segundo viaje de Colón hubo varias mujeres a bordo. Más tarde aparecen figuras claves como Doña Marina, "La Malinche," quien sin ella la conquista de México no hubiera sido fácil o quizás, hasta imposible. También se tiene a Inés Suárez, que valerosamente ayudó a Pedro de Valdivia en la conquista de Chile. En el campo religioso aparece Santa Rosa de Lima (1586–1617). De espíritu aventurero conocemos a Catalina de Eraúso, "La Monja Alférez" (1592–1636). Además la esposa de

1. Fray Luis de León, *La perfecta casada* (México: Editorial Navarro, 1957), 149.
2. *Lo libre de los dones,* ed. Frank Naccarato (dis. doctoral, University of Chicago, 1965), lib. 4, cap. 2, fol. 2.
3. Juan Luis Vives, *Instrucción de la mujer cristiana* (Buenos Aires: Espasa-Calpe, 1944), 19.
4. Lope de Vega, *Obras Completas* (Madrid: Espasa-Calpe, 1963), 2:61.

Orellana, la hija de Lope de Aguirre, la gobernadora de las Antillas Doña María de Toledo y muchas más durante el descubrimiento, colonia y conquista del Nuevo Mundo. De la independencia se recogen nombres como Policarpa Salavarrieta y Antonia Santos de Colombia, Josefa Ortiz de Domínguez y Leona Vicario de Quintana Roo de México, Javiera Carrera de Valdés y Luisa Recabarrén de Marín de Chile, Juana Azurduy de Padilla de Bolivia, Mariquita Sánchez de Thompson de la Argentina y la colombo-ecuatoriana Manuela Sáenz, quien fue el mayor apoyo de El Libertador Simón Bolívar.[5]

En el campo literario no se da razón sino de muy pocas escritoras durante los tres siglos del descubrimiento, conquista y colonia y tan sólo se destaca a Sor Juana Inés de la Cruz. En el Nuevo Mundo, donde la religión ejercía gran poder, la actividad literaria femenina se consideraba una desobediencia a los preceptos de modestia y una infracción contra su castidad.

En el siglo dieciocho, los ideales de democracia, igualdad y fraternidad ofrecieron una apertura intelectual. La actividad literaria femenina incrementó, especialmente en las clases acomodadas que tenían el tiempo libre para escribir.

En el siglo XX, la mujer ya no se contentaba con ser un mero adorno. Se ve un florecimiento de escritoras aplomadas, serenas y sin temor a la crítica que ha empezado a valorar su calidad artística e ideológica, sin el paternalismo tradicional. Golpe a golpe, paso a paso, las escritoras latinoamericanas, continúan su lucha creativa y traslucen un cosmos profundo, frondoso e inexplorado con un contexto femenino autóctono.

La literatura escrita por mujeres en Latinoamérica ya no es un fenómeno aislado ni el resultado de "arranques de coquetería" ni son un "talento excepcional y aislado" sino más bien un logro colectivo por un numeroso grupo que ya no se puede ignorar. Sin embargo, las escritoras siguen enfrentando el problema que Tzvetan Todorov, en *La conquista de América Latina*, llama "alteridad." Según Todorov, para el europeo, el latinoamericano continúa siendo "el otro" y esta alteridad no solamente implica un código y una conducta, sino todo un contexto. O sea selva, sierra, indigenismo, primitivismo, superstición, violencia, guerrilla y lo

---

5. Véase G. A. Rodríguez, *Doña Marina* (México, 1935); C. Gernández Duro, *La mujer española en Indias* (Madrid: Tello, 1902); Héctor P. Blomberg, *Mujeres de la historia americana* (México, 1910); V. Grez, *Las mujeres de la independencia* (Santiago de Chile, 1910); J. D. Monsalve, *Mujeres de la independencia* (Bogotá, 1926); Rumazo González, *Manuela Sáenz, la libertadora del Libertador* (Cali, 1944); y Victor W. Von Hagen, *Las cuatro estaciones de Manuela* (Buenos Aires: Editorial sudamericana, 1989).

demás. En el caso de las escritoras, ellas son "el otro" con su código y conducta preestablecidos por la sociedad patriarcal. La crítica, mayormente masculina, no ha captado la significancia de las escritoras como el vehículo de recuperación de la realidad femenina.

Jean Starobinski asegura que la formación interior del escritor se basa en los estados sucesivos del deseo. De este modo, una sociedad como la latinoamericana, donde la virginidad y la maternidad eran, hasta hace poco, las únicas alternativas para la mujer, y donde la frigidez representaba una imprescindible condición de decencia, ¿cómo desconocer el factor sexual? Tampoco se puede ignorar la opresión femenina, y la dificultad que atraviesa para salir de la pasividad y el silencio impuesto por la tradición. Una vez que logran romper estas cadenas, las escritoras pueden ser brillantes, renovadoras, revolucionarias.

Frecuentemente, al estudiarlas, los críticos comentan las influencias en la obra. Casi siempre aparece que la escritora ha sido influenciada por un escritor y no al contrario. Rodríguez Monegal reversa esta tendencia patriarcal cuando escribe sobre las influencias en Borges y Bioy Casares. Dice Rodríguez Monegal que la señal más inmediata de esa influencia la da el grupo de narradores que se reúne en torno a *Sur.* Son, principalmente, Silvina Ocampo (*El impostor*—1948) y María Luisa Bombal (*La última niebla*—1933) quienes escribieron mucho antes que cualquier texto importante de Borges o Bioy. En *Los recuerdos del porvenir* de Elena Garro, la historia está contada con una óptica y un estilo que anticipa milagrosamente muchos de los mejores hallazgos de *Cien años de soledad,* hasta la letra menuda de algunas metáforas, de esas apariciones sobrenaturales, del tiempo congelado en un instante privilegiado y las bruscas soluciones de continuidad en el relato.

Este argumento lo segunda Helena Araújo al recordarnos que cuando García Márquez vivía en México, a principios de la década del sesenta, ya se habían publicado autoras como Nelly Campobello, Elena Garro, Rosario Castellanos. Es imposible que García Márquez no las hubiera leído. Y resulta sorprendente comprobar cómo Nelly Campobello, una cronista genial de la Revolución mexicana, incluye en sus cuentos fusilamientos y balaceras que tienen la misma calidad irreal y dramática de las de Macondo. En cuanto a Rosario Castellanos, en un relato suyo titulado "Vals capricho," aparece una muchacha indiona, semisalvaje, que le gusta comer tierra y andar desnuda por la casa. ¿Podría haber sido Remedios la Bella o Rebeca Buendía? García Márquez en una carta personal a Elena Garro, confesó, hasta qué punto le había impresionado la aldea demiúrgica, alucinante, fantástica de su novela *Recuerdos del porvenir.*[6] García Márquez debió haber leído escritoras mexicanas, aunque nunca las menciona. A la única que nombra de vez en cuando es a Elena Poniatowska, pero porque en algún momento le traspapeló un manuscrito.

Helena Araújo también señala que a nadie se le ocurre comparar *Recuerdos del porvenir* de Elena Garro con *El filo del agua* de Agustín Yáñez. Y, ¿Ningún crítico llega a ver semejanzas entre la narrativa de Beatriz Guido y la de Ernesto Sábato? Tampoco se ha mencionado cómo "Cartas confidenciales" de Silvina Ocampo pudo haber influido en la creación de *Aura* de Carlos Fuentes. En el cuento de Silvina una mujer anciana roba la juventud de un muchacho.

Desafortunadamente, aún hoy en día y para muchos hombres, la mujer sigue siendo una metáfora conveniente y engañosa. En cambio, cuando se trata de escritoras, los críticos se aseguran de mencionar las influencias masculinas en ellas. Por ejemplo, a Isabel Allende han tenido la osadía de llamarla "García Márquez con faldas." A pesar de tanto atropello, las escritoras hispanoamericanas intentan reconocer su "yo" y reivindicar la sexualidad que les ha sido censurada. Para éllo emplean un estilo autobiográfico que encierra una voluntad de concientización e identificación. Mucha de la literatura femenina está llena de fantasmas, de mundos en los que la escritora entra con timidez, porque son zonas que le han sido vedadas, y las explora sigilosamente, como un niño que aprende a caminar.

En Hispanoamérica la poesía femenina siempre ha sido más apreciada que la narrativa, a pesar de que a muchas poetas las han calificado de "sensiblera," "cursi" y "escandalosa fabricante de versos eróticos." Las más alabadas han sido las que se mantienen dentro de los parámetros patriarcales y religiosos. A Gabriela Mistral, por ejemplo, la llamaban "la Santa" y "la Divina," pero ninguna novelista ha sido beatificada. En sus *Testimonios,* Victoria Ocampo habla mucho de la manera como se censuraba a las mujeres que pretendían hacer de la literatura una profesión.

Al examinar el desarrollo literario en Hispanoamérica, las escritoras constituyen un aporte decisivo al lenguaje poético, y un avance en el conocimiento humano, por medio de la exploración del subconsciente y la desmitificación de estereotipos y tradiciones subyugantes. Rachel Phillip concientizó la crítica patriarcal, transformando el término "poe-

---

6. Antoineta Eva Verwey, *Mito y palabra poética en Elena Garro* (México: Universidad Autónoma de Querétaro, 1982), 83.

tisa" a "poeta," e impulsó la escritura femenina de separación a inclusión, y a la escritora, no como un fenómeno raro y particular, sino como un ser universal.

Poco a poco, la discriminación va cediendo, pero todavía falta tiempo, mucho tiempo y generosidad, no sólo para valorar a las recientes escritoras sino también para reivindicar a las injuriadas.

TEMÁTICA

La escritora hispanoamericana ha tratado una variedad multifacética de temas: su condición de mujer, la maternidad, la pobreza, la esterilidad, el amor, la muerte, lo metafísico, las relaciones sexuales y familiares, lo político, las injusticias, la crueldad, lo macabro, el racismo, lo mitológico, la incomunicación, el indigenismo, la violencia institucionalizada, el terror, la religión. O sea, han tratado todos los aspectos del cosmos latino-americano. Pero hay una cualidad que unifica la literatura de las mujeres: una visión de paz, de esperanza y optimismo. Es bastante simbólico que el premio Nóbel de Paz, en los quinientos años del encuentro de los dos mundos, le fue otorgado a Rigoberta Menchú, líder indígena de Centro-américa.

Espero que este libro llegue al corazón de los lectores con la misma fuerza, placer y pasión con que estas escritoras enriquecieron mi existencia.

POESÍA

Clarinda

POETA ANÓNIMA ¿1580–1630? PERÚ

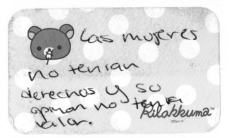

A través de los siglos se ha generado gran controversia sobre si *Discurso en loor de la poesía* fue escrito por una mujer o por un hombre tratando de ocultar su identidad. Cervantes la presenta, no como madre de gallardos infantes, sino de unos robustos tercetos. Ricardo Palma cree que tal erudición era imposible en una mujer de la época porque la educación de ellas en los siglos XVI y XVII era tan desatendida: "no se les consentía más lectura que la de libros devotos, autorizados por el gobierno eclesiástico y por la Inquisición, enemiga acérrima de que la mujer adquiriese una ilustración la que se consideraba como ajena a su sexo."[1]

En la Universidad de San Marcos no era aún lícito que entrara la mujer. Para ella, en el Perú, no había siquiera un colegio de instrucción media, sino humildísimas escuelas, en las que se enseñaba a las niñas "algo de lectura, un poco de escritura, lo suficiente para hacer el apunte de lavado, las cuatro reglas aritméticas, el catecismo cristiano, y mucho de costura, bordado y demás labores de aguja."[2] Aún después de 1830 no había escuela en la que las niñas adquiriesen nociones de geografía e historia. El principio rigente en la mujer era "misa, misar, y casa guardar."

Durante la colonia había carencia de libros, y los pocos que existían se encontraban en conventos y monasterios. El *Index de la Inquisición* sólo permitía una restringida lista de volúmenes, la mayoría en latín. Quien leyera algo fuera de esta lista se le consideraba hereje y podía ser excomulgado o aún sufrir peores castigos. Para leer a los clásicos, un hombre necesitaba obtener licencia eclesiástica. Por eso se cree que

Clarinda pudo haber sido la esposa de algún poderoso que le permitiera acceso al conocimiento vedado a ella.

Diego Mexía nos dice que *Discurso en loor de la poesía* fue "compuesto por una señora principal de este Reino, y por justos respetos no se escribe su nombre." Marcelino Menéndez Pelayo y Ricardo Palma creen que una obra de tanta densidad erudita debió haber sido escrita por un hombre.

Con elocuencia culta, la obra exalta la poesía, don divino que centra todos los saberes. Recorre las cimas literarias de todos los tiempos, desde los poetas de la Biblia hasta los versificadores hispanos del Perú, pasando por griegos y latinos. El poema finaliza con la ofrenda a Diego Mexía, a quien está dedicado. Menéndez Pelayo lo describe como "un bello trozo de inspiración didáctica," y Rafael Pombo escribió que "rara vez en verso castellano se ha discurrido más alta y poéticamente sobre la poesía."

Clarinda pudo haber sustentado cátedra de historia griega y de mitología en la Universidad de San Marcos, cuyo estudio en 1607 apenas se iniciaba. Desafortunadamente las aulas estaban vedadas a la mujer. Sin embargo, en su poema, Clarinda habla, sin femeniles escrúpulos, de los dioses y diosas del Olimpo, de Homero y la Ilíada, de Virgilio y la Eneida. Manosea con desenfado a los personajes bíblicos, y casi trata tú por tú, como quien ha vivido en larga intimidad con ellos, a Horacio, Marcial, Lucrecio, Juvenal, Perseo, Séneca y Catulo.

Clarinda, seudónimo de una mujer con clara conciencia de serlo y una firme solidaridad con su sexo, menciona seis veces que es mujer. Esta loa, en 808 versos rimados, plantea una teoría filosófica. Con un idioma diestramente manejado, la poeta utiliza tercetos encadenados como se acostumbraba, al tratar temas elevados.

A pesar de que permanece en el anonimato, después de casi cuatro siglos, el Parnaso literario recuerda a esta mujer de la época colonial que se dedicó a la alabanza de la poesía. Clarinda no se conforma con que la recuerden como gran poeta, aunque haya decidido mantener su nombre en secreto. A pesar del misoginio crítico que insiste en despojarla de su merecida gloria, Clarinda deja huellas irrevocables de su feminidad. En su larga relación de nombres, los de las mujeres ocupan el centro de la obra y van antes que los demás. Procede a la mención de Safo,[3] Pola,[4] Proba Valeria, las Sibilas, las Febadas, Tiresia Manto y otras mujeres fuertes de la Biblia, de la historia antigua, de la mitología, del Nuevo Testamento, en la particular figura de María como muestra máxima de poetas en el "Magníficat."

Culmina su postura feminista con el tratamiento de Eva. La presenta como personaje literario significativo y habla de la inclinación poética que ya tendría Adán, el primer hombre, al entonar sus alabanzas a Dios.

NOTAS

1. Ricardo Palma, *Tradiciones peruanas*, en *Obras completas* (Madrid: Aguilar, 1964), 259.

2. Ibid., 260.

3. The Greek poet Sappho (¿625–580? B.C.) Only fragments of her poetry— epithalamia, elegies, and wedding songs—remain.

4. Polla Argentaria, the wife of Lucan. It is said that she "polished" some cantos of the Pharsalia after her husband's death.

BILIOGRAFÍA CRÍTICA

Cornejo Polar, Antonio. *Discurso en loor de la poesía*. Lima: Universidad Nacional Mayor de San Marcos, 1964.

García Calderón, Ventura. *El apogeo de la cultura colonial. Las poetisas anónimas.* París: El Lunarejo, Caviedes, Desclée de Brower, 1938.

Menéndez y Pelayo, Marcelino. *Historia de la poesía hispanoamericana*. Tomo 2. Madrid: Librería General de Victoriano Suárez, 1913.

Palma, Ricardo. *Tradiciones peruanas*. En *Obras completas*. Madrid: Aguilar, 1964.

Sabat de Rivers, Georgina. "Antes de Juana Inés: Clarinda y Amarilis, dos poetas del Perú colonial." *La Torre: Revista de la Universidad de Puerto Rico* 1 (1987): 275–87.

Sánchez, Luis Alberto. *Los poetas de la Colonia y de la Revolución*. Edición corregida. Lima: P.T.C.M., 1947.

Tamayo Vargas, Augusto. "Poetisas anónimas." En *Literatura peruana*. Lima: Universidad Nacional Mayor de San Marcos, 1965.

Discurso en loor de la poesía

[1608]

La mano y el favor de la Cirene,[1]
a quien Apolo[2] amó con amor tierno;
y el agua consagrada de Hipocrene,[3]

y aquella lira con que del Averno[4]
Orfeo[5] libertó su dulce esposa,
suspendiendo las furias del infierno;

la célebre armonía milagrosa
de aquel cuyo testudo pudo tanto,
que dio muralla a Tebas la famosa;

el platicar süave, vuelto en llanto
y en sola voz, que a Júpiter[6] guardaba,
y a Juno[7] entretenía y daba espanto;

el verso con que Homero[8] eternizaba
lo que del fuerte Aquiles[9] escribía,
y aquella vena con que lo dictaba,

quisiera que alcanzaras, Musa mía,
para que en grave y sublimado verso
cantaras en loor de la Poesía.

---

1. The water nymph Cyrene of Greek myth.
2. In Greek myth, Apollo is the god of sunlight, prophesy, music, and poetry.
3. The winged horse Pegasus had created this fountain for the muses.
4. Avernus, the entrance to the Underworld.
5. Orpheus, son of Apollo and Calliope, can charm animals with his singing and lute playing. Orpheus is sent to the Underworld, where his wife, Eurydice, is restored to him; but because Orpheus looks at her before reaching the earth, he loses her.
6. Jupiter, the Roman god of light; corresponds to the Greek god Zeus. The greatest of gods, Jupiter protects.
7. The Roman goddess Juno, corresponding to the Greek Hera, represented the powers of women and was the protector of married women.
8. Homer.
9. Achilles, the Greek warrior and hero of Homer's *Iliad*.

Que ya que el vulgo rústico, perverso,
procura aniquilarla, tú hicieras
su nombre eterno en todo el universo.

Aquí, Ninfas del Sur, venid ligeras;
pues que soy la primera que os imploro,
dadme vuestro socorro las primeras.

Y vosotras, Pimpleides,[10] cuyo coro
habita en Helicón,[11] dad largo el paso,
y abrid en mi favor vuestro tesoro;

de la agua medusea dadme un vaso,
y pues toca a vosotras, venid presto,
olvidando a Libetros[12] y a Parnaso.[13]

Y tú, divino Apolo, cuyo gesto
alumbra al orbe, ven en un momento,
y pon en mí de tu saber el resto.

Inflama el verso mío con tu aliento,
y en l'agua de tu trípode lo infunde,
pues fuiste de él principio y fundamento.

Mas ¿en qué mar mi débil voz se hunde?
¿A quién invoco? ¿Qué deidades llamo?
¿Qué vanidad, qué niebla me confunde?

Si, ¡oh gran Mexía!, en tu esplendor me inflamo,
si tú eres mi Parnaso, tú mi Apolo,
¿para qué a Apolo y al Parnaso aclamo?

10. The Pimpleides are a group of Muses, whose leader is Pimplea (Helen of Troy).
11. Mount Helicon, dedicated to the Muses.
12. Personification of Freedom.
13. Mount Parnassus, dedicated to Apollo and the Muses.

Tú en el Perú, tú en el Austrino polo,
eres el Delio,[14] el Sol, el Febo santo;
sé, pues, mi Febo,[15] Sol y Delio sólo.

Tus huellas sigo, al cielo me levanto
con tus alas: defiendo a la poesía;
Fébada tuya soy, oye mi canto.

Tú me diste precepto, tú la guía
me serás, tú que honor eres de España,
y la gloria del nombre de Mexía.

Bien sé que en intentar esta hazaña
pongo un monte, mayor que Etna[16] el nombrado,
en hombros de mujer, que son de araña;

mas el grave dolor que me ha causado
ver a Helicona en tan humilde suerte,
me obliga a que me muestre tu soldado.

Que en guerra que amenaza afrenta o muerte,
será mi triunfo tanto más glorioso
cuanto la vencedora es menos fuerte.

Después que Dios con brazo poderoso
dispuso el caos y confusión primera,
formando aqueste mapa milagroso;

después que en la celeste vidriera
fijó los signos, y los movimientos
del Sol compuso en admirable esfera;

después que concordó los elementos
y cuanto en ellos hay, dando preceto
al mar que no rompiese sus asientos;

---

14. Epithet of Diana; island of Delos.
15. Phoebus ("Bright") Apollo.
16. Aetna, the Sicilian volcano.

recopilar queriendo en un sujeto
lo que criado había, al hombre hizo
a su similitud, que es bien perfeto.

De frágil tierra y barro quebradizo
fué hecha aquesta imagen milagrosa,
que tanto al autor suyo satisfizo,

y en ella con su mano poderosa
epilogó de todo lo criado
la suma, y lo mejor de cada cosa.

Quedó del hombre Dios enamorado,
y dióle imperio y muchas preeminencias,
por Vicediós[17] dejándole nombrado.

Dotóle de virtudes y excelencias,
adornólo con artes liberales,
y dióle infusas[18] por su amor las ciencias.

Y todos estos dones naturales
los encerró en un don tan eminente,
que habita allá en los coros celestiales.

Quiso que aqueste don fuese una fuente
de todas cuantas artes alcanzase
y más que todas ellas excelente;

de tal suerte, que en él se epilogase
la humana ciencia, y ordenó que el darlo
a sólo el mismo Dios se reservase;

que lo demás pudiese él enseñarlo
a sus hijos, mas que este don precioso
sólo el que se lo dió pueda otorgarlo.

17. Vice-God.
18. Infused (as with the grace of God).

¿Qué don es éste?, ¿quién el más grandioso
que por objeto a toda ciencia encierra,
sino el metrificar dulce y sabroso?

El don de la poesía abraza y cierra,
por privilegio dado de la altura,
las ciencias y artes que hay acá en la tierra.

Esta las comprende en su clausura,[19]
las perfecciona, ilustra y enriquece
con su melosa y grave compostura.

Y aquel que en todas ciencias no florece,
y en todas artes no es ejercitado,
el nombre de poeta no merece,

y por no poder ser que esté cifrado
todo el saber en uno sumamente,
no puede haber poeta consumado.[20]

Pero serálo aquel más excelente
que tuviera más alto entendimiento
y fuera en más estudios eminente.

Pues ya de la Poesía el nacimiento
y su primer origen ¿fué en el suelo?
¿O tiene aquí en la tierra el fundamento?

¡Oh Musa mía!, para mi consuelo
dime dónde nació, que estoy dudando.
¿Nació entre los espíritus del cielo?

Estos a su criador reverenciando
compusieron aquel Trisagio[21] trino,
que al trino y uno siempre están cantando.

---

19. Inner sanctum or recess of a convent.
20. Consummate.
21. Hymn in honor of the Holy Trinity.

Y como la poesía al hombre vino
de espíritus angélicos perfetos,
que por conceptos hablan de contino,

los espirituales, los discretos
sabrán más de poesía, y será ella
mejor mientras tuviere más concetos.

De esta región empírea, santa y bella
se derivó en Adán[22] primeramente,
como la lumbre délfica en la estrella.

¿Quién duda que, advirtiendo allá en la mente
las mercedes que Dios hecho le había
porque le fuese grato y obediente,

no entonase la voz con melodía,
y cantase a su Dios muchas canciones,
y que Eva[23] alguna vez le ayudaría?

Y viéndose después entre terrones,
comiendo con sudor por el pecado,
y sujeto a la muerte y sus pasiones;

estando con la reja y el arado,
¿qué elegías compondría de tristeza,
por verse de la gloria desterrado?

Entró luego en el mundo la rudeza
con la culpa; hincharon las maldades
al hombre de ignorancia y de bruteza;

dividiéronse en dos parcialidades
las gentes; siguió a Dios la más pequeña,
y la mayor a sus iniquidades.

22. Adam.
23. Eve.

La que siguió de Dios el bando y seña,
toda ciencia heredó, porque la ciencia
fundada en Dios al mismo Dios enseña.

Tuvo también y en suma reverencia
al don de la Poesía, conociendo
su grande dignidad y su excelencia.

Y así el dichoso pueblo, en recibiendo
de Dios algunos bienes y favores,
le daba gracias, cantos componiendo.

Moisés,[24] queriendo dar sumos loores,
y la gente hebrea, a Dios eterno,
por ser de los egipcios vencedores,

el cántico hicieron dulce y tierno
(que el *Exodo* celebra) relatando
cómo el rey Faraón bajó al Infierno.

Pues ya cuando Jahel privó del mando
y de la vida a Sísara animoso,[25]
a Dios rogando y con el mazo dando,

¡qué poema tan grande y sonoroso
Barac el fuerte y Débora[26] cantaron,
por ver su pueblo libre y victorioso!

La muerte de Goliat[27] celebraron
las matronas con versos de alegría,
cuando a Saúl con ellos indignaron.

El rey David sus salmos componía,
y en ellos del gran Dios profetizaba;
¡de tanta majestad es la Poesía!

---

24. Moses.
25. Jael (Judges 4–5) killed the Canaanite captain Sisera.
26. Deborah, the Hebrew prophetess who assisted Barak in the victory of Israel over the Canaanites and who was celebrated in famous verses known as the Song of Deborah.
27. Goliath.

El mismo los hacía y los cantaba;
y más que con retóricos extremos
a componer a todos incitaba.

"Nuevo cantar a nuestro Dios cantemos
—decía—, y con templados instrumentos
su nombre bendigamos y alabemos."

"Cantadle con dulcísimos acentos,
sus maravillas publicando al mundo,
y en él depositad los pensamientos."

También Judit, después que al tremebundo
Holofernes cortó la vil garganta,[28]
y morador lo hizo del profundo,

al cielo empíreo aquella voz levanta,
y dando a Dios loor por la victoria,
heroicos y sagrados versos canta.

Y aquellos que gozaron de la gloria
en Babilonia[29] estando en medio el fuego
menospreciando vida transitoria,

las voces entonaron con sosiego,[30]
y con metros al Dios de las alturas
hicieron fiesta, regocijo y juego.

Job sus calamidades y amarguras
escribió en verso heroico y elegante;
que a veces un dolor brota dulzuras.

---

28. To save her native town of Bethulia, the Jewish heroine Judith cut off the head of Holofernes, Nebuchadnezzar's general.
29. Babylon.
30. Tranquillity, calmness, peacefulness.

A Jeremías[31] dejo, aunque más cante
sus trenos numerosos, que ha llegado
al Nuevo Testamento mi discante.

La Madre del Señor de lo criado,
¿no compuso aquel canto que enternece
al corazón más duro y obstinado?

"A su Señor mi ánima engrandece,
y el espíritu mío de alegría
se regocija en Dios y le obedece."

¡Oh dulce Virgen, ínclita[32] María!
No es pequeño argumento y gloria poca
esto para estimar a la Poesía:

que basta haber andado en vuestra boca
para darle valor, y a todo cuanto
con su pincel dibuja, ilustra y toca.

¿Y qué diré del soberano canto
de aquel a quien, dudando allá en el templo,
quitó la habla al Paraninfo[33] santo?

A ti también, ¡oh Simeón![34] contemplo,
que abrazado a Jesús con brazos píos,
de justo y de poeta fuiste ejemplo.

El Hosanna cantaron los judíos
a aquel a cuyos miembros con la lanza
después dejaron de calor vacíos.

---

31. The prophet Jeremiah (650?–580? B.C.), author of Lamentations, concerning the destruction of Jerusalem.
32. Famous, illustrious, conspicuous, renowned.
33. Best man, as in a wedding.
34. St. Simeon.

Mas ¿para qué mi musa se abalanza
queriendo comprobar cuánto a Dios cuadre
que en metro se le dé siempre alabanza?

Pues vemos que la Iglesia nuestra madre
con salmos, himnos, versos y canciones,
pide mercedes al Eterno Padre

De aquí los sapientísimos varones
hicieron versos griegos y latinos,
de Cristo, de sus obras y sermones.

Mas ¿cómo una mujer los peregrinos
metros del gran Paulino[35] y del hispano
Juvencio[36] alabará siendo divinos?

De los modernos, callo a Mantüano,[37]
a Fiera, a Sannazaro,[38] y dejo a Vida,[39]
y al honor de Sevilla, Arias Montano.[40]

De la parcialidad que desasida
quedó de Dios, negando su obediencia,
es bien tratar, pues ella nos convida.

Esta, pues, se apartó de la presencia
de Dios, y así quedó necia, ignorante,
bárbara, ciega, ruda y sin prudencia.

---

35. St. Paulinus (353–431), bishop of Nola Bordeaux and author of *Letters and Latin Poetry*.

36. Juvencus, a Hispanic Latin poet of the fourth century; he adapted the Gospel according to St. Matthew.

37. A Venetian poet.

38. Jacopo Sannazaro (1456?–1530), an Italian poet who was the author of *Arcadia*, a pastoral novel in prose and verse.

39. Marcos Jeronimo Vida (1480–1556), an Italian bishop and humanist; the author of *Poetic Art*.

40. Benedictus Arias Montanus (1527–1598), the Spanish humanist who prepared the Antwerp Polyglot, or "Royal Polyglot," Bible commissioned by King Philip II.

Amarilis

POETA ANÓNIMA ¿1600-? PERÚ

Amarilis de América, cuya existencia es aún controversial, fue la primera mujer en el Nuevo Mundo con conocimiento enciclopédico. Menéndez y Pelayo dice que su caso es "tan nuevo, tan anormal y peregrino."[1] La poeta nos cuenta de su vida con tal sencillez y candor, que ya queda muy poca duda de su existencia. No se conoce de ella sino una silva *Epístola a Abelardo* que bastó para inmortalizarla; el poema fue escrito a Lope de Vega quien lo publicó en *La Filomena* en 1621.[2] En este mismo volumen, Lope incluye su respuesta: *Belardo a Amarilis,* que varios críticos, entre ellos Menéndez y Pelayo, consideran inferior al poema de la peruana.

Entre los nombres que se sugieren como posible identidad de Amarilis figuran: Doña María Tello de Lara y de Arévalo y Espinosa, Doña Isabel de Figueroa o Doña Ana de Morillo. Menéndez y Pelayo afirma que debió de llamarse María de Alvarado, porque "Amarilis" es rebozo corriente de "María," y Alvarado fue el fundador de Huánuco, cuya nieta se decía, era la admiradora de Lope.

Ricardo Palma argumenta que tan eruditos versos no podían ser de una mujer sino que "son hijos de varonil inspiración y de una inteligencia cultivada" imposible de alcanzar porque "la mujer sabia no fue hija del siglo XVII," ni lo fue tampoco la mujer "librepensadora o racionalista." Palma le echa en cara a Amarilis el platonicismo amoroso de que hace gala en la silva, como si cupiera otra laya de amor entre dos "enamorados" distantes y que, por ende, jamás se habían visto y tratado; y como si ese platonicismo desinteresado no fuera propio de una mujer romántica, como indudablemente debió de serlo Amarilis. Arguye también Palma que la silva está demasiado bien versificada para haber sido escrita por mano de mujer y la tilda de "comadre cotorrera."[3]

Georgina Sabat de Rivers argumenta a favor de la identidad femenina de Amarilis diciendo que mal podremos imaginarnos el estado de inseguridad y desconcierto de aquellas pocas mujeres a quienes, en el duro período del gran poder absolutista español, les fue posible hacerse de una preparación literaria, de esa a la que no les era fácil acceder. Georgina se basa en que en esa época, la herencia de las mujeres que habían sido parte de la cultura y colonización de Latinoamérica, se basaba solamente en la Biblia, la Antigüedad clásica y la Edad Media.

En el Nuevo Mundo, las mujeres intelectuales de entonces, eran de formación mayormente renacentista, y, obviamente, vivían en un mundo doble de herencia italiana y española; se codeaban con los hombres letrados, frecuentaban los salones que, quizá ellas mismas, mantenían en sus casas. A pesar de que les impusieron las costumbres del tiempo, las escritoras, por medio de seudónimos y utilizando fórmulas de falsa modestia y cortesía, lograron encubrir su saber, evitar envidias y sobrepasar la cultura que las veía como transgresoras de límites vedados.[4]

Luis Alberto Sánchez también atestigua al hecho de que Amarilis fue mujer y muy inspirada. Ella "forja encendidas estrofas, palpitantes y sincerísimas."[5] Su única silva producida en un ambiente colonial y absolutista, adquiere un encanto irresistible, a causa de la aureola romántica que la rodea. También sostienen la feminidad de Amarilis, Menéndez y Pelayo, José Toribio Medina, Manuel Mendiburu, Riva Agüero y Ventura García Calderón.

Pedro Henríquez Ureña también apoya el argumento a favor de la feminidad de Amarilis y clasifica la *Epístola* como "uno de los más hermosos poemas de la poesía post renacentista"; sus brillantes versos son fruto típico de la cultura literaria de aquel virreinato. Y añade que los que argumentan contra la feminidad de Amarilis "lo deben a un escepticismo mal fundado que trata de despojar a esta maravillosa poeta de su enigmática gloria."

En la *Epístola a Abelardo,* Amarilis se inclina por la intervención directa empleando tono autobiográfico. Con éllo nos da pistas sobre su feminidad, a través de expresiones en las que se percibe el orgullo encubierto de la autora, poniéndose a la misma altura de los hombres. A mitad del poema dice que es rica, noble, hermosa y virtuosa. Sin reserva, habla de las honras, virtudes y atributos que ella y la hermana han heredado de sus antepasados.

El poema de Amarilis rompe la tradición con la que la mujer debía dirigirse al hombre; ella expresa orgullosamente amistad admirativa y se pone al mismo nivel del poeta peninsular, a quien, incluso, da consejos de carácter espiritual. Le recuerda a Lope que vuelva a su "natural" porque esta vida es perecedera. Le encomienda que escriba un poema a la virgen de su devoción Santa Dorotea y le advierte que no se deje llevar por la pereza.[6] A través de expresiones dobles de humildad y orgullo, deja bien sentado que ella es también poeta de valor. Lope jamás escribió el poema a Santa Dorotea.

Amarilis, la "equinoccial sirena," como la llamó el vate español, nos presenta una mujer muy segura de sí misma, quien conocía las cartas horacianas que se habían escrito y seguían escribiéndose en su época. Su estilo vivaz y fluido atestigua un conocimiento cabal de las teorías métricas llegadas de Italia. La *Epístola a Abelardo* está constituida por 335 versos agrupados en 19 estrofas y escritos en metro de canción italiana o estancias; cada estancia está compuesta por 18 versos que presentan un esquema simétrico perfecto. Esta es la única epístola escrita en América. El poema también sigue las reglas en cuanto a la estructura tripartita, de moda en la época.

Amarilis también rompe la tradición por el modo original con que expresa su amor intelectual y religioso por Lope. Otra ruptura con la tradición es la comunicación auditiva (puesto que Lope se halla lejos y es imposible verlo) que ella establece con su corresponsal; Amarilis da más preponderancia al oído, estableciendo claramente esa ambivalencia entre ver y escuchar, es decir, leer y oír la poesía.

La autora se arraiga en la tradición medieval que creía en la espiritualidad de los amores que entraba por el oído en contraposición a lo que se hacía en su propio tiempo, que seguía la tradición renacentista, donde se afirmaba lo carnal que entraba a través de los ojos.

A pesar de muchos estudios, la identidad de Amarilis sigue siendo un misterio, aunque ya casi ningún estudioso niega la clara posibilidad de que fue una mujer.

NOTAS

1. Marcelino Menéndez y Pelayo, *Historia de la poesía hispanamericana* (Madrid: Librería General de Victoriano Suárez, 1913), 2:13.

2. Félix Lope de la Vega Carpio (1562–1635), the prolific Spanish playwright who died with more than fifteen hundred comedies and poems to his credit.

3. Ricardo Palma, *Tradiciones peruanas,* en *Obras completas* (Madrid: Aguilar, 1964), 261.

4. Véase Georgina Sabat de Rivers, "Amarilis: Innovadora peruana de la epístola horaciana," *Hispanic Review* 58 (1990): 455–67.

5. Luis Alberto Sánchez, *Los poetas de la Colonia y de la Revolución* (Lima: P.T.C.M., 1947), 84.

6. St. Dorothea, the Virgin Martyr of Alexandria, died in 310. Her feast day is February 6.

BIBLIOGRAFÍA CRÍTICA

Adán, Martín. "Amarilis." *Mercurio Peruano* (Lima), 1939, 185–93.

García Calderón, Ventura. *El apogeo de la cultura colonial*. Las poetisas anónimas. París: El Lunarejo, Caviedes, Desclée de Brower, 1938.

Menéndez y Pelayo, Marcelino. *Historia de la poesía hispanamericana*. Tomo 2. Madrid: Librería General de Victoriano Suárez, 1913.

Millé y Giménez, J. "Lope de Vega y la supuesta Amarilis." *Revista de la Biblioteca Archivo y Museo* (Madrid) 7 (1930): 1–11.

Palma, Ricardo. *Tradiciones peruanas*. En *Obras completas*, 258–62. Madrid: Aguilar, 1964.

Sabat de Rivers, Georgina. "Amarilis: Innovadora peruana de la epístola horaciana." *Hispanic Review* 58 (1990): 455–67.

———. "Antes de Juana Inés: Clarinda y Amarilis, dos poetas del Perú colonial." *La Torre: Revista de la Universidad de Puerto Rico* 1 (1987): 275–87.

———. "Amarilis's Verse Epistle and Her Love for Lope: Seeing and Hearing." En *Studies in Honor of Elias L. Rivers*, ed. Bruno Damiani y Ruth El Saffar. Potomac: Scripta Humanistica, 1989.

Sánchez, Luis Alberto. *Los poetas de la Colonia y de la Revolución*. Edición corregida. Lima: P.T.C.M., 1947.

Tamayo Vargas, Augusto. "Poetisas anónimas." En *Literatura peruana*. Lima: Universidad Nacional de San Marcos, 1965.

Tauro, Alberto. *Amarilis indiana*. Lima: Ediciones Palabra, 1946.

Epístola a Abelardo

1621

Una carta de amor a Lope de Vega

> Tanto como la vista, la noticia
> de grandes cosas suele las más veces
> al alma tiernamente aficionarla,[1]
> que no hace el amor siempre justicia,
> ni los ojos a veces son jueces
> del valor de la cosa para amarla;
> mas suele en los oídos retratarla
> con tal virtud y adorno,
> haciendo en los sentidos un soborno[2]
> (aunque distinto tengan el sujeto,
> que en todo y en sus partes es perfecto),[3]
> que los inflama todos,
> y busca luego artificiosos modos,
> con que puede entenderse
> el corazón, que piensa entretenerse,
> con dulce imaginar para alentarse[4]
> sin mirar que no puede
> amor sin esperanza sustentarse.
>
> El sustentarse amor sin esperanza
> es fineza tan rara, que quisiera
> saber si en algún pecho se ha hallado,
> que las más veces la desconfianza
> amortigua[5] la llama que pudiera
> obligar con amar lo deseado;
> mas nunca tuve por dichoso estado
> amar bienes posibles,

1. To instill love for it tenderly in the soul.
2. A bribe, an incitement.
3. I.e., although each sense may have its own subject matter, the senses are perfect in their totality and in their parts.
4. To encourage itself.
5. Dims.

sino aquellos que son más imposibles.
A éstos ha de amar un alma osada;
pues para más alteza[6] fué criada
que la que el mundo enseña;
y así quiero hacer una reseña
de amor dificultoso,
que sin pensar desvela mi reposo,
amando a quien no veo y me lastima;
ved qué extraños contrarios,
venidos de otro mundo y de otro clima.

    Al fin en éste, donde el Sur me esconde,
oí, Belardo, tus concetos bellos,[7]
tu dulzura y estilo milagroso;
vi con cuánto favor te corresponde
el que vió de Dafne los cabellos
trocados de su daño en lauro umbroso[8]
y admirando tu ingenio portentoso,
no puedo reportarme
de descubrirme a ti y a mí dañarme.
Mas ¿qué daño podrá nadie hacerme
que tu valer no pueda defenderme?
Y tendré gran disculpa,
si el amarte sin verte fuere culpa,
que el mismo que lo hace
probó primero el lazo en que me enlace,
durando para siempre las memorias
de los sucesos tristes,
que en su vergüenza cuentan las historias.

    Oí tu voz, Belardo; mas ¿qué digo?,
no Belardo, milagro han de llamarte;
éste es tu nombre, el cielo te lo ha dado.

---

6. For loftier goals.
7. I heard, Belardo [i.e., Lope de Vega], your beautiful thoughts.
8. Amarilis has seen how Apollo (the pursuer of Daphne and the god of poetry) favors Belardo
(Lope). The nymph Daphne, pursued by Apollo, burned into a *lauro umbroso* (a shady laurel
tree).

Y Amor, que nunca tuvo paz conmigo,
te me representó parte por parte
en ti más que en sus fuerzas confiado;
mostróse en esta empresa más osado
por ser el artificio
peregrino en la traza y el oficio,[9]
otras puertas del alma quebrantando,[10]
no por los ojos míos, que velando
están en gran pureza;
mas por oídos, cuya fortaleza
ha sido y es tan fuerte,
que por ellos no entró sombra de muerte,
que tales son palabras desmandadas,
si vírgenes las oyen,
que a Dios han sido y son sacrificadas.[11]

Con gran razón a tu valor inmenso
consagran mil deidades sus labores,
cuando manejan perlas en sus faldas;
todo ese mundo allá te paga censo,
y este se acá, mediante tus favores,
crece en riqueza de oro y esmeraldas.
Potosí, que sustenta en sus espaldas,
entre el invierno crudo,
aquel peso que Atlante ya no pudo,
confiesa que tu fama te la debe;[12]
y quien del claro Lima el agua bebe
sus primicias te ofrece,
después que con tus dones se engrandece,
acrecentando ofrendas
a tus excelsas y admirables prendas;

---

9. [Love] showed itself to be more daring in this undertaking, its contrivance being extraordinary in plan and practice.

10. Storming other portals of the soul [i.e., appealing to others of the five senses].

11. Upon her ears . . . no shades of death, for that is what impudent [unrestrained, unbridled] words are when heard by virgins who have given themselves to God [as nuns].

12. Potosí [the mountain in present-day Bolivia, then part of Peru, rich in precious metals], which bears on its back during rough winters a load heavier than the one Atlas failed to bear, confesses that it owes its fame to you.

yo, que aquestas grandezas voy mirando,
y entretenida en ellas,
las voy en mis entrañas celebrando.

En tu patria, Belardo, mas no es tuya,
no sientas mucho verte peregrino,
plegue a Dios no se enoje el Manzanares,[13]
por más que haga de tu fama suya,
que otro origen tuviste más divino,
y otra gloria mayor, si la buscares.
¡Oh cuánto acertarás, si imaginares
que es patria tuya el cielo,
y que eres peregrino acá en el suelo![14]
Porque no hallo en él quien igual arte
pueda, no sólo en todo, mas ni en parte,
que eres único y solo
en cuanto miran uno y otro polo.

Pues, peregrino mío,
vuelve a tu natural, póngate brío,
no las murallas que ha hecho tu canto
en Tebas engañosas,[15]
mas las eternas, que te importan tanto.

Allá deseo en santo amor gozarte,
pues acá es imposible poder verte,
y temo tus peligros y mas faltas;
tabla tiene el naufragio,[16] y escaparte
puedes en ella de la eterna muerte,
si del bien frágil al divino saltas,
las singulares gracias con que esmaltas
tus soberanas obras,

13. A small river near Madrid.
14. Pilgrim on this earth.
15. Return to your place of origin [which she has said is "heaven"], take heart, for what is important for you is not the walls your songs have raised in deceitful Thebes.
16. There is a plank [afloat] in the shipwreck.

con que fama inmortal con tino[17] cobras,
empléalas de hoy más con versos lindos
en soberanos y divinos Pindos:[18]
tus divinos concetos
allá serán más dulces y perfetos;
que el mundo a quien lo sigue,
en vez de premio al bienhechor persigue,
y contra la virtud apresta el arco
con ponzoñosas flechas
de la maligna aljaba de Aristarco.[19]

Quiero, pues, comenzar a darte cuenta
de mis padres y patria y de mi estado,
porque sepas quién te ama y quién te escribe,
bien que ya la memoria me atormenta,
renovando el dolor, que, aunque llorado,
está presente y en el alma vive;
no quiera Dios que en presunción estribe
lo que aquí te dijere,
ni que fábula alguna compusiere,
que suelen causas propias engañarnos,
y en referir grandezas alargarnos,
que la falacia engaña
más que no la verdad nos desengaña,
especialmente cuando
vamos en honras vanas estribando;
de éstas pudiera bien decirte muchas,
pues atenta contemplo que me escuchas.

En este imperio oculto, que el Sur baña,
más de Baco piadoso que de Alcides,[20]
entre un trópico frío y otro ardiente,

---

17. Skillfully.
18. Pindus, a mountain in Thessaly devoted to the Muses.
19. Aristarchus of Samothrace, a critic famous in antiquity for his severity.
20. Hercules was often referred to by the patronymic Alcides, deriving from Alcaeus, the father of his mother's husband.

adonde fuerzas ínclitas de España
con varios casos y continuas lides[21]
fama inmortal ganaron a su gente,
donde Neptuno engasta su tridente
en nácar y oro fino;[22]
cuando Pizarro con su flota vino,
fundó ciudades y dejó memorias,
que eternas quedarán en las historias;
aquí en un valle ameno,
de tantos bienes y delicias lleno,
que siempre es primavera,
merced al dueño de la cuarta esfera,
la ciudad de León fué edificada,
y con hado dichoso,
quedó de héroes fortísimos poblado.

Es frontera de bárbaros y ha sido
terror de los tiranos que intentaron
contra su rey enarbolar bandera;[23]
al que en Juaja por ellas fué rendido,
su atrevido estandarte le arrastraron,
y volvieron el reino cuyo era.
Bien pudiera, Belardo, si quisiera
en gracia de los cielos,
decir hazañas de mis dos abuelos
que aqueste nuevo mundo conquistaron
y esta ciudad también edificaron,
do[24] vasallos tuvieron,
y por su rey su vida y sangre dieron;
mas es discurso largo
que la fama ha tomado ya a su cargo,
si acaso la desgracia de esta tierra,
que corre en este tiempo,
tantos ilustres méritos no entierra.

---

21. Uninterrupted warfare.
22. Where Neptune [god of the sea] encases his trident in mother of pearl and fine gold.
23. Tyrants who attempted to raise the flag of rebellion against their king.
24. *Donde.*

De padres nobles dos hermanas fuimos,
que nos dejaron en temprana muerte,
aún no desnudas de pueriles paños.[25]
El cielo y una tía que tuvimos,
suplió la soledad de nuestra suerte;
con el amparo suyo algunos años;
huimos siempre de sabrosos daños;[26]
y así nos inclinamos
a virtudes heróicas, que heredamos;
de la beldad, que el cielo acá reparte,
nos cupo, según dicen, mucha parte,
con otras muchas prendas;
no son poco bastantes las haciendas
al continuo sustento;
y estamos juntas, con tan gran contento,
que un alma a entrambas rige y nos gobierna,
sin que haya tuyo y mío,
sino paz amorosa, dulce y tierna.

Ha sido mi Belisa celebrada,
que ése es su nombre, y Amarilis, mío,
entrambas de afición favorecidas:
yo he sido a dulces musas inclinada:
mi hermana, aunque menor, tiene más brío
y partes, por quien es, muy conocida:
al fin todas han sido merecidas
con alegre himeneo
de un joven venturoso, que en trofeo
a su fortuna vencedora palma
alegre la rindió prendas del alma.[27]
Yo, siguiendo otro trato,
contenta vivo en limpio celibato,
con virginal estado
a Dios con grande afecto consagrado,[28]

25. Her parents died when the two sisters were babies.
26. Thanks to her aunt, they have avoided pleasurable pitfalls.
27. Her sister, "Belisa," is happily married to a young man.
28. Amarilis has entered a convent.

y espero en su bondad y en su grandeza
me tendrá de su mano,
guardando inmaculada mi pureza.

De mis cosas te he dicho en breve suma
todo cuanto quisieras preguntarme,
y de las tuyas muchas he leído;
temerosa y cobarde está mi pluma,
si en alabanzas tuyas emplearme
con singular contento he pretendido;
si cuanto quiero das por recibido.
¡Oh, qué de ello me debes!
Y porque esta verdad ausente pruebes,
corresponde en recíproco cuidado
al amor, que en mí está depositado.
Celia[29] no se desdeña
por ver que en esto mi valor se empeña,
que ofendido en sus quiebras[30]
su nombre todavía al fin celebras;
y aunque milagros su firmeza haga,
te son muy debidos,
y aún no sé si con esto tu fe paga.

No seremos por esto dos rivales,
que trópicos y zonas nos dividen,
sin dejarnos asir de los cabellos,
ni a sus méritos pueden ser iguales;
cuantos al mundo el cetro y honor piden,
de trenzas de oro, cejas y ojos bellos,
cuando enredado te hallaste en ellos,
bien supiste estimarlos
y en ese mundo y éste celebrarlos,
y en persona de Angélica pintaste
cuanto de su lindeza contemplaste;
mas estoime riendo
de ver que creo aquello que no entiendo,

29. A reference to Marta Navares, Lope's lover despite his priesthood.
30. Faults.

por ser dificultosos
para mí los sucesos amorosos,
y tener puesto el gusto y el consuelo,
no en trajes semejantes,
sino en dulces coloquios con el cielo.

    Finalmente, Belardo, yo te ofrezco
un alma pura a tu valor rendida:
acepta el don, que puedes estimarlo;
y dándome por lo que merezco,
quedará mi intención favorecida,
de la cual hablo poco y mucho callo,
y para darte más, no sé ni hallo.
Dete el cielo favores,
las dos Arabias bálsamos y olores,
Cambaya sus diamantes, Tibar oro,
marfil Cefala, Persia tesoro,
perlas los Orientales,
el Rojo mar finísimos corales,
balajes los Ceylanes,
áloe precioso y Sarnaos y Campanes,
rubíes Pegugamba y Nubia algalia,
amatista Rarsinga
y prósperos sucesos Acidalia.[31]

    Esto mi voluntad te da y ofrece,
y ojalá yo pudiera con mis obras
hacerte ofrenda de mayor estima.
Mas donde tanto junto se merece,
de nadie no recibes, sino cobras
lo que te debe el mundo en prosa y rima.
He querido, pues, viéndote en la cima
del alcázar de Apolo,
como su propio dueño, único y solo,
pedirte un don, que te agradezca el cielo,
para bien de tu alma y mi consuelo.

---

31. May heaven grant you favors of every kind.

No te alborotes, tente,
que te aseguro bien que te contente,
cuando vieres mi intento,
y sé que lo harás con gran contento,
que al liberal no importa para asirle
significar pobrezas,
pues con que más se agrada es con pedirle.

Yo y mi hermana una santa celebramos
cuya vida nadie ha sido escrita,
como empresa que muchos han tenido;
el verla de tu mano deseamos;
tu dulce Musa alienta y resucita,
y ponla con estilo tan subido
y agradecido sea
de nuestra santa virgen Dorotea.[32]
¡Oh, qué sujeto, mi Belardo, tienes
con que de lauro coronar tus sienes,
podrás, si no emperezas,
contando de esta virgen mil grandezas
que reconoce el cielo,
y respeta y adora todo el suelo;
de esta divina y admirable santa
su santidad refiere,
y dulcemente su martirio canta!

Ya veo que tendrás por cosa nueva
no que te ofrezca censo un mundo nuevo,
que a ti cien mil que hubiera te le dieran;
mas que mi musa rústica se atreva,
a emprender el asunto a que me atrevo,
hazaña que cien Tassos[33] no emprendieran;
ellos, al fin, son hombres y temieran,
mas la mujer, que es fuerte,
no teme alguna vez la misma muerte.

32. Amarilis asks Lope to write a poem in praise of St. Dorothea.

33. Amarilis refers to two famous Tassos, Bernardo (1493–1569) and his son Torquato (1544–1595). Bernardo was the author of a poem based on *Amadís de Gaula*. Torquato, one of the most renowned writers of the Renaissance, was the author of *Jerusalem Liberated*, concerning Godfrey and the First Crusade; he also wrote the pastoral drama *Aminta*.

Pero si he parecídote atrevida,[34]
a lo menos parézcate rendida,
que fines desiguales
Amor los hace con su fuerza iguales;
y quédote debiendo
no que me sufras, mas que estás oyendo
con singular paciencia mis simplezas,
ocupado con tino
en tantas excelencias y grandezas.

Versos cansados, ¿qué furor os lleva
y a poneros en manos de Belardo?
a ser sujetos de simpleza indiana.[35]
Al fin, aunque amarguéis, por fruta nueva,
os vendrán a probar, aunque sin gana,
y verán vuestro gusto bronco y tardo;
el ingenio gallardo
en cuya mesa habéis de ser honrados,
hará vuestros intentos disculpados;
navegad, buen viaje, haced la vela,
guiad un alma que sin alas vuela.

34. If you have thought me bold.
35. I.e., the simplicity of Indians living high in the Andes, or perhaps that of a Spaniard living in America or one who had lived in America but returned to Spain *(un indiano)*.

Sor Juana Inés de la Cruz

1651-1695   MÉXICO

Juana de Asbaje y Ramírez de Santillana nació en México y mostró durante toda su vida una precocidad y un afán intelectual raro para su medio social que mantenía una atmósfera de pedantería, aberraciones y silogismos. Hija ilegítima del basco Pedro Asbaje y la mexicana Isabel Ramírez de Santillana, Juana fue criada en la casa de los abuelos maternos donde aprendió a leer a los tres años. A los seis quería ir vestida de varón a la universidad, porque estaba prohibida la entrada a las mujeres; dominó el latín en sólo veinte lecciones y se cortaba el pelo como autocastigo cuando no aprendía pronto lo que se había propuesto. Pensaba que la mujer no debía lucir una hermosa cabellera en un cerebro vacío.

Como no le permitían ir al colegio, la niña leyó ávidamente casi toda la biblioteca de su abuelo y llegó a tener un conocimiento enciclopédico. A los ocho años fue a vivir con una tía en la ciudad de México. Ese año se ganó un premio literario por una loa que escribió. Su genio hubiera quedado aherrojado y limitado por la actitud de la época con respecto a la mujer, si no hubiera sido por la sed insaciable de conocimiento que Juana tenía.

Muy pronto su belleza, su curiosidad científica, su mente ágil, alerta, y su robusta inteligencia constituyeron una verdadera leyenda y le abrieron las puertas del palacio virreinal del marqués de Mancera, donde fue el prodigio de la corte, en la ciudad de México.

A los diecisiete años, en el palacio donde fue "desgraciada por discreta y perseguida por hermosa," tomó un examen público con cuarenta de los hombres más sabios del virreinato saliendo muy airosa de la difícil prueba.

En 1667, la joven, sin una mejor alternativa en la vida seglar, decidió ingresar en el Convento de San José de las Carmelitas descalzas. A pesar de que la vida monástica no le atraía, era el único refugio que le prometía algo de libertad intelectual como mujer de la época. El frío, la vida aislada y dura de la institución la hicieron regresar a la corte.

Dos años después, en 1669, entró en el Convento de San Gerónimo, tomando los votos poco después. Aún dentro del claustro, se mantuvo como centro intelectual de la vida mexicana. Sor Juana se convirtió en la figura literaria más importante de la época. Escribió toda clase de obras para actos culturales y cívicos. Su curiosidad intelectual y científica, su espíritu cartesiano y su relativismo al enfocar la doctrina le ganaron los ataques y amonestaciones más duras de los líderes anti-intelectuales y escolásticos de la colonia.

En su celda tenía una biblioteca de más de cuatro mil volúmenes (la mejor de México en la época), así como instrumentos de música y equipo científico, lienzos, caballetes y otros utensilios para la pintura. En su obra aparecen temas religiosos, ya que se veía obligada a tratarlos, por apremios de la Inquisición. Sin embargo, su interés yacía en los aspectos científicos, filosóficos y literarios.

En 1694, presionada por sus superiores vendió todo lo que poseía y repartió el dinero entre los necesitados. Al verse obligada a abandonar los estudios se dedicó al servicio de los pobres y los enfermos. Murió de una epidemia en 1695.

Las obras poéticas de Sor Juana representan una extraordinaria síntesis de profundidad filosófica. Se destacan los sonetos y el *Primer sueño*. En 975 endecasílabos y heptasílabos presenta todo el proceso del sueño, cuando el cuerpo se entrega al descanso y el subconsciente vaga libremente hasta que al otro día se despierta y sólo se recuerdan leves aspectos de lo soñado.

Además de poesías, escribió prosa, ensayos, teatro, comedias, loas, entremeses, autos sacramentales y villancicos dramáticos. En todos estos géneros sobresalió en forma excepcional, al punto de que se le considera, con toda justicia, la figura literaria más importante del período colonial.

Su poesía está inclinada a la antítesis, los juegos de conceptos y otras combinaciones propias del estilo conceptista y barroco de la época. Sus versos se pueden clasificar en la categoría de amatorios, religiosos, filosóficos, populares y profanos. Sor Juana logró la mejor poesía lírica de su tiempo y muchas están entre las mejores de la lengua castellana. Se le llamó "La Décima Musa."

Los temas esenciales que trata son el desengaño, la desilusión, el pesimismo, la angustia, el sentido de transitoriedad y vanidad de la vida.

En los versos de amor muestra su temperamento de mujer vehemente y apasionada; en los filosóficos, ahonda en las inquietudes propias del individuo pensante y el momento histórico.

De sus trabajos en prosa se conservan dos cartas que adquieren categoría de verdaderos ensayos por la madurez y profundidad de pensamiento, únicamente afectados por la abundancia de disquisiciones doctrinales y teológicas propias de la época y por el tema tratado. La primera se titula *Carta atenagórica* (1690), la segunda, *Respuesta a Sor Filotea de la Cruz* (1691).

A petición del obispo de Puebla, Manuel Fernández de Santa Cruz, compuso una crítica sobre un famoso sermón pronunciado por el jesuita luso-brasileño Antonio de Vieira, célebre predicador de la época. Mostrando admirables conocimientos del pensamiento de los doctores de la iglesia y de teología, refuta admirablemente las ideas del célebre sermón mencionado. Al obispo no le gustó el escrito y a raíz de éste, el arzobispo Francisco Aguilar y Seijas y su confesor personal Antonio Núñez de Miranda le negaron su apoyo. Sor Juana se encontró aún más marginada. El obispo de Puebla le escribió una reprimenda, escudándose en el seudónimo Sor Filotea de la Cruz. El acusaba a la monja de insubordinación a la autoridad eclesiástica y le reprochaba su frivolidad religiosa.

Esto suscitó la famosa *Respuesta a Sor Filotea de la Cruz*. Aquí, Sor Juana, con gran tacto, cortesía y sarcasmo, defiende sus labores intelectuales y los derechos de la mujer a educarse, enseñar y escribir. Este ensayo, lleno también de datos biográficos, constituye la primera y más interesante muestra de literatura feminista en lengua española. El ensayo es también un verdadero estudio sicológico de la autora, quien en todo momento, alcanza gran altura en el pensamiento y en la armonía y ritmo de la prosa. La carta transpira un auténtico espíritu femenino y nos descubre la verdadera intimidad de este ser extraordinario. También expone la difícil situación de la mujer talentosa en un sistema patriarcal.

Su mejor comedia fue *Los empeños de una casa*. La acción transcurre en Toledo y trata de los amores y destinos encontrados de Don Carlos y Doña Leonor, quienes después de muchos enredos logran la felicidad por haber actuado siempre con sinceridad. Aparece un gracioso—Castaño— de habla y sicología mexicanas. Hay humorismo excelente, ingenio y gracia.

La comedia *Amor es más laberinto* (1688), cuyo segundo acto escribió en colaboración con su primo Licenciado Juan de Guevara, tiene mérito no sólo por los enredos, sino también por la complicada combinación mitológica. Se conservan de ella tres autos sacramentales: *El divino Narciso*

(1689), lleno de color local, en el que presenta a Cristo como Narciso, quien al verse en el agua, ve también a los hombres. Artísticamente, Sor Juana combina lo bíblico y lo mitológico. Al final Cristo muere por su amor a los hombres, dejando el símbolo que lo representa: la Eucaristía.

Sus piezas breves: loas, saraos y villancicos tienen frescura, buena ejecución dramática y dignidad teatral. Los sainetes logran desenvolver situaciones graciosas y humorísticas con desenfado y ligereza.[1]

NOTA

1. Véase Orlando Gómez Gil, *Literatura hispanoamericana* (Nueva York: Holt, Rinehart, Winston, 1972), 151.

BIBLIOGRAFÍA CRÍTICA

Flynn, Gerard. *Sor Juana Inés de la Cruz.* Nueva York: Twayne, 1971.

Hiriarte, Rosario. "America's First Feminist." *Américas* 26 (1973): 2–7.

Johnson, Julie Greer. "The Feminine Perspective." En *Women in Colonial Spanish American Literature: Literary Images.* Westport, Conn.: Greenwood Press, 1983.

Luciani, Frederick. "The Burlesque Sonnets of Sor Juana Inés de la Cruz." *Hispania Journal* 8 (1986): 85–95.

———. "Sor Juana Inés de la Cruz: Epígrafe, epíteto, epígono." *Revista Iberoamericana* 57 (1985): 77–83.

Merrim, Stephanie, ed. *Towards a Feminist Reading of Sor Juana Inés de la Cruz.* Detroit: Wayne State University Press, 1989.

Paz, Octavio. *Sor Juana Inés de la Cruz, o las trampas de la fe.* Barcelona: Editorial Seix Barral, 1982.

Roggiano, Alfredo. "Conocer y hacer en Sor Juana Inés de la Cruz." *Caribe* (University of Hawaii) 1 (1976): 29–37.

Sabat de Rivers, Georgina, ed. *Proceedings of the Symposium on "Sor Juana Inés de la Cruz y la cultura virreinal." University of Dayton Review* 16 (1983).

Thurman, Judith. "Sister Juana: The Price of Genius." *Ms. Magazine* 1 (1973): 14–21.

Redondillas[1]

Hombres necios que acusáis
a la mujer sin razón,
sin ver que sois la ocasión
de lo mismo que culpáis:

Si con ansia sin igual
solicitáis su desdén,
¿por qué queréis que obren bien[2]
si las incitáis al mal?

Combatís su resistencia
y luego, con gravedad,
decís que fue liviandad[3]
lo que hizo la diligencia.[4]

Parecer quiere el denuedo[5]
de vuestro parecer loco,
al niño que pone el coco[6]
y luego le tiene miedo.

Queréis, con presunción necia,
hallar a la que buscáis,
para pretendida, Thais,[7]
y en la posesión, Lucrecia.[8]

---

1. Stanzas of four eight-syllable lines with an *abba* rhyme.
2. Why do you want them [women] to behave virtuously?
3. Sensuality.
4. What was won with diligence.
5. Bravery, courage.
6. Bogeyman.
7. Thaïs, the legendary Athenian courtesan.
8. Lucretia, the roman matron celebrated for her chastity.

¿Qué humor puede ser más raro
que el que, falto del consejo,
él mismo empaña[9] el espejo,
y siente que no esté claro?

Con el favor y el desdén
tenéis condición igual,
quejándoos, si os tratan mal,
burlándos, si os quieren bien.

Opinión, ninguna gana;
pues la que más se recata,[10]
si no os admite, es ingrata,
y si os admite, es liviana.

Siempre tan necios andáis
que, con desigual nivel,
a una culpáis por cruel,
y a otra por fácil culpáis.

¿Pues cómo ha de estar templada[11]
la que vuestro amor pretende,
si la que es ingrata, ofende,
y la que es fácil, enfada?

Mas, entre el enfado y pena
que vuestro gusto refiere,
bien haya la que no os quiere
y quejaos enhorabuena.[12]

Dan vuestras amantes penas
a sus libertades alas,
y después de hacerlas malas
las queréis hallar muy buenas.

---

9. Clouds up.
10. Is most modest.
11. How can she be temperate?
12. Go ahead and complain.

¿Cuál mayor culpa ha tenido
en una pasión errada:
la que cae de rogada,
o el que ruega de caído?[13]

¿O cuál es más de culpar,
aunque cualquiera mal haga:
la que peca por la paga,
o el que paga por pecar?

Pues, ¿para qué os espantais
de la culpa que tenéis?
Queredlas cual las hacéis
o hacedlas cual las buscáis.[14]

Dejad de solicitar,
y después, con más razón,
acusaréis la afición
de la que os fuere a rogar.

Bien con muchas armas fundo
que lidia vuestra arrogancia,[15]
pues en promesa e instancia,
juntáis diablo, carne y mundo.[16]

13. She who falls heeding his pleas or he who pleads that she surrenders.
14. Either love what you create or create what you can love.
15. But no, I believe that you will continue to revel in your arms and arrogance.
16. Devil, flesh, and worldliness, according to Catholic doctrine, are the enemies of the soul.

A su retrato

Este que ves, engaño colorido,
que del arte ostentando los primores,[17]
con falsos silogismos[18] de colores
es cauteloso[19] engaño del sentido;
éste, en quien la lisonja[20] ha pretendido
excusar de los años los horrores
y venciendo del tiempo los rigores
triunfar de la vejez y del olvido,
    es un vano artificio del cuidado,
es una flor al viento dedicada,
es un resguardo[21] inútil para el hado;[22]
    es una necia diligencia[23] errada,
es un afán caduco[24] y, bien mirado,
es cadáver, es polvo, es sombra, es nada.

A una rosa

Rosa divina que en gentil cultura
eres, con tu fragante sutileza,
magisterio purpúreo en la belleza,
enseñanza nevada a la hermosura.

---

17. Beauty.
18. A syllogism is a scheme of deductive reasoning whereby a major premise and a minor premise
    yield a logical conclusion: all *a* is *b*; *c* is *a*; therefore, *c* is *b*.
19. Cunning, crafty.
20. Flattery.
21. Protection.
22. Fate, destiny.
23. Effort.
24. A fruitless task.

Amago[25] de la humana arquitectura,
ejemplo de la vana gentileza,
en cuyo ser unió naturaleza
la cuna alegre y triste sepultura.

   ¡Cuán altiva[26] en tu pompa, presumida,
soberbia, el riesgo de morir desdeñas,
y luego desmayada y encogida[27]

   de tu caduco ser das mustias señas,[28]
con que con docta[29] muerte y necia vida,
viviendo engañas y muriendo enseñas!

25. Ominous sign, indication.
26. Proud.
27. Timid.
28. From your weak being you give withered proof.
29. Wise.

Gertrudis Gómez de Avellaneda

1814–1873   CUBA

Gertrudis Gómez de Avellaneda, "La Peregrina," es considerada hoy en día como una de las grandes poetas de la lengua castellana. Pasó gran parte de la vida en España, pero en su poesía y en su prosa hay constante presencia de su patria y de Hispanoamérica. Nació en Camagüey y empezó a escribir desde muy niña. A los diez años había escrito un admirable cuento de hadas, "El gigante de cien cabezas." Comenzó su formación literaria con lecturas de los neoclásicos del siglo XVIII. En 1836, su madre se casó con un coronel del ejército español y la familia se mudó a España. Su soneto "Al partir" fue escrito cuando salía de Cuba.

A los veintidós años, Gertrudis ganó renombre literario y notoriedad por su vida erótica, por la que desfilaron varios esposos e inclusive amantes. El gran amor de su vida fue Ignacio de Cepeda y Alcalde, a quien dedicó varios poemas y cartas. Aspiró a la silla de Juan Nicasio Gallego en la Real Academia, pero le fue negada por ser mujer. Después de una vida bastante tempestuosa, se casó con el coronel Domingo Verdugo con quien regresó a su patria. Muerto su esposo, volvió a España y se entregó a la devoción religiosa. Murió en Sevilla, bastante olvidada después de haber animado la vida literaria española tanto con su obra como con su vida. Gertrudis Gómez de Avellaneda es la única escritora que aparece en antologías españolas y latinoamericanas.

Gertrudis cultivó la prosa y escribió seis novelas y nueve leyendas. De estas se destaca *Sab,* que trata, con pasmado realismo, el problema de los esclavos y condena tan inhumana práctica. Esta novela se adelantó diez años a la famosa obra de la escritora norteamericana Harriet Beecher Stowe, *La cabaña del tío Tom.*

La poesía de Avellaneda está llena de arranques místicos e intensas pasiones amorosas. "Al partir" revela una fuerte influencia romántica, a pesar de su estructura formal. Técnicamente, Avellaneda fue innovadora al omitir verbos para intensificar la emoción. También yuxtapone imágenes de luz, que se asocian con la isla, con imágenes de oscuridad, que se asocian con su partida y expresan la profunda tristeza que la poeta sintió al dejar a Cuba.

BIBLIOGRAFÍA CRÍTICA

Adelstein, Miriam. "El amor en la vida y en la obra de Gertrudis Gómez de Avellaneda." *Círculo* 9 (1980): 57–62.

Cabrera, Rosa M., y Gladys B. Zaldívar, eds. *Homenaje a Gertrudis Gómez de Avellaneda: Memorias del simposio en el centenario de su muerte.* Incluye artículos de Emilio Ballagas, Leonardo Fernández Marcané, Julio Garcerán, Josefina Inclán, Ondina Montoya de Zayas, Carlos M. Raggi, Rosario Rexach, Aurora J. Roselló, Beatriz Ruiz-Gaytán de San Vicente, Georgina Sabat de Rivers, y Gladys B. Zaldívar. Miami: Universal, 1981.

Harter, Hugh A. *Gertrudis Gómez de Avellaneda.* Boston: Twayne, 1981.

Miller, Beth. "Gertrude the Great: Avellaneda, Nineteenth Century Feminist." En *Women in Hispanic Literature: Icons and Fallen Idols.* Berkeley: University of California Press, 1983.

Al partir[1]

¡Perla del mar! ¡Estrella de Occidente!
¡Hermosa Cuba! Tu brillante cielo
la noche cubre con su opaco velo,
como cubre el dolor mi triste frente.

¡Voy a partir! . . . La chusma[2] diligente,
para arrancarme del nativo suelo,
las velas iza, y pronta a su desvelo
la brisa acude de tu zona ardiente.

¡Adiós, patria feliz, edén querido!
¡Doquier que el hado en su furor me impela,
tu dulce nombre halagará mi oído!

¡Adiós! . . . ¡Ya cruje la turgente vela. . .[3]
el ancla se alza . . . el buque, estremecido,
las olas corta y silencioso vuela!

A él[4]

No existe lazo ya; todo está roto;
plúgole[5] al cielo así. ¡Bendito sea!
Amargo cáliz con placer agoto;
mi alma reposa al fin: nada desea.

---

1. This sonnet in the classical style was written by Gertrudis at age twenty-two, in the port of Santiago de Cuba in April 1836, on leaving for Spain.
2. Galley slaves, the rabble; i.e., the crew.
3. Full sail.
4. Written to Ignacio de Cepeda y Alcalde, the poet's greatest love, to whom she also wrote many letters which have been collected in *Cartas a Cepeda*.
5. It pleased.

Te amé, no te amo ya; piénsolo al menos:
¡nunca, si fuere error, la verdad mire!
¡Que tantos años de amargura llenos
trague el olvido, el corazón respire!

Lo has destrozado sin piedad; mi orgullo
una vez y otra vez pisaste insano. . .
Más nunca el labio exhalará un murmullo
para acusar tu proceder tirano.

De graves faltas vengador terrible
dócil llenaste tu misión: ¿lo ignoras?
No era tuyo el poder que irresistible
postró ante tí mis fuerzas vencedoras.

Quísolo Dios y fue; gloria a su nombre
todo se terminó; recobro aliento.
¡Angel de las venganzas!, ya eres hombre
ni amor ni miedo al contemplarte siento.

Cayó tu cetro, se embotó[6] tu espada. . .
Mas ¡Ay! ¡Cuán triste libertad respiro!
Hice un mundo de tí, que hoy se anonada[7]
y en honda y vasta soledad me miro.

¡Vive dichoso tú! Si en algún día
ves este adiós que te dirijo eterno,
sabe que aún tienes en el alma mía
generoso perdón, cariño tierno.

---

6. *Cetro:* "scepter," a sign of supreme power; *se embotó:* "became dull."
7. Utterly destroyed.

Delmira Agustini

1886–1914 URUGUAY

Delmira Agustini nació en Montevideo de una familia burguesa. Se crió tocando el piano, leyendo poesía y escribiendo versos.

Desde temprana edad experimentó una dualidad conflictiva en su
producción literaria; al comienzo, sus versos eran sólo un adorno adi-
cional, pero pronto éstos se convirtieron en pasión. En 1907 publicó su
primera obra *El libro blanco* y tres años más tarde *Cantos de la mañana*. En
su juventud, la dualidad conflictiva de la niñez se agudizó. Su lucha ahora
era el de una niña burguesa experimentando ardiente pasión que la inspi-
raba a escribir poemas sin precedente erótico en la literatura femenina de
Latinoamérica. Sexualidad fue el centro de su poesía. Rubén Darío[1] la
describía como una niña, mientras otros críticos la consideraban "la
discípula de Pan."[2]

A los veintisiete años se casó y a los dos meses abandonó a su esposo.
Sin embargo, se siguieron viendo y al año siguiente él la mató y se suicidó.

Delmira sorprendió a la tradición social y literaria de Latinoamérica.
La poesía escrita por mujeres era percibida como un adorno elegante. El
conflicto erótico y sus expresiones en la literatura no era parte del código
de conducta femenina. Su poesía se caracteriza por una búsqueda retórica
y un constante diálogo entre poesía y musa desembocando en angustia
poética causada por el intento de asumir un código que no pudo asumir
completamente.

Además del amor y lo erótico, la muerte es otro tema central en su
poesía. Agustini emplea la esfinge como símbolo representativo de la

mujer, porque se asocia con un misterioso mundo amenazante que contiene precipicios sin fin, que representan un descenso al furor de pasión sexual, dolor y muerte. Otros símbolos predominantes son el abismo, la fuente venenosa, la bestia, la culebra y el cisne que en el modernismo eran signos de sexualidad masculina. Delmira emplea símbolos femeninos como el cáliz, el jarro y la copa.

En la poesía de Agustini el lenguaje erótico representa muerte, heridas y puñales. También contiene dualidades y oposiciones entre blanco y negro, bueno y malo, erotismo y muerte, inocencia y vicio. Presenta un erotismo circular, en el que el cuerpo es el sujeto y objeto, donde se concentran muchas luchas.

Los cálices vacíos y *El rosario de Eros* tratan abiertamente sobre la sexualidad femenina y habla de temas nuevos y exquisitos nunca tratados antes. Su discurso femenino sobre el cuerpo de la mujer fue el comienzo de la recuperación de la sexualidad femenina en Latinoamérica.

La poesía de Delmira Agustini es la expresión de un deseo ardiente por un amor más elevado, que pudiera satisfacer sus necesidades físicas y espirituales. Pero ella, al relatar sus pensamientos secretos e imaginaciones sobre el amor, los cuales nunca iba a experimentar, se dio cuenta de que la vida, y sobre todo la muerte, se anteponían a sus sueños. La desilusión rápidamente se convirtió en desespero y la llevó a su fin trágico.

Cándida y desilusionada, Delmira Agustini tradujo su deseo apasionado en una poesía de ideas, que eran un producto único de una mentalidad robusta e intuitiva. Sus experiencias culturales y globales eran limitadas, y hay poca evidencia en sus versos literarios de que su pensamiento fue moldeado por movimientos literarios y/o escrituras filosóficas. Su mundo poético es desolado, lleno de visiones extraordinarias concebidas en una imaginación desafiadora. No le importaba mucho la precisión y belleza de sus versos, cuyas formas tenían que someterse a la intensidad de sus expresiones. Su poesía es profunda, sincera y rica.

NOTAS

1. Rubén Darío (1867–1916), a Nicaraguan, is considered to be the first autochthonous Hispanic writer and the founder of the modernist movement in Spanish America. He was a great innovator in Spanish poetry and prose, and his best-known works include *Azul* (1888), *Prosas profanas* (1896), and *Cantos de vida y esperanza* (1905).

2. Pan, the Greek pastoral god, is represented as having the torso and arms of a man and the legs, ears, and horns of a goat.

BIBLIOGRAFÍA CRÍTICA

Alvar, Manuel. "La poesía de Delmira Agustini." *Estudios Americanos* 7 (1954): 667–90.

Bollo, Sarah. *Delmira Agustini: Espíritu de su obra y su significación*. Montevideo: Corón, 1963.

East, Linda Kay Davis. "The Imaginary Voyage: Evolution of the Poetry of Delmira Agustini." Dis. doctoral, Stanford University, 1981. *Dissertation Abstracts International* 41 (1981): 4728A–29A.

Loureiro de Renfrew, Ileana. *La imaginación en la obra de Delmira Agustini*. Montevideo: Letras Femeninas, 1987.

Molloy, Sylvia. "Dos lecturas del cisne: Rubén Darío y Delmira Agustini." En *La sartén por el mango*. Río Piedras: Huracán, 1984.

Rosenbaum, Carmen Sidonia. "Delmira Agustini y Albert Samain." *Revista Iberoamericana* 11 (1946): 273–78.

———. "Vida y obra de Delmira." *Revista Nacional de Cultura* (Caracas) 23 (1960): 88–110.

Silva, Clara. *Genio y figura de Delmira Agustini*. Montevideo: Ceibo, 1944.

Zum Felde, Alberto. "Delmira Agustini." En *Proceso intelectual del Uruguay y crítica de su literatura*. Montevideo: Imprenta Nacional Colorada, 1930.

Mis amores

Hoy han vuelto.
Por todos los senderos de la noche han venido
a llorar en mi lecho.
¡Fueron tantos, son tantos!
Yo no sé cuáles viven, yo no sé cuál ha muerto.
Me lloraré a mí misma para llorarlos todos:
la noche bebe el llanto como un pañuelo negro.

Hay cabezas doradas al sol, como maduras. . .
Hay cabezas tocadas de sombra y de misterio,
cabezas coronadas de una espina invisible,
cabezas que sonrosa la rosa del ensueño,
cabezas que se doblan a cojines de abismo,
cabezas que quisieran descansar en el cielo,
algunas que no alcanzan a oler a primavera,
y muchas que trascienden a flores del invierno.

Todas esas cabezas me duelen como llagas. . .
Me duelen como muertos. . .
¡Ah! . . . y los ojos . . . los ojos me duelen más; ¡son dobles! . . .
Indefinidos, verdes, grises, azules, negros,
abrasan si fulguran;
son caricia, dolor, constelación, infierno.
Sobre toda su luz, sobre todas sus llamas,
se iluminó mi alma y se templó mi cuerpo.
Ellos me dieron sed de todas esas bocas. . .
De todas esas bocas que florecen mi lecho:
vasos rojos o pálidos de miel o de amargura,[1]
con lises de armonía o rosas de silencio,
de todos esos vasos donde bebí la vida,
de todos esos vasos donde la muerte bebo. . .
El jardín de sus bocas venenoso,[2] embriagante,
en donde respiraba sus almas y sus cuerpos,
humedecido en lágrimas
ha cercado mi lecho. . .

---

1. Bitterness; sorrow, grief.
2. Poisonous, venomous.

Y las manos, las manos colmadas de destinos secretos
y alhajadas de anillos de misterio. . .
Hay manos que nacieron con guantes de caricia,
manos que están colmadas de la flor del deseo,
manos en que se siente un puñal nunca visto,
manos en que se ve un intangible cetro;
pálidas o morenas, voluptuosas o fuertes,
en todas, todas ellas pude engarzar[3] un sueño.

Con tristeza de almas,
se doblegan los cuerpos,
sin velos, santamente
vestidos de deseo.
Imanes de mis brazos, panales[4] de mi entraña,
como a invisible abismo se inclinan a mi lecho. . .

¡Ah, entre todas las manos yo he buscado tus manos,
tu boca entre las bocas, tu cuerpo entre los cuerpos,
de todas las cabezas yo quiero tu cabeza,
de todos esos ojos, tus ojos solos quiero.
Tú eres el más triste, por ser el más querido,
tú has llegado el primero por venir de más lejos. . .

Ah, la cabeza oscura que no he tocado nunca
y las pupilas claras que miré tanto tiempo!
Las ojeras que ahondamos la tarde y yo inconscientes,
la palidez extraña que doblé sin saberlo,
ven a mí: mente a mente;
ven a mi: cuerpo a cuerpo.

Tú me dirás qué has hecho de mi primer suspiro,
tú me dirás que has hecho del sueño de aquel beso. . .
Me dirás si lloraste cuando te dejé solo. . .
¡Y me dirás si has muerto!
Si has muerto,
mi pena enlutará[5] la alcoba lentamente
y estrecharé tu sombra hasta apagar mi cuerpo.

3. Link up with.
4. Honeycombs.
5. Will put in mourning; will darken, sadden.

Y en el silencio ahondado de tiniebla,
y en la tiniebla ahondada de silencio,
nos velará llorando, llorando hasta morirse,
nuestro hijo: el recuerdo.

El rosario de Eros (1924)

Desde lejos

En el silencio siento pasar hora tras hora,
como un cortejo[6] lento, acompasado y frío. . .
¡Ah! Cuando tú estas lejos, mi vida toda llora,
y al rumor de tus pasos hasta en sueños sonrío.

Yo sé que volverás, que brillará otra aurora[7]
en mi horizonte, grave como un ceño[8] sombrío;
revivirá en mis bosques tu gran risa sonora
que los cruzaba alegre como el cristal de un río.

Un día, al encontrarnos tristes en el camino,
yo puse entre tus manos pálidas mi destino
¡y nada más grande jamás han de ofrecerte!

Mi alma es frente a tu alma como el mar frente al cielo;
pasarán entre ellas, tal la sombra de un vuelo,
¡la Tormenta y el Tiempo y la Vida y la Muerte!

El libro blanco (1907)

6. Courtship.
7. Aurora, dawn.
8. Frown.

Lo inefable

Yo muero extrañamente . . . No me mata la Vida,
no me mata la Muerte, no me mata el Amor;
muero de un pensamiento mudo como una herida. . .
¿No habéis sentido nunca el extraño dolor

de un pensamiento inmenso que se arraiga en la vida
devorando alma y carne, y no alcanza a dar flor?
¿Nunca llevasteis dentro una estrella dormida
que os abrasaba enteros y no daba un fulgor? . . .

¡Cumbre de los Martirios! . . . ¡Llevar eternamente,
desgarradora y árida, la trágica simiente
clavada en las entrañas[9] como un diente feroz!

¡Pero arrancarla un día en una flor que abriera
milagrosa, inviolable! . . . ¡Ah, más grande no fuera
tener entre las manos la cabeza de Dios!

Cantos de la mañana (1910)

El intruso

Amor, la noche estaba trágica y sollozante[10]
cuando tu llave de oro cantó en mi cerradura;[11]
luego, la puerta abierta sobre la sombra helante,[12]
tu forma fue una mancha de luz y de blancura.

9. Entrails literally, but heart, feelings, disposition, or temperament figuratively.
10. Filled with sobbing.
11. Lock; closing, locking.
12. Freezing, cold; hardened.

Todo aquí lo alumbraron tus ojos de diamante;
bebieron en mi copa tus labios de frescura,
y descansó en mi almohada tu cabeza fragante;
me encantó tu descaro y adoré tu locura.

Y hoy río si tú ríes, y canto si tú cantas;
y si tú duermes, duermo como un perro a tus plantas.
Hoy llevo hasta en mi sombra tu olor de primavera;

y tiemblo si tu mano toca la cerradura,
¡y bendigo la noche sollozante y oscura
que floreció en mi vida tu boca tempranera!

El libro blanco (1907)

La barca milagrosa

Preparadme una barca como un gran pensamiento . . .
La llamarán "La Sombra" unos; otros, "La Estrella."
No ha de estar al capricho de una mano de un viento;
¡yo la quiero consciente, indomable[13] y bella!

La moverá el gran ritmo de un corazón sangriento
de vida sobrehumana; he de sentirme en ella
fuerte como en los brazos de Dios. En todo viento,
en todo mar templadme su proa de centella.[14]

La cargaré de toda mi tristeza, y, sin rumbo,
iré como la rota corola de un nelumbo,[15]
por sobre el horizonte líquido de la mar. . .

13. Untamable.
14. Flash of lightning or light; spark.
15. Lotus flower.

Barca, alma hermana; ¿Hacia qué tierras nunca vistas,
de hondas revelaciones, de cosas imprevistas
iremos? . . . Yo ya muero de vivir y soñar. . .

Cantos de la mañana (1910)

Las alas

Yo tenía. . .
           ¡dos alas! . . .
Dos alas
que del Azur vivían como dos siderales
raíces. . .
Dos alas,
con todos los milagros de la vida, la Muerte
y la ilusión. Dos alas,
fulmíneas
como dos firmamentos
con tormentas, con clamas y con astros. . .
¿Te acuerdas de la gloria de mis alas? . . .

El áureo[16] campaneo
del ritmo, el inefable
matiz atesorando
el Iris[17] todo, mas un Iris nuevo
ofuscante y divino,
que adorarán las plenas pupilas del Futuro
(¡las pupilas maduras a toda luz!) . . . el vuelo.

16. Gold, golden.
17. Iris (of the eye) or rainbow.

El vuelo ardiente, devorante y único,
que largo tiempo atormentó los cielos,
despertó soles, bólidos,[18] tormentas,
abrillantó los rayos y los astros;
y la amplitud: tenían
calor y sombra para todo el Mundo,
y hasta incubar un más allá pudieron.

Un día, raramente
desmayada a la tierra,
yo me adormí en las felpas[19] profundas de este bosque.
¡Soñé divinas cosas! . . .
Una sonrisa tuya me despertó, paréceme. . .
¡Y no siento mis alas! . . .
¿Mis alas? . . .

¡Yo las vi deshacerse entre mis brazos . . .
¡Era como un deshielo!

Cantos de la mañana (1910)

Tu amor

Tu amor, esclavo, es como un sol muy fuerte:
jardinero de oro de la vida,
jardinero de fuego de la muerte,
en el carmen fecundo de mi vida.

Pico de cuervo con olor de rosas,
aguijón enmelado de delicias
tu lengua es. Tus manos misteriosas
son garras enguantadas de caricias.

18. Fireballs.
19. Severe reprimands; also, in a poetic sense, "carpets" (as of flowers, grass, etc.).

Tus ojos son mis medianoches crueles,
panales negros de malditas mieles
que se desangran en mi acerbidad;

Crisálida de un vuelo del futuro
es tu abrazo magnífico y oscuro
torre embrujada de mi soledad.

El rosario de Eros (1924)

Gabriela Mistral

1889-1957   CHILE

Lucila Godoy Alcayaga escogió el seudónimo Gabriela Mistral con el que alcanzó renombre en la literatura mundial. En 1913 eligió este nombre en honor a sus mayores influencias literarias: Gabriele D'Annunzio y Frédéric Mistral.

Paradójicamente, la escritora, que se convirtió en el símbolo de unión familiar y amor materno, venía de una familia deshecha. Su padre abandonó a la madre y hermana cuando Lucila tenía sólo tres años. Estudió en remotas escuelas rurales y luego en el Colegio de Señoritas en Santiago. Muy pronto fue reconocida como gran educadora y apoyó a José Vasconcelos en la reorganización escolar en Chile. Entre 1931 y 1933 enseñó en las universidades de Columbia, Vassar, Middlebury y Puerto Rico. Recibió varios doctorados *honoris causa* y fue el primer premio Nóbel de Literatura (1945) en nuestra América.

La búsqueda del amor y maternidad que tanto deseaba quedó truncada cuando su novio Romelio Ureta, un trabajador de los ferrocarriles, se suicidó por honor. Ella tenía diecisiete años cuando lo conoció, y esa tragedia fue seguida por otros suicidios de amigos y hasta su propio sobrino que ella había adoptado. A los treinta y tres años Gabriela se volvió a enamorar y ya comprometida para casarse se enteró de que su amado se había casado con una dama rica de la alta sociedad.

Ante tanta desilusión, la poeta se dedicó a la humanidad. Aceptó varios cargos importantes en el gobierno que la llevaron por el mundo. Su vida fue una incansable lucha a favor de los pobres y en contra de los opresores del pueblo. Donó las ganancias de sus libros a los huérfanos de la guerra civil española. Entabló una larga campaña contra la política extranjera de los Estados Unidos hacia Latinoamérica, que favorecía los gobiernos corruptos y la represión del pueblo. Gabriela Mistral murió en Long Island, después de una dolorosa batalla con cáncer.

Desolación, en 1922, fue su primera colección de poemas y tal vez la mejor. En este volumen, sin ser erótica, Gabriela alcanza la cima sensual. Nadie ha expresado con más fuerza lírica el despertar del amor, el sentirse arrebatada por la presencia del hombre y el no tener palabras para decirlo; el pudor de saberse mirada por él y la vergüenza de mirarse desnuda; la dulce calentura del cuerpo; el miedo de no merecer al amado, el sobresalto de perderlo, los celos, la humillación; y después, cuando él se ha pegado un tiro en la sien, el desconsuelo; el consagrarle la propia vida, el rogar por el alma suicida y la congoja de querer saber qué hay más allá de la muerte y por qué tinieblas anda su amado; el remordimiento de estar viva todavía, la soledad, la llaga del recuerdo; la espera inútil en los sitios que antes recorrieron juntos y, sin embargo, la obsesión de estar acompañada por su presencia sobrenatural; el tiempo que pasa; la propia carne que se va muriendo y al llegar a los treinta años comprueba que ya ni recuerda el rostro desaparecido.

En 1924 aparece *Ternura.* Después de su depuración en el dolor, Gabriela se eleva hacia un cándido, puro y transparente amor al prójimo. Ella sigue desolada pero ahora canta su ternura. En el destierro, en el desarraigo, sus versos se hacen más duros. El cansancio de la vejez en tierra extraña, ahora la hace recordar y ansiar la muerte, y los versos son secos, opacos, aún prosaicos.

Su evolución poética se ve en *Tala* (1938) y en *Lagar* (1954). También publicó dos volúmenes de prosa: *Lecturas para mujeres* en 1924 y *Recados: Cantando a Chile* en 1957 e innumerables artículos y ensayos. En *Lectura para mujeres* Mistral deja claro su liderazgo feminista y anima a las mujeres para que se valoren y dejen de temer a los hombres. Les recuerda que sin ellas, los hombres no hubieran nacido; y que es la mujer la que cría y protege al niño. También enfatiza que el impulso femenino está en el centro de la creación.

Su escritura temprana se caracteriza por la sencillez y el lenguaje personal pero al mismo tiempo clásico. En su evolución poética desarrolla un estilo complejo y difícil, lleno de imágenes personales nacidas de su amor por la humanidad y la naturaleza. Trata temas sobre los humildes, los perseguidos, los dolientes, los olvidados y sobre todo, los niños. A veces, su poesía encierra un sentido oculto, logrado por una ruptura con las formas tradicionales de la expresión y contiene un lado sombrío, que se basa en la meditación sobre la experiencia personal, el sufrimiento y la comprensión del dolor universal.

El vigor poético de Gabriela Mistral está en que ella levanta la realidad, la derrama en sus entrañas, la convierte en sangre y luego entona su noble y generoso canto de amor.

BIBLIOGRAFÍA CRÍTICA

Agosín, Marjorie. "Prosas inéditas de Gabriela Mistral." *Los Ensayistas: Boletín Informativo* (Athens, Ga.) 8 (1980): 149–51.

Alegría, Ciro. *Gabriela Mistral, íntima.* Lima: Editorial Universo, 1968.

Alegría, Fernando. *Genio y figura de Gabriela Mistral.* Buenos Aires: Editorial Universitaria de Buenos Aires, 1966.

Asturias, Miguel Ángel. "Gabriela Mistral." *Ficción* 8 (1957): 49–50.

Bara, Walter. "Gabriela Mistral, 'Woman Divine.'" *New Mexico Quarterly Review* 17 (1947): 221–27.

Bueno, Salvador. "Aproximaciones a Gabriela Mistral." *Cuadernos Hispanoamericanos* 242 (1970): 377–92.

Coddou, Marcelo, y Mirella Servodidio, eds. *Gabriela Mistral.* Veracruz: Centro de Investigaciones Lingüístico–Literarias de la Universidad Veracruzana, 1980.

Conde, Carmen. *Gabriela Mistral.* Madrid: Epesa, 1971.

Díaz Arrieta, Hernán. "Interpretación de Gabriela Mistral." *Anales de la Universidad de Chile* 106 (1975): 15–18.

Díaz-Casanueva, Humberto, et al. *Gabriela Mistral.* Xalapa, México: Centro de Investigaciones Lingüístico–Literarias de la Universidad Veracruzana, 1980.

Ghiano, Juan Carlos. "Páginas de Gabriela Mistral." *Suplemento Literario, La Nación* (Buenos Aires), 17 diciembre 1989.

Giordano, Jaime. "'Locas mujeres': ¿Locas?" *Taller de Letras* (Universidad Católica de Chile) 90 (1989): 41–46.

Horan, Elizabeth Rosa. "Matrilineage: Gabriela Mistral's Intimate Audience of Women." *Revista Canadiense de Estudios Hispánicos* (Toronto) 14 (1990): 447–57.

Jiménez, Onilda Angélica. *La crítica literaria en la obra de Gabriela Mistral.* Miami: Ediciones Universal, 1982.

Martínez, Tolentino. "Alfonsina Storni y Gabriela Mistral: La poesía como condena o salvación." *Escritura: Revista de Teoría y Crítica Literaria* 8 (1983): 223–30.

Oelker, Dieter. "Gabriela Mistral: Poesía enigmática / poesía dialéctica." *Acta Literaria* (Concepción, Chile) 14 (1989): 87–94.

Paz, Octavio. "El pan, la sal y la piedra." *Suplemento Literario, La Nación* (Buenos Aires), 14 octubre 1990.

Peña, Cecilio. *Gabriela Mistral: Poemas y estudio.* Montevideo: La Casa del Estudiante, 1978.

Santandreu Russo, Cora. *Aspectos del estilo en la poesía de Gabriela Mistral.* Santiago de Chile: Ediciones de los Anales de la Universidad de Chile, 1958.

Torres Ríoseco, Arturo. "Gabriela Mistral." *Anales de la Universidad de Chile* 120 (1962): 65–73.

Vasconcelos, José. "Homenaje a Gabriela Mistral." *Revista Iberoamericana* 10 (1946): 221–27.

Piecesitos

Piececitos de niño,
azulosos de frío,
¡como os ven y no os cubren,
Dios mío!

¡Piececitos heridos
por los guijarros todos,
ultrajados de nieves
y lodos!

El hombre ciego ignora
que por donde pasáis,
una flor de luz viva
dejáis;

que allí donde ponéis
la plantita sangrante
el nardo nace más
fragante.

Sed, puesto que marcháis
por los caminos rectos,
heroicos como sois
perfectos.

Piececitos de niño,
dos joyitas sufrientes,
¡cómo pasan sin veros
las gentes!

Meciendo

El mar sus millares de olas
mece, divino.

Oyendo a los mares amantes,
mezo a mi niño.

El viento errabundo en la noche
mece los trigos.
Oyendo a los vientos amantes,
mezo a mi niño.

Dios padre sus miles de mundos
mece sin ruido.
Sintiendo su mano en la sombra
mezo a mi niño.

Me tuviste

Duérmete, mi niño,
duérmete sonriendo,
que es la ronda de astros
quien te va meciendo.

Gozaste la luz
y fuiste feliz.
Todo bien tuviste
al tenerme a mí.

Duérmete, mi niño,
duérmete sonriendo,
que es la Tierra amante
quien te va meciendo.

Miraste la ardiente
rosa carmesí.
Estrechaste al mundo;
me estrechaste a mí.

Duérmete, mi niño,
duérmete sonriendo,

que es Dios en la sombra
el que va meciendo.

La mujer estéril

La mujer que no mece a un hijo en el regazo,
cuyo calor y aroma alcance a sus entrañas,
tiene una laxitud de mundo entre los brazos;
todo su corazón congoja inmensa baña.

El lirio le recuerda unas sienes de infante;
el Angelus le pide otra boca con ruego;
e interroga la fuente de seno de diamante
por qué su labio quiebra el cristal en sosiego.

Y al contemplar sus ojos se acuerda de la azada;
piensa que en los de un hijo no mirará extasiada,
al vaciarse sus ojos, los follajes de octubre.

Con doble temblor oye el viento en los cipreses.
¡Y una mendiga grávida, cuyo seno florece
cual la parva de enero, de vergüenza la cubre!

La maestra rural

La maestra es pura. "Los suaves hortelanos,"
decía, "de este predio, que es predio de Jesús,
han de conservar puros los ojos y las manos,
guardar claros sus óleos, para dar clara luz."

La maestra era pobre. Su reino no es humano.
(Así en el doloroso sembrador de Israel.)
Vestía sayas pardas, no enjoyaba su mano
¡y era todo su espíritu un inmenso joyel!

La maestra era alegre. ¡Pobre mujer herida!
Su sonrisa fue un modo de llorar con bondad.
Por sobre la sandalia rota y enrojecida,
era ella la insigne flor de su santidad.

¡Dulce ser! En su río de mieles, caudaloso,
largamente abrevaba sus tigres el dolor.
Los hierros que le abrieron el pecho generoso
¡más anchas le dejaron las cuencas del amor!

¡Oh labriego, cuyo hijo de su labio aprendía
el himno y la plegaria, nunca viste el fulgor
del lucero cautivo que en sus carnes ardía:
pasaste sin besar su corazón en flor!

Campesina, ¿recuerdas que alguna vez prendiste
su nombre a un comentario brutal o baladí?
Cien veces la miraste, ninguna vez la viste
¡y en el solar de tu hijo, de ella hay más que de ti!

Pasó por él su fina, su delicada esteva,
abriendo surcos donde alojar perfección.
La albada de virtudes de que lento se nieva
es suya. Campesina, ¿No les pides perdón?

Daba sombra por una selva su encina hendida
el día en que la muerte la convidó a partir.
Pensando en que su madre la esperaba dormida,
a La de Ojos Profundos se dio sin resistir.

Y en su Dios se ha dormido, como en cojín de luna
almohada de sus sienes, una constelación;
canta el Padre para ella sus canciones de cuna
¡y la paz llueve largo sobre su corazón!

Como un henchido vaso, traía el alma hecha
para dar ambrosía de toda eternidad;
y era su vida humana la dilatada brecha
que suele abrirse el Padre para echar claridad.

Por eso aún el polvo de sus huesos sustenta
púrpura de rosales de violento llamear.
¡Y el cuidador de tumbas, como aroma, me cuenta
las plantas del que huella sus huesos, al pasar!

Los sonetos de la muerte

Del nicho helado en que los hombres te pusieron,
te bajaré a la tierra humilde y soleada.
Que he de dormirme en ella los hombres no supieron,
y que hemos de soñar sobre la misma almohada.

Te acostaré en la tierra soleada con una
dulcedumbre de madre para el hijo dormido,
y la tierra ha de hacerse suavidades de cuna
al recibir tu cuerpo de niño dolorido.

Luego iré espolvoreando tierra y polvo de rosas,
y en la azulada y leve polvareda de luna,
los despojos livianos irán quedando presos.

Me alejaré cantando mis venganzas hermosas,
¡porque a ese hondor recóndito la mano de ninguna
bajará a disputarme tu puñado de huesos!

2

Este largo cansancio se hará mayor un día,
y el alma dirá al cuerpo que no quiere seguir
arrastrando su masa por la rosada vía,
por donde van los hombres, contentos de vivir. . .

Sentirás que a tu lado cavan briosamente,
que otra dormida llega a la quieta ciudad.
Esperaré que me hayan cubierto totalmente. . .
¡y después hablaremos por una eternidad!

Sólo entonces sabrás el porqué, no madura
para las hondas huesas tu carne todavía,
tuviste que bajar, sin fatiga, a dormir.

Se hará la luz en la zona de los sinos, oscura;
sabrás que en nuestra alianza signo de astros había
y, roto el pacto enorme, tenías que morir. . .

3

Malas manos tomaron tu vida desde el día
en que, a una señal de astros, dejara su plantel
nevado de azucenas. En gozo florecía.
Malas manos entraron trágicamente en él. . .

Y yo dije al Señor: "Por las sendas mortales
le llevan. ¡Sombra amada que no saben guiar!
¡Arráncalo, Señor, a esas manos fatales
o le hundes en el largo sueño que sabes dar!

¡No le puedo gritar, no le puedo seguir!
Su barca empuja un negro viento de tempestad.
Retórnalo a mis brazos o le siegas en flor."

Se detuvo la barca rosa de su vivir. . .
¿Que no sé del amor, que no tuve piedad?
¡Tú, que vas a juzgarme, lo comprendes, Señor!

Alfonsina Storni

1892–1938   ARGENTINA

Alfonsina Storni, accidentalmente, nació en Suiza, durante unas vacaciones de la familia. Regresaron a la Argentina y su padre, en compañía de un hermano, puso una cervecería. Desafortunadamente ésta quebró y los problemas económicos llevaron al padre a la bebida; empezó a desaparecer en misteriosas cacerías y descuidó a la familia. Alfonsina se refugió en la naturaleza y en largas caminatas por el campo. A los once años la niña tuvo que trabajar en una fábrica de sombreros para ganarse la vida. Pronto ella se conectó con compañías de teatro y empezó a ganarse la subsistencia actuando. Después de un año, las presiones de viajes y trabajo la hicieron regresar a su hogar en Rosario. Su madre se había vuelto a casar y Alfonsina se encontró sin ningún apoyo. Resolvió terminar sus estudios y sacó un diploma como maestra rural.

Alfonsina empezó a enseñar en una escuela elemental y en 1911 publicó sus primeros poemas en periódicos locales. Pero su destino le deparaba otra mala jugada; se enamoró de un hombre casado y a los diecinueve años estaba embarazada. Para no causarle problemas a su amante ni vergüenza a la familia, la joven se mudó sola a Buenos Aires. Allá trabajó en una serie de ocupaciones mal pagadas. Su hijo Alejandro Alfonso nació en 1912 y poco a poco ella fue penetrando el patriarcal mundo literario. Publicó su primer cuento y un libro de poemas. Participó en varias revistas literarias y en 1917 recibió el primer premio.

Seguidamente publicó tres libros de poemas: *El dulce daño* (1918), *Irremediablemente* (1919) y *Languidez* (1920). Después de varios premios, escribió para varios periódicos y algunas veces usó el seudónimo Tao-Lao. También perteneció al grupo "Anaconda" bajo la dirección de Horacio Quiroga.

En 1925 apareció *Ocre,* el libro que marcó un cambio en su expresión poética. Fue seguido por *Poemas de amor.* Durante todo este tiempo se mantenía trabajando en teatro y en 1930 fue a España donde conoció a varios escritores de la Generación del 27, entre ellos a Federico García Lorca.

En 1935 tuvo una operación de cáncer, y en 1938 se internó en el Mar del Plata para no salir más. El día después de su suicidio el poema "Me voy a dormir" apareció en el periódico.

Las circunstancias de su vida, las desilusiones, la misoginia, afectaron los temas que trató: El amor, la pasión, el feminismo, el arte, la humanidad, la naturaleza y la muerte. Pero el que más sobresale es el tema del hombre. Este se mantuvo constante a través de su poesía. Cuando no vio forma de comunicarse con él, su poética se volvió irónica y desdeñosa. A pesar de eso, ella añoraba compartir su vida con un hombre; desafortunadamente, nunca encontró uno que alcanzara su profundidad espiritual. Escribe:

> Yo te pedía el cielo, me diste tierra,
> Yo te pedía estrellas, me diste besos. . .

En "Peso ancestral" expresa la amargura de ser mujer, y la injusticia que, por siglos, se ha perpetuado contra ella. En "Tú me quieres blanca" refleja de nuevo esa iniquidad; se le exige que sea virgen, sin permitirle expresar lo que siente y lo que es. Este poema parece un grito de batalla, e introduce otros poemas que expresan el marginamiento emocional de la mujer en un mundo lleno de prejuicios. "Tu me quieres blanca" es una de las acusaciones más fuertes contra el macho latinoamericano, quien siendo libertino exige que la mujer permanezca casta. En las letras hispanas, sólo Sor Juana Inés de la Cruz había escrito tan artística protesta contra el patriarcado.

Alfonsina se sentía atrapada entre el papel de obediencia y virginidad que le asignaba la sociedad, y lo que ella sabía y sentía intelectual y emocionalmente. En "Bien pudiera ser" su poesía se convierte en portavoz de las mujeres que han sido reprimidas y silenciadas. En "Saludo al hombre" el tono de irónica reverencia plantea un contramensaje: el hombre no merece tal reverencia. La fotografía de la mujer es despiadada en "La armadura"; y el tema de la maternidad, en "El hijo," está lejos de melifluos tonos.

Las obras *Ocre* y *Mascarilla y trébol* quiebran la corriente didáctica y romántica, aportando renovación a la poesía y ampliando el foco femenino. La mujer que ella retrata ahora es un ser cosmopolita que participa en banquetes, debates, viajes y tertulias literarias. Esta es la utópica libertad a la que aspiraba la poeta.

Storni también escribió teatro pero sin éxito. Sin embargo, tanto su producción literaria como su vida han sido cimientos fundamentales en el desarrollo de las letras latinoamericanas y en la concientización de la situación marginada de la mujer.

BIBLIOGRAFÍA CRÍTICA

Alvarez Frank, Matilde. *El sentido de lo humano en la poesía de Alfonsina Storni.* La Habana: O'Reilly, 1943.

Astrada de Terraga, Etelvina. "Figura y significación de Alfonsina Storni." *Cuadernos Hispanoamericanos* 211 (1967): 127–44.

Capdevilla, Arturo. *Epoca, dolor y obra de la poetisa Alfonsina Storni.* Buenos Aires: Centurión, 1948.

Carvalho, Joaquín Montezuma. "Alfonsina Storni: Fundadora de la emancipación femenina hispanoamericana." *Norte: Revista Hispano–americana* 3 (1973): 44–52.

Figueras, Miriam, y María Teresa Martínez. *Alfonsina Storni: Análisis de poemas y antología.* Montevideo: Librería Editorial Ciencias, 1979.

Gómez Paz, Julieta. *Leyendo a Alfonsina Storni.* Buenos Aires: Losada, 1966.

Nale Roxlo, Conrado, y Mabel Mármol. *Genio y figura de Alfonsina Storni.* 2a ed. Buenos Aires: Universitaria de Buenos Aires, 1964.

Pérez Blanco, Lucrecio. *La poesía de Alfonsina Storni.* Madrid: Villena, 1975.

Stycos, María Nowakowska. "Alfonsina Storni: A Search for Self." Dis. doctoral, Cornell University, *Dissertation Abstracts International* 33 (1978): 6719.

Titiev, Janice G. "The Poetry of Dying in Alfonsina Storni's Last Book." *Hispania* 68 (1985) 467–73.

Triantiafillun, Helen I. "Razón y pasión en Sor Juana Inés de la Cruz y en Alfonsina Storni." *Revista de Estudios Hispánicos* 6 (1972): 355–72.

Ugarte, Manuel. "El destierro trágico de Delmira Agustini y Alfonsina Storni." *Manizales* 9 (1947): 59–61.

Tú me quieres blanca

Tú me quieres alba,
me quieres de espumas,
me quieres de nácar.
Que sea azucena
sobre todas, casta.
De perfume tenue.
Corola cerrada.

Ni un rayo de luna
filtrado me haya.
Ni una margarita
se diga mi hermana.
Tú me quieres nívea,
tú me quieres blanca,
tú me quieres alba.

Tú que hubiste todas
las copas a mano,
de frutos y mieles
los labios morados.
Tú que en el banquete,
cubierto de pámpanos
dejaste las carnes
festejando a Baco.
Tú que en los jardines
negros del Engaño
vestido de rojo
corriste al Estrago.

Tú que el esqueleto
conservas intacto
no sé todavía
por cuáles milagros,
me pretendes blanca
(Dios te lo perdone),
me pretendes casta
(Dios te lo perdone),
¡me pretendes alba!

Huye hacia los bosques;
vete a la montaña;
límpiate la boca;
vive en las cabañas;
toca con las manos
la tierra mojada;
alimenta el cuerpo
con raíz amarga;
bebe de las rocas;
duerme sobre escarcha;
renueva tejidos
con salitre y agua;
habla con los pájaros
y lévate al alba.
Y cuando las carnes
te sean tornadas,
y cuando hayas puesto
en ellas el alma
que por las alcobas
se quedó enredada,
entonces, buen hombre,
preténdeme blanca,
preténdeme nívea,
preténdeme casta.

El dulce daño (1918)

Peso ancestral

Tú me dijiste: no lloró mi padre;
tú me dijiste: no lloró mi abuelo;
no han llorado los hombres de mi raza,
eran de acero.

Así diciendo te brotó una lágrima
y me cayó en la boca . . . ; más veneno
así pequeño.

Débil mujer, pobre mujer que entiende,
dolor de siglos conocí al beberlo.
yo no he bebido nunca en otro vaso
Oh, el alma mía soportar no puede
todo su peso.

Irremediablemente (1919)

Hombre pequeñito

Hombre pequeñito, hombre pequeñito,
suelta a tu canario que quiere volar . . .
yo soy el canario, hombre pequeñito,
déjame saltar.

Estuve en tu jaula, hombre pequeñito,
hombre pequeñito que jaula me das.
Digo pequeñito porque no me entiendes,
ni me entenderás.

Tampoco te entiendo, pero mientras tanto
ábreme la jaula, que quiero escapar;
hombre pequeñito, te amé media hora,
no me pidas más.

Irremediablemente (1919)

La caricia perdida

Se me va de los dedos la caricia sin causa,
se me va de los dedos . . . En el viento, al rodar,
la caricia que vaga sin destino ni objeto,
la caricia perdida, ¿Quién la recogerá?

Pude amar esta noche con piedad infinita,
pude amar al primero que acertara a llegar.
Nadie llega. Están solos los floridos senderos.
La caricia perdida, rodará . . . , rodará . . .

Si en el viento te llaman esta noche, viajero,
si estremece las ramas un dulce suspirar,
si te oprime los dedos una mano pequeña
que te toma y te deja, que te logra y se va.

Si no ves esa mano, ni la boca que besa,
si es el aire quien teje la ilusión de llamar,
oh, viajero, que tienes como el cielo los ojos,
en el viento fundida, ¿me reconocerás?

Languidez (1920)

Cuadrados y ángulos

Casas enfiladas, casas enfiladas,
casas enfiladas.
Cuadrados, cuadrados, cuadrados.
Casas enfiladas.
Las gentes ya tienen el alma cuadrada,
ideas en fila
y ángulo en la espalda.
Yo misma he vertido ayer una lágrima,
Dios mío, cuadrada.

El dulce daño (1918)

Juana de Ibarbourou

1892–1979   URUGUAY

Juanita Fernández nació en Melo de padre español y madre uruguaya, profundamente religiosa. Una de sus primeras y principales influencias en su vida fue su nana negra Feliciana. Ella le alegró la vida con fábulas y canciones de su cultura. Así la niña aprendió la musicalidad del lenguaje y la magia de la naturaleza. En 1914 se casó con el militar Lucas Ibarbourou. Tuvo un hijo, Julio César, y después pasó el resto de su vida en Montevideo.

Empezó a escribir desde muy joven y empleó seudónimos como Jeanette d'Ibar, La Poetisa Ibarbourou y Juana de América. Su poesía trata temas de amor, la naturaleza y el gozo de vivir.

Juana era optimista en su manera de ver la vida y el amor. Comprendía que la muerte llegaría algún día y esto le causaba cierta melancolía porque ya no podría disfrutar de la vida. Para ella, la vida era una manifestación de la naturaleza y por lo tanto hermosa, sensual y sin trabas o achaques de inmoralidad. La celebraba con un pagano deleite.

El amor era la expresión de la felicidad. Ella era la poeta del amor con naturalidad juvenil y limpia carnalidad. A estos sentimientos añadía una gran intuición y sensualidad.

Su obra poética fue como el ciclo vital marcado por las cuatro estaciones. La primavera, poesía juvenil en *Las lenguas del diamante,* fue su primer libro publicado en 1918. Este tuvo tal éxito que la colocó a la cabeza de la lírica uruguaya de la época.

En 1922 salió *Raíz salvaje* en la que se refleja su preocupación atrevida y voluptuosidad poética. Refuerza la sensualidad temática con palabras como fruta, flor, miel, gacela, alondra, y con imágenes de lo vegetal y lo animal elogiando el goce de existir.

Emplea metáforas como un obstinado narcisismo: narciso-mujer con las delicias de la coquetería y la femenina turbación ante el espejo del tiempo, donde nos vemos afear y morir. Joven, mimosa, incitante, sentía en la carne el poder de su hermosura. Se sabía admirada y deseada; se describía a sí misma para el hombre: desnuda, encendida y apremiada por la certidumbre de que ese supremo momento de belleza no se habría de repetir. Temía más envejecer que morir. Su poema "Rebelde" deja entrever su triunfal desnudo.

Sin embargo, no toda su obra revela ardiente sensualismo. En 1930 *La rosa de los vientos* trasluce cierta amargura en la vida de la joven boyante de antes pero sin perder su vitalidad veraniega y cálida.

Entre 1932 y 1949 su padre, su esposo y su madre murieron. Juana experimentó profunda tristeza. En 1955 publicó *Perdida,* poesía otoñal, serena y meditativa. La escritora siente la necesidad de seguir adelante y cumplir su inevitable ciclo.

Juana recibió muchos premios literarios y reconocimiento internacional. En 1959 fue nominada para el premio Nóbel. Su poesía ha sido traducida a varios idiomas.

Juana también escribió prosa, pero su fama permanece en la lírica. Su poesía es amorosa, íntima, espontánea, llena de imágenes originales y de ritmo lento. Cultivó temas eróticos y sensuales prohibidos por la cultura burguesa de la época, y así rompió con el tradicionalismo poético.

BIBLIOGRAFÍA CRÍTICA

Aponte, Ruth Idalmi. "El ciclo vital en la poesía de Juana de Ibarbourou." Dis. doctoral, University of Kentucky, 1983. *Dissertation Abstracts International* 45 (1984): 1126A.

Arbeleche, Jorge. *Juana de Ibarbourou.* Montevideo: Arca, 1978.

Benvenuto, C. "'Raíz salvaje' de Juana de Ibarbourou." *Renovación* 3 (1923): 18–26.

Bollo, Sarah. *La poesía de Juana de Ibarbourou.* Montevideo, 1935.

Fox-Lockert, Lucía. "Amorous Fantasies." *Américas* 39 (1987): 38–41.

Gómez Marín, José Antonio. "La poesía americana de Juana de Ibarbourou." *Cuadernos Hispanoamericanos* 64 (1965): 87–93.

Lima, Roberto. "Cumbres poéticas del erotismo femenino en Hispanoamérica." *Revista de Estudios Hispánicos* (University of Alabama) 18 (1984): 41–59.

Pickenhayn, Jorge Oscar. *Vida y obra de Juana de Ibarbourou.* Buenos Aires: Editorial Plus Ultra, 1980.

Queiroz, María José de. *A poesía de Juana de Ibarbourou.* Belo Horizonte, Brasil: Imprensa de Universidade de Minas, 1961.

Rebelde

Caronte:[1] yo seré un escándalo en tu barca.
Mientras las otras sombras recen, giman, o lloren,
y bajo tus miradas de siniestro patriarca
las tímidas y tristes, en bajo acento, oren,

yo iré como una alondra cantando por el río
y llevaré a tu barca mi perfume salvaje,
e irradiaré en las ondas del arroyo sombrío
como una azul linterna que alumbrará en el viaje.

Por más que tú no quieras, por más guiños siniestros
que me hagan tus dos ojos, en el terror maestros,
Caronte, yo en tu barca seré como un escándalo.

Y extenuada de sombra, de valor y de frío,
cuando quieras dejarme a la orilla del río
me bajarán tus brazos cual conquista de vándalo.

Las lenguas de diamante (1918)

La hora

Tómame ahora que aún es temprano
y que llevo dalias nuevas en la mano.

Ahora que tengo la carne olorosa,
y los ojos limpios y la piel de rosa.

Ahora que calza mi planta ligera
la sandalia viva de la primavera.

1. Charon, who in Greek mythology conveyed the souls of the dead across the Styx, the chief
   river of the Underworld. His pay was an obol (an ancient Greek coin) placed in the mouth of
   the deceased.

Ahora que en mis labios repica la risa
como una campana sacudida aprisa.

Después . . . , ¡ah, yo sé
que nada de eso más tarde tendré!

Tómame ahora que aún es sombría
esta taciturna cabellera mía.

Que entonces inútil será tu deseo,
como ofrenda puesta sobre un mausoleo.

¡Tómame ahora que aún es temprano
y que tengo rica de nardos la mano!

Hoy, y no más tarde. Antes que anochezca
y se vuelva mustia la corola fresca.

Hoy, y no mañana. Oh, amante, ¿no ves
que la enredadera crecerá ciprés?

Las lenguas de diamante (1918)

Cenizas

Se ha apagado el fuego. Queda sólo un blando
    montón de cenizas,
donde estuvo ondulando la llama.
Ahí tienes, amigo, hecho porción quieta
    de polvo liviano,
a aquel pino inmenso que nos dio su sombra
fresca y movediza, durante el verano.
Tan alto, tan alto, que pasaba el techo
    de la casa mía.
Si hubiera podido guardarlo en dobleces,
ni en el arca grande del desván, cabría.

Y del pino inmenso ya ves lo que queda.
Yo, que soy tan pequeña y delgada,
¡qué montón tan chiquito de polvo
　　　será cuando muera!

Sus mejores poemas (1930)

Días sin fe

El navío de la esperanza
ha olvidado los caminos claros de mi puerto.
El agua cóncava de la espera solo refleja
la blancura caliza de un paisaje sin ecos.

Sobre los cielos lisos
no pasan nubes en simulacros de ríos y de parques;
y el búho pesado del tiempo
se ha detenido en la proa inmóvil de mi nave.

No tengo fuerzas para arrancar el ancla
y salir al encuentro del barco perdido.
Una mano ha echado raíz sobre la otra mano.
Los ojos se me cansan por horizontes vacíos;
siento el peso de cada hora
como un racimo de piedra sobre el hombro.

¡Ah! quisiera ya librarme de esta cosecha
y volver a tener los días ágiles y rojos.

La rosa de los vientos (1930)

La higuera

Porque es áspera y fea,
porque todas sus ramas son grises,
yo le tengo piedad a la higuera.
En mi quinta hay cien árboles bellos:
ciruelos redondos,
limoneros rectos
y naranjos de brotes lustrosos.

En las primaveras,
todos ellos se cubren de flores
en torno a la higuera.
Y la pobre parece tan triste
con sus gajos torcidos, que nunca
de apretados capullos se viste.

Por eso,
cada vez que yo paso a su lado,
digo, procurando
hacer dulce y alegre mi acento:
Es la higuera el más bello
de los árboles todos del huerto.

Si ella escucha,
si comprende el idioma en que hablo,
¡qué dulzura tan honda hará nido
en su alma sensible de árbol!

Y tal vez, a la noche,
cuando el viento abanique su copa
embriagada de gozo le cuente:
¡Hoy a mí me dijeron hermosa.

Raíz salvaje (1922)

Olga Orozco

1920- ARGENTINA

Olga nació en La Pampa, donde vivió por siete años. A los ocho, su familia se mudó a Bahía Blanca y luego a Buenos Aires. Su infancia estuvo llena de temores. Nadie ha podido, ni por medio de entrevistas, llegar al fondo de la misteriosa niñez de la poeta. A ella no le gusta hablar de sí misma. Sólo dice que siente una fuerza narrativa que une conscientemente el dualismo entre espíritu y materia. Su obra *La oscuridad es otro sol,* nos dice Olga, es autobiográfica. Aquí hay una profunda intimidad entre el narrador y el medio ambiente. Se percibe una visión neofantástica del mundo. Allí se funden elementos reales y ficticios de tal manera que no se distinguen. Su narrador, muchas veces, viaja por campos magnéticos desarrollando personalidades dobles, leyendo mentes, permutándose simultáneamente y algunas veces haciéndose invisible. Su poesía enmarca toda una memoria semántica a través de símbolos como el mar, mitos, espejos rotos, dados, talismán, trampas, ventanas, rumores, hojas, arena, mapas, vientos, cartomancia, abismos, caras, brujas, puertas, hierbas, eventos políticos y lugares de su infancia.

Se crió entre locos y pordioseros que habían escapado de manicomios o cárceles y a quienes su abuela les daba albergue. Su padre era un emigrante italiano que se hizo alcalde y trajo electricidad al pueblo. El señor Orozco amasó una gran fortuna y siempre fue muy generoso con los necesitados. El padre despertó los intereses literarios en la pequeña Olga familiarizándola con Dante, Petrarca y otros grandes poetas italianos.

En su poesía Olga intenta proyectar lo trascendental en simultaneidad con lo cotidiano en un esfuerzo desesperado por "agarrar el Centro" como lo llamaban los románticos. El núcleo de la poesía de Orozco es esencia. Contiene una sucesión de ideas con una actitud gnóstica, enfrentada constantemente con la dualidad divina acentuando la aventura intelectual. Esta es una aventura sin límites; por lo tanto el tiempo y el espacio se diluyen, y el resultado es una sensación mágica y profética.

Las influencias en su obra artística fueron el surrealismo, el existencialismo, el simbolismo y los eventos políticos en la Argentina durante las guerras mundiales. También el cambio de valores y fracaso del optimismo utópico que ha dado como resultado una angustia desesperada. Olga parece sentir las convulsiones de este mundo caótico.

En su poesía, Orozco transforma la realidad tangible y produce una metamorfosis que, dentro del contexto poético, resulta posible. Esta elevación del espíritu produce una sensación mística e inesperada.

La obra de Orozco constituye un universo mágico, onírico, milagroso, poético, que refuerza su apasionada e incansable búsqueda del más allá. En su búsqueda ella interroga los enigmas y la esencia ontológica, la conciencia y el inconsciente.

El mundo de Olga es fragmentado, y existe en un tiempo en el que todos éramos dioses. Es como si Dios se desdoblara en cada uno y cada cosa. Sus metáforas cósmicas nos regresan al momento de la creación. Es precisamente por el acto de creación que el poeta logra su identidad y comunicación universal.

La lírica de Orozco sale de la totalidad del ser humano. Es la encarnación poética intentando contacto con otro "mundo" más completo. En su empeño crea universos lingüísticos de extraña fascinación. Ella intuye una dimensión más allá de la palpable donde todo comienza. Es como si fuéramos seres mutilados en busca de lo que nos falta. Su poesía es tan hermética porque ella intenta comprimir todo en un espacio-tiempo que permita una visión totalizadora.

Su poesía habla de ritos astrales y ancestrales. El tiempo es un palpitar que nos lleva a lo inescapable, a la muerte. La misma Olga dice que la poesía es como "un oráculo ciego, un guía inválido." Su lírica, como su lector, debe ser fuerte, porque la labor poética, así como su interpretación, es ardua y es sólo para "quien se atreva a cortar la flor al borde del precipicio."

Su poesía, a pesar de ser luctuosa, no es oscura, gracias a las espléndidas metáforas que la iluminan. Es un canto muy personal que escuchamos todos a manera de eco. Ella "me" habla de "tú" y somos una en el cosmos. La poesía de Olga Orozco por ser tan espléndida y misteriosa ha sido reconocida con varios premios, no sólo en la Argentina, sino también en España, Estados Unidos, Canadá, Francia, Italia y México.

Su producción literaria, hasta la fecha, consiste de unos quince volúmenes incluyendo *Desde lejos* (1946), *Las muertes* (1955), *Juegos peligrosos* (1962), una antología en 1982 y otra en 1985 y *En el revés del cielo* (1987). También escribió un drama y un libro en prosa.

Su poesía es como una esfera cuyo centro está en todas partes y la circunferencia en ninguna. Es un lugar de intersección de fuerzas desconocidas, un prisma para la composición y descomposición de la realidad humana. La interpretación de su poesía deja sólo un relámpago de lo absoluto y un parpadeo a un mundo incomprensible y precario. Tal complejidad hermenéutica ha limitado el número de estudios sobre su obra. Muchos críticos la encuentran críptica e imposible de leer. En un congreso del Instituto Internacional de Literatura Iberoamericana en Nueva York en 1987, la directiva del prestigioso evento se disculpó por no incluir la obra de Olga Orozco porque era "demasiado compleja."

BIBLIOGRAFÍA CRÍTICA

Cobo Borda, J. G. "Olga Orozco." *Poesía* 11 (Universidad de Carabobo, Venezuela) (1985): 35–37.

Colombo, Stella Maris. "Metáfora y cosmovisión en la poesía de Olga Orozco." *Cuadernos Aletheia* 5 (Rosario) (1983): 93–108.

Gómez Paz, Julieta. *Cuatro actitudes poéticas.* Buenos Aires: Conjunta Editores, 1977.

———. *Dos textos sobre la poesía de Olga Orozco.* Buenos Aires: Ediciones Tekne, 1980.

Kuhnheim, Jill Suzanne. "Changing the Subject: An International Approach to the Poetry of Olga Orozco." Dis. doctoral, University of California, San Diego. *Dissertation Abstracts International* (1991): 2393A.

Lindstrom, Naomi. "Olga Orozco: La voz poética que llama entre mundos." *Revista Iberoamericana* 51 (1985): 765–75.

Liscano, Juan. "Olga Orozco y su trascendente juego poético." Prólogo a Olga Orozco, *Veintinueve poemas.* Caracas: Monte Avila, 1975.

Pellarolo, Silvia. "La imagen de la estatua de sal: Síntesis y clave en el pensamiento poético de Olga Orozco." *Mester* (Los Angeles) 23 (1989): 41–49.

Piña, Cristina. "'Carina' de Olga Orozco: Un análisis estilístico." *Explicación de Textos Literarios* 12 (1983–84): 59–78.

———. "Prólogo." En *Páginas de Olga Orozco seleccionadas por la autora.* Buenos Aires: Editorial Celta, 1984.

Running, Thorpe. "Imagen y creación en la poesía de Olga Orozco." *Letras femeninas* 13 (1987): 12–20.

Torres de Peralta, Elba. "Algunas consideraciones sobre la poética de Olga Orozco." *Culturas* (Río de la Plata) (1988): 31–40.

———. "Motivos claves en la poética de Olga Orozco." En *La crítica literaria en Latinoamérica: Actas del XXIV Congreso del Instituto Internacional de Literatura Iberoamericana.* Palo Alto: Stanford University Press, 1987.

Olga Orozco

Yo, Olga Orozco, desde tu corazón digo a todos que
    muero.
Amé la soledad, la heroica perduración de toda fe,
el ocio donde crecen animales extraños y plantas fabulosas,
la sombra de un gran tiempo que pasó entre misterios y entre
    alucinaciones,
y también el pequeño temblor de las bujías en el anochecer.
Mi historia está en mis manos y en las manos con que otros
    las tatuaron.
De mi estadía quedan las magias y los ritos,
unas fechas gastadas por el soplo de un despiadado amor,
la humareda distante de la casa donde nunca estuvimos,
y unos gestos dispersos entre los gestos de otros que no me
    conocieron.
Lo demás aún se cumple en el olvido,
aún labra la desdicha en el rostro de aquella que se
    buscaba en mí igual que en un espejo de sonrientes
    praderas,
y a la que tú verás extrañamente ajena:
mi propia aparecida condenada a mi forma de este
    mundo.
Ella hubiera querido guardarme en el desdén o en el
    orgullo,
en un último instante fulmíneo como el rayo,
no en el túmulo incierto donde alzo todavía la voz ronca y
    llorada
entre los remolinos de tu corazón.
No. Esta muerte no tiene descanso ni grandeza.
No puedo estar mirándola por primera vez durante tanto
    tiempo.
Pero debo seguir muriendo hasta tu muerte
porque soy tu testigo ante una ley más honda y más
    oscura que los cambiantes sueños,
allá, donde escribimos la sentencia:
"Ellos han muerto ya.
Se habían elegido por castigo y perdón, por cielo y
    por infierno.

Son ahora una mancha de humedad en las paredes del
　　　primer aposento."

Presentimientos en traje de ritual

Llegan como ladrones en la noche.
Fuerzan las cerraduras
y hacen aparecer esas puertas que se abren en un error
　　　del muro
y solamente indican la clausura hacia afuera.
Es un manojo de alas que aturde en el umbral.
Entran con una antorcha para incendiar el bosque sumergido
　　　en la almohada,
para disimular las ramas que encandilan desde el fondo del
　　　ojo,
los pájaros insomnes, con su brizna de fuego arrebatada al
　　　fuego de los dioses.
Es una zarza ardiente entre la lumbre,
un crisol donde vuelcan el oro de mis días para acuñar
　　　la llave que lo encierra.
Me saquean a ciegas,
truecan una comarca al sol más vivo por un puñado impuro de
　　　tinieblas,
arrasan algún trozo del cielo con la historia que se
　　　inscribe en la arena,
Es una bocanada que asciende a borbotones desde el fondo de
　　　todo el porvenir.
Hurgan con frías uñas en el costado abierto por la misma
　　　condena,
despliegan como vendas las membranas del alma,
hasta tocar la piedra que late con el brillo de la
　　　profanación.
Es una vibración de insectos prisioneros en el fragor de la
　　　colmena,
un zumbido de luz, unas antenas que raspan las entrañas.
Entonces la insoluble sustancia que no soy,
esa marea a tientas que sube cuando bajan los tigres en el
　　　alba,

tapiza la pared,
me tapia las ventanas,
destapa los disfraces del verdugo que me mata mejor.
Me arrancan de raíz.
Me embalsaman en estatua de sal a las puertas del tiempo.

Soy la momia traslúcida de ayer convertida en oráculo.

Tierras en erosión

Se diría que reino sobre estos territorios,
se diría que a veces los recorro desde la falsa costa hasta
      la zona del gran fuego central
como a tierra de nadie,
como a región baldía sometida a mi arbitrio por la ley del
      saqueo y el sol de la costumbre.
Se diría que son las heredades para mi epifanía.
Se diría que oponen sus murallas en marcha contra los
      invasores,
que abren sus acueductos para multiplicar mi nombre y mi
      lugar,
que organizan las grandes plantaciones como colonias del
      Edén perdido,
que erigen uno a uno estos vivos menhires para oficiar mi
      salvación.
¡Sagrada ceremonia la que urdimos en tierra mis tejidos y
      yo!
Y sin embargo acechan como tembladerales palpitantes
esta noche de pájaro en clausura donde caigo sin fin,
remolino hacia adentro,
girando con el cielo cerrado que me habita y no logro
      alcanzar.
Y de pronto, sin más, sin ir más lejos,
soy como una fisura en esta incomprensible geología,
como burbuja a ciegas por estos laberintos que no sé
      adonde dan.
Me arrastran a mansalva de una punta a la otra
estas negras gargantas que me devoran sin cesar.

Me sofocan con fibras de humedad,
me trituran entre fauces de hueso como a una mariposa,
me destilan en sordas tuberías y en ávidas esponjas que
      como los lentos monstruos de la profundidad,
me empapan en sentinas,
me ligan con tendones y con nervios hasta la desunión,
me ponen a secar en la negrura de este sol interior,
me abandonan como resaca muerta a la furia de todas las
      corrientes
hasta la gran caída y el vértigo final,
siempre inminente,
siempre al punto de trizarme de golpe contra el acantilado
      de la insufrible luz.
¡Qué lugar para creer y para amar!
¡Tantos derrumbes, tantas fundaciones, tantas metamorfosis
      insensatas!
¡Tantas embalsamadas batallas que se animan en un foso del
      alma!
¿Tanta carnicería de leyenda levantada en mi honor?

Claribel Alegría

Aunque Claribel Alegría nació en Nicaragua en 1924, al año siguiente su familia se mudó a El Salvador y por eso ella se considera salvadoreña. A los doce años presenció una masacre de campesinos que la marcó para siempre. En 1943 estudió en los Estados Unidos en George Washington University y en 1947 se casó con Darwin J. Flakoll, quien es también uno de sus principales colaboradores y su traductor. Ahora viven en Mallorca.

En 1978 ganó el premio de Casa de las Américas en Cuba. Entre sus libros se encuentran *Anillo de silencio, Suite, Vigilias, Cordillera, Acuario, Huésped de mi tiempo, Vía única, Aprendizaje, Raíces* y *Suma y sigue*.

Alegría es la narradora de la terrible verdad centroamericana y advoca por la autodeterminación de esos pueblos para elegir su propio destino. Con la palabra, y no el fusil, expone la sangrienta realidad y los miles de desaparecidos. Claribel ilumina con su lírica la brutalidad sin sentido a la que se ha sometido El Salvador. Su poesía es apasionada y confrontativa. A través de ella se escucha el llorar del espíritu humano, atropellado por la avaricia y la crueldad.

Sus poemas son una traducción del sufrimiento humano, para los que no pueden o no quieren ver los abusos y violaciones humanas en Centro-américa. Alegría es la voz de los torturados, desaparecidos y desmembrados. Ella también ha vivido en Chile, México y el Uruguay, lo cual ha ampliado su visión de América Latina.

Alegría es una trabajadora infatigable por los derechos humanos, la libertad y la justicia. El asesinato del arzobispo Oscar Arnulfo Romero la obligó a escribir para dejar testimonio de las crueldades que acaecen en Centro América. Muchos de los personajes que menciona en su obra son reales; ella espera que el mundo tome conciencia de las atrocidades para que así el sacrificio de tantos y sus escritos no sean en vano.

Su obra está llena de amor, humor y compasión. Claribel es una de las pocas escritoras latinoamericanas que ha recibido reconocimiento literario por parte de la crítica, mayormente masculina, aunque no comparte la popularidad de los escritores del "Boom."

A través de toda su obra, la mujer es central y omnipresente. Frecuentemente acude a la metáfora del volcán en explosión para representar el despertar de la conciencia femenina. Como el volcán que explota, la mujer latinoamericana va despertando, tomando control de su destino y floreciendo. También representa, a veces, la erupción de la conciencia política de los residentes de esta tierra. Como un volcán, todo aparenta estar normal, pero debajo de la superficie la revolución se prepara.

Un tema central en su producción literaria es la muerte, ya que para ella, el tratarla es como una manera de sobrevivir. "Porque quiero la paz" y "Flores del volcán" retratan eventos históricos, para que las muertes de niños, la violación del paisaje y de mujeres, el asesinato de poetas, el genocidio de campesinos, las atrocidades de regímenes militares, contribuyan a la fecundación del suelo, que junto con la lava florecerá. Su poesía es militante y tormentosa, pero esperanzada.

BIBLIOGRAFÍA CRÍTICA

Arenal, Electra. "Two Poets of the Sandinista Struggle." *Feminist Studies* (College Park, Maryland) 7 (1981): 19–27.

Benedetti, Mario. "Introducción." En *Suma y sigue: Antología*. Madrid: Visor, 1981.

Forché, Carolyn. "With Tears, Fingernails and Coal." Prefacio a Claribel Alegría *Flowers from the Volcano*. Traducción de Carolyn Forché. Pitsburgo: University of Pittsburgh Press, 1982.

Peri Rossi, Cristina. "Cuatro poetas latinoamericanas." *Hora de poesía* (Barcelona) 4 (1980): 36–40.

Shea, Maureen Elizabeth. "Latin American Women Writers and the Growing Potential of Political Consciousness." Dis. doctoral, 1988. *Dissertation Abstracts International* 49 (1988): 515A.

Yúdice, George. "Letras de emergencia: Claribel Alegría." *Revista Iberoamericana* 51 (1985): 953–64.

Flores del volcán

A Roberto y Ana María

Catorce volcanes se levantan
en mi país memoria
en mi país mito
que día a día invento
catorce volcanes de follaje y piedra
donde nubes extrañas se detienen
y a veces el chillido[1]
de un pájaro extraviado
¿Quién dijo que era verde mi país?
es más rojo
es más gris
es más violento:
el Izalco[2] que ruge
exigiendo más vidas
los eternos chacmol[3]
que recogen la sangre
y los que beben sangre
del chacmol
y los huérfanos grises
y el volcán babeando
toda esa lava incandescente
y el guerrillero muerto
y los mil rostros traicionados
y los niños que miran
para contar la historia.
No nos quedó ni un reino
uno a uno cayeron
a lo largo de América
el acero sonaba

1. Screech.
2. A still-active volcano in El Salvador; it is nicknamed the Faro del Pacífico.
3. Chac Mool, the Maya-Toltec god of rain, thunder, and lightning and the inventor of agriculture. He is represented by a stone figure, resting on his back, head turned and hands over his stomach holding a bowl, where the smoking hearts of sacrificial victims were placed.

en los palacios
en las calles
en los bosques
y saqueaban el templo
los centauros
y se alejaba el oro
y se sigue alejando
en barcos yanquis
el oro del café
mezclado con la sangre
mezclado con el látigo
y la sangre.
El sacerdote huía
dando gritos
en medio de la noche
convocaba a sus fieles
y abrían el pecho de un guerrero
para ofrecerle al Chac[4]
su corazón humeante.
Nadie cree en Izalco
que Tlaloc[5] esté muerto
por más televisores
heladeras
toyotas
el ciclo ya se acerca
es extraño el silencio del volcán
desde que dejó de respirar
Centroamérica tiembla
se derrumbó Managua
se hundió la tierra en Guatemala
el huracán Fifí
arrasó con Honduras
dicen que los yanquis lo desviaron
que iba hacia Florida
y lo desviaron
el oro del café
desembarca en New York

4. I.e., Chac Mool.
5. The Aztec god of rain; counterpart of Chac Mool.

allí lo tuestan
lo trituran
lo envasan
y le ponen un precio.
"Siete de junio
noche fatal
bailando el tango
la capital."[6]
Desde la terraza ensombrecida
se domina el volcán San Salvador
le suben por los flancos
mansiones de dos pisos
protegidas por muros
de cuatro metros de alto
le suben rejas y jardines
con rosas de Inglaterra
y araucarias enanas
y pinos de Uruguay
un poco más arriba
ya en el cráter
hundidos en el cráter
viven gentes del pueblo
que cultivan sus flores
y envían a sus niños a venderlas.
El ciclo ya se acerca
las flores cuscatlecas
se llevan bien con la ceniza
crecen grandes y fuertes
y lustrosas
bajan los niños del volcán
bajan como la lava
con sus ramos de flores
como raíces bajan
como ríos
se va acercando el ciclo
los que viven en casas de dos pisos
protegidas del robo por los muros

---

6. A song of unknown origin, popular in El Salvador at the time of the 1917 earthquake.

se asoman al balcón
ven esa ola roja
que desciende
y ahogan en whisky su temor
sólo los pobres niños
con flores del volcán
con jacintos
y pascuas
y mulatas
pero crece la ola
que se los va a tragar
porque el chacmol del turno
sigue exigiendo sangre
porque se acerca el ciclo
porque Tlaloc no ha muerto.

Porque quiero la paz

Porque quiero la paz
y no la guerra
porque no quiero ver
niños con hambre
ni mujeres escuálidas
ni hombres con la lengua
amordazada
debo seguir luchando.
Porque hay cementerios
clandestinos
y Escuadrones de Muerte
y Mano Blanca[7]
que torturan
que eclipsan
que asesinan
quiero seguir luchando.

7. The "White Hand"; i.e., vigilantes.

Porque en el cerro
de Guazapa
de sus tatús
acechan mis hermanos
a tres batallones
adiestrados
en Carolina
y Georgia
debo seguir luchando.
Porque desde Hueys
artillados
aviadores expertos
aniquilan aldeas
con napalm
envenenan el agua
y queman las cosechas
que alimentan al pueblo
quiero seguir luchando.
Porque hay territorios
liberados
donde aprende a leer
el que no sabe
y se atiende al enfermo
y es de todos
el fruto de la tierra
debo seguir luchando.
Porque quiero la paz
y no la guerra.

Nancy Morejón

1944⁻   CUBA

Nancy Morejón nació y se educó en La Habana. Obtuvo un grado en francés y ha traducido al español algunos de los escritores franceses más importantes. Nancy empezó a escribir a los diez y ocho años y ha publicado diez volúmenes de poesía. Es editora de varias publicaciones en Cuba.

Su temática es variada, y cubre desde lo romántico hasta lo revolucionario. Ella intenta redefinir la cultura cubana y hasta su historiografía. Por eso incorpora la presencia negra en la literatura como no se había dado antes. También trata temas de la mujer, la etnicidad, la rebelión, la familia, el amor y la esencia de la poesía.

Su arte no es sumiso ni sigue reglas prescritas o comprometidas. Emplea símbolos y metáforas caribeñas, como gaviotas, pájaros volando, el mar. La ironía y la lítote son características de su estilo.

El tema negroide no se limita sólo a la situación cubana, sino a todos los africanos que tuvieron la desgracia de caer en la red blanca. Debido a su trabajo y sufrimiento, los blancos alcanzaron el nivel capitalista del que disfrutan. Estas dolidas quejas las hace Nancy en forma reflexiva y calmada. Su poesía no es volátil ni inflamatoria a pesar del tema mordaz y cáustico; es más bien una meditación de lo que es el racismo. En el poema "Un manzano en Oakland," Nancy se adentra en la historia de los Estados Unidos y los atropellos cometidos contra los indios y los negros. El manzano fue sembrado en tierra robada a los indios. Ella lo expresa como una rabia callada que a la larga deja una huella perdurable. Las metáforas y el tono frío y medido de su ritmo inspiran agravio, ofenden la sensibilidad y exponen lo injusto del racismo.

En "Mujer negra" Morejón homenajea su negrura y feminidad. Emplea un estilo épico de verso libre, lleno de afirmaciones personales que encaran la esclavitud, humillaciones, palizas y rebelión de los africanos traídos al Nuevo Mundo y quienes finalmente ganan su independencia. Morejón no se restringe a una métrica fija lo cual le da la libertad rítmica que enriquece el mensaje. Por ejemplo, hay tres estanzas de una o dos palabras. Cuando estas estanzas se leen en una sola frase, nos cuentan, cronológicamente, la historia de una narradora negra.

La voz narrativa en primera persona es un mecanismo que engancha al lector inmediatamente y añade fuerza al poema. Morejón se expresa sencilla y directamente. Encadena artísticamente las palabras lo cual da al poema el patetismo que evoca dolor y compasión.

En "Mujer negra," Morejón recrea las primeras impresiones de una mujer africana en las playas de Cuba después de una casi interminable odisea por el mar. La esclava saca fortaleza de su pasado y evoca leyendas africanas. Al final, celebra la revolución cubana y la esperanza que ésta promete para un gran número de desvalidos.

A pesar de que el poema expone los horrores de la esclavitud y las circunstancias denigrantes a las que se sometieron tantos seres humanos, el sentimiento que deja es uno de acogimiento, de fortaleza espiritual y respeto por la mujer. El lector siente la dignidad que no se le pudo arrancar a la negra, su fuerza emocional y su capacidad de retoñar. "Mujer negra" resume la trayectoria negroide desde la esclavitud, en el siglo dieciseis, hasta la revolución cubana en el siglo XX.

BIBLIOGRAFÍA CRÍTICA

Araujo, Helena. "Mujer Negra." En *La Scherezada Criolla: Ensayos sobre escritura femenina latinoamericana*. Bogotá: Universidad Nacional de Colombia, 1989.

Barnet, Miguel. "The Poetry of Nancy Morejón." Introducción a *Where the Island Sleeps Like a Wing*. San Francisco: Black Scholar Press, 1985.

Barradas, Efraín. "La negritud hoy: Nota sobre la poesía de Nancy Morejón." *Areíto* 6 (1980): 33–38.

Davis–Lett, Stephanie. "The Image of the Black Woman as a Revolutionary Figure: Three Views." *Studies in Afro–Hispanic Literature* (Medgar Evers College, Nueva York) 2–3 (1980): 118–31.

Rivero, Eliana. "Las nuevas poetas cubanas." *Areíto* 5 (1978): 31–35.

Rodríguez, Rafael. "Nancy Morejón en su Habana" (entrevista). *Areíto* 8 (1983): 23–25.

Willis, Susan. "Nancy Morejón: Wresting History from Myth." *Literature and Contemporary Revolutionary Culture: Journal of the Society for the Study of Contemporary Hispanic and Lusophone Revolutionary Literatures,* 1984–85, 247–56.

Mujer negra

Todavía huelo la espuma del mar que me hicieron atravesar.
La noche, no puedo recordarla.
Ni el mismo océano podría recordarla.
Pero no olvido al primer alcatraz[1] que divisé.
Altas, las nubes, como inocentes testigos presenciales.[2]
Acaso no he olvidado ni mi costa perdida, ni mi lengua ancestral.
Me dejaron aquí y aquí he vivido.
Y porque trabajé como una bestia,
aquí volví a nacer.
A cuánta epopeya mandinga[3] intenté recurrir.

Me rebelé.
Su Merced[4] me compró en una plaza.
Bordé la casaca de Su Merced[5] y un hijo macho le parí.
Mi hijo no tuvo nombre.
Y Su Merced murió a manos de un impecable *lord* inglés.

Anduve.
Esta es la tierra donde padecí bocabajos[6] y azotes.
Bogué a lo largo de todos sus ríos.
Bajo su sol sembré, recolecté y las cosechas no comí.
Por casa tuve un barracón.[7]
Yo misma traje piedras para edificarlo,
pero canté al natural compás[8] de los pájaros nacionales.[9]

Me sublevé.[10]
En esta misma tierra toqué la sangre húmeda

1. A gannet, pelican, or gull; i.e., a sign that land is close.
2. Eyewitnesses.
3. I went over so many Mandingo epics in my mind. (The Mandingo are an ethnic group of western Africa.)
4. Your Grace.
5. I embroidered His Worship's coat.
6. A kind of whipping reserved for black slaves.
7. Slave barracks.
8. Rhythm.
9. I.e., my native people.
10. I rose up.

y los huesos podridos de muchos otros,
traídos a ella, o no, igual que yo.
Ya nunca más imaginé el Camino a Guinea.[11]
¿Era a Guinea? ¿A Benín?[12] ¿Era a
Madagascar?[13] ¿O a Cabo Verde?[14]
Trabajé mucho más.
Fundé mejor mi canto milenario y mi esperanza.
Aquí construí mi mundo.

                    Me fui al monte.
Mi real independencia fue el palenque[15]
y cabalgué entre las tropas de Maceo.[16]
Sólo un siglo más tarde,
junto a mis descendientes,
desde una azul montaña.

                    Bajé de la Sierra[17]
Para acabar con capitales y usureros,
con generales y burgueses.
Ahora soy: sólo hoy tenemos y creamos.
Nada nos es ajeno.
Nuestra la tierra.
Nuestros el mar y el cielo.
Nuestras la magia y la quimera.[18]
Iguales míos, aquí los veo bailar
alrededor del árbol que plantamos para el comunismo.
Su pródiga madera ya resuena.[19]

11. Guinea, the name formerly given to that part of Africa between the Senegal and the Congo rivers.

12. A former kingdom in western Africa on the lower Niger.

13. A great island in the Indian Ocean, separated from southeastern Africa by the Mozambique channel.

14. Cape Verde, an archipelago in the Atlantic, west of Senegal.

15. Free-slave fort.

16. Antonio Maceo (1845–1896), a black general who, like José Martí, was one of the heroes of the struggle for Cuban independence.

17. The guerrilla wars started in the Sierra Maestra in 1956.

18. Pipe dream, chimera.

19. Resounds.

Marjorie Agosín

1955- CHILE

Marjorie Agosín es una poeta de refinada sensibilidad. Se educó en Chile y obtuvo su doctorado en literatura de la Universidad de Indiana en los Estados Unidos. Es catedrática de literatura latino-americana en Wellesley College en Massachusetts. Ha recibido muchos premios por su destacada carrera literaria y académica, incluyendo el de Letras de oro en 1995.

En cortos años, la producción literaria de Marjorie ha sido prolífera: más de sesenta ensayos, quince libros de crítica, ocho antologías y quince libros de su propia poesía, entre ellos *Círculo de locura, Sargazo, Brujas y algo más y Mujeres de humo*. En su poesía evoca temas personales, sociales y políticos como la situación de los desaparecidos durante la dictadura militar en la Argentina.

¿Quién mejor para que nos hable de Marjorie y su creación poética que la escritora mexicana Elena Poniatowska? Nos dice:

> Cuenta Marjorie Agosín que tuvo una niñez muy feliz y que su mamá siempre le decía que en sus bolsillos tenía parte del universo y que lo único necesario para respirar eran las madreselvas. Por dos razones. Es chilena y es mujer. Y por si esto fuera poco, sabe del exilio. Nació en 1955 y se crió en Santiago y en Quisco, un pueblo vecino a Isla Negra. Sí, la Isla Negra de Neruda.
>
> ¿Qué tendrá la tierra de Chile que a los chilenos les hace

amar los ajos y desenterrar las cebollas? Marjorie, como Neruda, le canta a la misma alquimia de olores terrenales, los plenos poderes de las finas hierbas, el pez lleno de sol, el cobre, el Sur, la Avenida Providencia. Su país "color de humo y planchas de carbón / que adormecidas empeñan las casas de adobe" / la espera. Y la espera su casa y espera su puerta "con las llaves ocultas en la playa."

Antes del regreso, Marjorie escribe en Wellesley, esa escuela-mujer cubierta de mantos acogedores, donde casi todas las melenas son rubias y atardeceres dorados. Allí, en Wellesley, las mujeres aprenden a quererse a sí mismas, abrazadas al cristal de la ventana. Pero Marjorie tiene además otro amor, el del "ventisquero de vientos sobre las piedras andinas." Quiere regresar al patio de su casa, a la paz de las gallinas, a los limones en su lugar. Quiere regresar a esa carbonería celestial que es Chile.

Marjorie, la que regresa, se queda, sin embargo, en sus poemas que son los días, las horas, el minuto de locura de su biografía. Allí está la muchacha de 28 años que pide que la dejen vivir y habitarse. Es una criatura pequeña y sin embargo de buena alzada que camina sin cansarse, el corazón rebosante, fervorosa (un temblor de selva la recorre) indocumentada. Va diciéndosela a sí misma en cada palabra, llena de valientes tentativas, castigada de destierro, enarbolando la bandera de Chile para que sepan que ella también es latina y es americana como lo somos muchos.

Irreverente, Marjorie Agosín ríe las cosas, las baila, las hace saltar sobre sus rodillas, trompo a la uña, rehilete al aire, caballitos poéticos, rueda de la fortuna, carrusel de la muerte. Nos da una nueva versión del paraíso y advierte: "Me gustaría adormecerme / en la cadera de un gitano / imaginármela ondulante, redonda, / de plata / como una nupcial guitarra."

Pero cuando más me impresiona es cuando habla de la muerte, porque todas las mujeres caemos en eso, en nuestro cajón de muertos. Nos resulta más difícil encontrar razones comunes y corrientes de felicidad. Y eso que somos cotidianas. La muerte, ésa sí, la cantamos todas.

Los hombres no aceptan con tanta facilidad su muerte, las mujeres sí. Será porque se quieren menos. Marjorie Agosín, sin embargo, visualiza su entierro, pide sol la joven vieja loca, pide que recuerden sus versos eróticos, falocráticos, obscenéticos de poeta caliente aficionada a las uvas y al tinto. Porque Marjorie Agosín juega y disloca los días felices de los cuentos de hadas. "A Blanca Nieves los enanos / no la tuvieron de adorno / hacía sus deberes / hilaba calcetines / y quién sabe cómo terminaban sus noches." De "Caperucita Roja y la Pluma" afirma: "Antes de describir me perfumo toda / para desearte mejor." A la Cenicienta le advierte: "Sólo quise llegar a ti Cenicienta feucha / sin reírme de tus pies desgraciadamente inmensos."

Combina a los lápices, falos del intelecto y se busca amantes de barba azul. Y nos hace partícipes culinarios de una sustanciosa sopa de pollos pelados. Su "Epitafio del barrio alto" resuena como una columna de oro en nuestros oídos.

Por eso al escuchar su promesa-grito: "Yo juro apoderarme de la palabra" le exigimos que nos haga buena, porque tiene todo para hacer chillar a la palabra, torcerla, alisarla, amansarla y devolvérnosla florecida y resplandeciente como la rosa en la mano de los guerrilleros. Por lo tanto, a Marjorie Agosín le tomamos la palabra. Iremos con ella por los muros de la ciudad, sin fusil, haciendo nuestras pintas, viviéndonos, siguiendo al pie de la letra sus pies de niña en poza de agua bendita, su baile de ahogada, su melena de gata rubia, su pubis elevado, sus huesitos de exiliada que truenan como los del pájaro en la jaula, sus alegrías y neurosis, su indigestión y sus abortos, la acompañaremos en todos sus quereres, aunque calcemos los zapatos equivocados.[1]

NOTA

1. Elena Poniatowska, prólogo a Marjorie Agosín, *Witches and Other Things / Brujas y algo más,* traducción de Cola Franzen (Pitsburgo: Latin American Literary Review Press, 1984), 11–13.

BIBLIOGRAFÍA CRÍTICA

Alarcón, Norma. "Brujas y algo más / Witches and Other Things." *Chiricú* 4 (1985): 9–12.

Dolz-Blackburn, Inés. "Marjorie Agosín: 'Conchali.'" *Letras femeninas* 7 (1981): 25–26.

Franzen, Cola. "Marjorie Agosín, a Portrait: Introduction and Poems." *Mundus Artium* 15 (1985): 54–57.

Naranjo, Carmen. Prólogo a Marjorie Agosín, *Women of Smoke / Mujeres de humo.* Traducción de Naomi Lindstrom. Pitsburgo: Latin American Literary Review Press, 1988.

Scott, Nina M. "Marjorie Agosín as Latina Writer." En *Breaking Boundaries: Latina Writing and Critical Readings.* Amherst: University of Massachusetts Press, 1989.

Travniceck, Odile. "El reconocimiento de una presencia activa: Un poema de Marjorie Agosín." *Ventanal: Revista de Creación y Crítica* (Perpignan, Francia) 12 (1987): 92–97.

Umpierre, Luz María. "La ansiedad de la influencia en Sandra María Esteves y Marjorie Agosín." *Revista Chicano-Riqueña* 11 (1983): 139–47.

Defensa de la burguesa

No fui reina del adobe. Nací en casa de cemento, con un perímetro de jardín imaginado. No pasé hambre, ni tuberculosis, no tuve piojos en mi dorado cabello. Sufrí de Smog, me quebré un pie esquiando, pasé alergias y neurosis, sufrí indigestiones y abortos.

Nací rubia para luego reforzar el color de los elegidos colonos del cono sur.

Vestí interioridades de seda, sombreros de tul y turquesas en el vientre. Asistí regularmente al dentista para limpiar el ripio de mi ser.

Aprendí el Pop y el Rock. Aunque quería bailar cueca y hacer el amor a un guerrillero frondoso.

Pasé horas comiendo lápices, los falos del intelecto decían mis maestros. . . Pasé horas cerrando las piernas en la ranura perfecta pero un fraile con ojos de paloma me amó. . .

Desnuda me desnudé en verano. En la oscuridad de la marea nacieron los hijos como las olas en una playa de estacionamientos.

Ante la simetría del amor con mi marido el juez, me busqué amantes de barba azul y asistí al sortilegio de los cuartos prohibidos.

A la hora del té me declaraba adúltera, visitaba a poetas que después abandoné por ser más burgueses que Yo.

Aprendí de ocio a pintar naturalezas muertas, a tocar la guitarra pero no sentí la nostalgia andina.

Aprendí a hilar pero el huso no me pinchó.

Me fui a vivir con los indios, y con Ernesto, pero ellos expulsaron a la princesa rubia de su santo reino.

Ingresé al pabellón del descanso donde me garantizaban que con el sueño despertaría.

¿Ha visto a mi hijo?

¿Ha visto a mi hijo?
me preguntó
tenía una cicatriz alumbradora
en las sienes
tenía los labios de rosa
¿Lo ha visto?
me preguntó
¿O tal vez ha visto
mientras alguien enloquecido
hacía estallar su piel en dolores?
¿Ha visto a mi hijo?
me preguntó
aunque sea por un instante,
¿ha visto a mi hijo?
me dijo
¿Ha visto a mi hijo?
me volvió a preguntar.

No juzgueis

Jueces míos,
compañeros de oficina y de habitación
padre mío que aún no llegas al cielo
Amigos y poetas
estos pezones que han dibujado en catedrales
y museos que han acariciado como la corteza del árbol
o como pájaro terrestre atrapado en una
mano ondulante,
son míos,

como son mis pasos que avanzan
sigilosamente hasta llegar a una
costa de marfil, a una costa nueva
y mi vientre, hundido por cicatrices costureadas
por brujerías y andanzas
es también mío
porque en él si me place, cargaré a una niña
cargaré a una flor o una palabra
para enseñarle a llamarse
y a vivirse en un siempre verano

Porque mis calzones multicolores como el musgo
también me pertenecen
como una voz perpetua y redonda.
Jueces míos
jamás habéis recibido veredictos y sentencias
de cómo colocar el pene
de qué hacer con los espermas centellantes
qué hacer con esa presa colgante y un poco incómoda
que les da el derecho
a ordenarme
a barrer mi cuerpo como hojas de podrido maíz

El Dios de los niños

Para Elena Gascón-Vera

Mientras la desnudaban amarrándola
y con precisión de anfitriones y cirujanos
le preguntaron que en
qué Dios creía
si en el de los moros o judíos
ella cabizbaja y tan lejana
repetía
yo creo en el Dios de los niños.

Gitano

Me gustaría adormecerme
en la cadera de un gitano
imaginármela ondulante, redonda,
de plata
como una nupcial guitarra.

Tiernamente balancearme junto a él,
deshojando sus zapatos
y respirar su dureza, y su olor a romeros.
Irme tras él sin irme
a la Andalucía
que nunca he visto,
a las piezas oscuras, sin fin
a las aceitunas que aún conservo en el
olvido.

Me gustaría quererte gitano,
en una noche de viruelas estrelladas
arroparnos en la oscuridad del hondo canto
de hechizos fermentados
como las uvas,
como los cuchillos sagrados,
en la noche incauta y veloz como una canción.

CUENTO

Clorinda Matto de Turner

1852–1909   PERÚ

Clorinda Matto de Turner emprende en la literatura hispano-americana la primera gran batalla en favor de la causa indígena. Grimanesa Martina Matto Usandivaras, conocida en la historia literaria con el nombre Clorinda Matto de Turner, nació el 11 de noviembre de 1852 en la ciudad de Cuzco.

Su madre, de ascendencia argentina, era hija de un militar que llegó al Perú con el ejército emancipador de José de San Martín y dama de la sociedad cuzqueña. La infancia de la escritora transcurre entre la ciudad de su nacimiento y la hacienda de propiedad paterna. A los diez años, pierde a su madre e ingresa al Colegio Nacional de Educación en Cuzco. En 1865 la escritora comenzó su vocación literaria, escribiendo sus primeros versos, los cuales jamás llegaron hasta nosotros.

A los dieciséis abandona el colegio y cuida a sus hermanos menores Daniel y David. Clorinda contrajo una enfermedad de los ojos y fue asistida con éxito por el doctor inglés José Turner, con quien contrae matrimonio en 1871.

En sus primeros años de casada vive en el pueblo de Tinta. Este lugar tiene singular importancia en la obra de Clorinda, puesto que va a servir de escenario para varias de sus novelas. Además Tinta tiene un apreciable valor histórico puesto que allí tuvo lugar la trágica muerte de Túpac Amaru, de sus familiares y compañeros de rebelión.

En 1876 reside en Cuzco y comienza su labor periodística. En 1881 fallece José Turner, dejando a su esposa en una apremiante situación económica que la obliga a radicarse de nuevo en Tinta para administrar directamente los negocios.

En la guerra con Chile, Clorinda Matto de Turner desde Tinta colabora decididamente en la liberación. En 1884, publica el primer tomo de *Tradiciones cuzqueñas*. El "Prólogo" de Ricardo Palma fue un entusiasta y justo aplauso al libro de la escritora cuzqueña. En este volumen, Matto reviste la historia "oficial" y revela sólido conocimiento de la historia patria.

Veintinueve narraciones forman el primer grupo denominado "Tradiciones cuzqueñas," e incluye asuntos históricos, de política colonial y de religión. En él presenta situaciones creadas por el carácter español y sus consecuencias sobre el mestizo y el indígena. Clorinda aquí enjuicia mostrando simpatía por los oprimidos y defendiendo los derechos del indio, "paria en su propia tierra y esclavo en sus propios bienes." También delata la situación de la mujer y el hecho de que muchas tienen que entrar al convento: "preciosas ilusiones marchitas al nacer para encerrar sus despojos en el ataúd de los vivos." Además, condena la Inquisición y encara el problema del fanatismo religioso a través de historias de hechicerías, nigromancia y muerte. El estilo de Matto es humanístico, su locución castiza e intencionada, enriquecida con delicadas imágenes expresadas naturalmente pero a la vez correcta y conceptuosa.

Clorinda reside en Arequipa hasta 1885 y al año siguiente aparece el segundo tomo de *Tradiciones cuzqueñas*. En búsqueda de episodios, hechos anecdóticos e históricos, la escritora hurgó en la historia del Cuzco colonial y culminó con un relato fluido y suelto que crea ambientes escuetos y realistas.

Tradiciones cuzqueñas fue el primer bastión en el cual Clorinda incubó la inquietud indigenista que posteriormente desarrolló en obras de mayor aliento literario y social. Su literatura hacía contraste en la época con una producción inocua y a veces superficialmente costumbrista, que soslayaba el incorporamiento, en lo literario, del debate acerca de los grandes problemas del país. La crítica fue muy dura con ella y resaltó las imperfecciones o limitaciones de estilo, sin tener en cuenta la juventud de la escritora.

Tradiciones cuzqueñas fue como tarea preparatoria para la obra novelística que se gestaba en Clorinda. Su mayor contribución en esta fase literaria fue su fervorosa adhesión a la raza indígena, la identificación con sus desgracias, la denuncia contra sus explotadores y la redención del indio. En esto consiste su originalidad y su importancia, su aporte humano y generoso.

En 1887, Clorinda Matto de Turner fija su residencia en Lima. Allí se familiariza e identifica con las teorías positivistas que echan por tierra la lenta agonía del romanticismo.

En 1889, Clorinda publica *Aves sin nido*, la cual trata de los amores de Manuel y Margarita, hermanos que desconocen su parentesco. Los jóvenes son hijos de amores ilícitos del antiguo sacerdote del pueblo y más tarde obispo de la diócesis, Pedro de Miranda y Claro, con Doña Petronila Hinojosa, esposa del gobernador Sebastián Pancorbo y con la india Marcela, esposa del indio Juan Yupanqui. El título de la novela en una manera simbólica proviene precisamente de la necesidad de justificar el origen de este incesto espiritual entre dos hermanos, entre dos aves sin nido; también, podría significar la situación de toda la raza indígena a quien no le ha sido posible recuperar su dignidad, ni ejercitar sus derechos.

Aves sin nido es más bien de interés sociológico, de tema indígena y reivindicación social. La novela recibió crítica adversa de los sectores afectados por sus ataques: el clerical, los malos curas, y el del gamonalismo latifundista y explotador del indio. *Indole*, la segunda novela de Clorinda Matto de Turner, aparece en 1891. En *Indole*, la escritora presiona más, al mostrar la sensualidad y el abuso de los curas. Presenta al padre Pascual, verdadero "cuervo de los cementerios vivos, dueño y señor de nuestros hogares, dominador de las esposas." El tema central lo constituye la desgracia que azota al matrimonio formado por Eulalia y Antonio López y que obedece a la pasión sexual que siente el sacerdote Isidoro Peñas por Eulalia.

Poco a poco, Clorinda Matto evoluciona ahora hacia un realismo más ortodoxo al utilizar con cierta libertad el vocabulario erótico, fisiológico, unido a veces al científico. Entonces publica "Estudios históricos" en que se refiere directamente a la importancia del idioma quechua, abogando que su extinción era una blasfemia contra la antigua civilización peruana y la moderna necesidad de conocerla.

La correlación entre la estética, el vocabulario y las ideas científicas lleva a Clorinda Matto de Turner a escribir sobre los peligros del uso del corsé. Según ella esta prenda tan femenina suele ser causa del mal aliento que tienen ciertas mujeres.

En 1895, aparece *Herencia*, la tercera novela de Clorinda Matto de Turner. Esta es una novela casi prototipo del realismo-naturalismo latino-americano frenado por el concepto de la moral burguesa. *Herencia* es la mejor de las tres novelas que escribiera Clorinda, superior en lo formal y en lo ideológico. En élla se aprecia con más claridad y evidencia el propósito de su literatura, que en definitiva tiende a suprimir el dogmático concepto del naturalismo orgánico por un naturalismo educativo. Continúa su campaña en favor del indio y señala, cáusticamente, los vicios y degeneraciones de los poderosos. Clorinda mantiene su indoblegable anhelo de cambio y la voluntad de lucha constante para alcanzar un Perú mejor: "En el país existen hermanos que sufren, explotados en la noche de la ignorancia, martirizados en las tinieblas."

En 1895 hace crisis la situación política en el Perú. Clorinda Matto de Turner va a sufrir directamente las consecuencias de esta situación política. Su domicilio personal fue invadido y saqueado en marzo de 1895. Sufre la destrucción de su imprenta, el saqueo de su casa y finalmente su voluntario exilio a Chile. Rumbo a Chile, en Buenos Aires, dicta una conferencia: "Las obreras del pensamiento en América del Sur" donde explica el porqué de la situación inferior de la mujer dentro de la sociedad. Defiende la cultura en la mujer por reclamos de la naturaleza y por las condiciones sociales de la época.

El liberalismo en Hispanoamérica ha sido tradicionalmente anticlerical, y en forma abierta se contrapone a los ataques del clero cuando el pensamiento libre trata de implantar reformas sociales contra el prejuicioso poder exclusivista de la Iglesia católica. El liberalismo de la Matto y los ataques al clero, remata con su excomunión del seno del catolicismo en 1892. Lo mismo le había pasado a El Libertador Simón Bolívar décadas antes. Esta acción no pesó nada en la vida personal ni en la obra literaria de Clorinda Matto.

En 1908 viajó a España, Francia, Italia, Inglaterra, Suiza y Alemania. Su diario personal *Viaje de recreo* apareció póstumamente en España. Su muerte acaeció en Buenos Aires, en 1909, a consecuencia de una neumonía.

El cuento "Ccata-hueqque" está más próximo a la leyenda que a la tradición. En él, la autora investiga el nombre de la célebre cueva que está situada cerca del pueblo de Tinta. "El fraile no; pero sí la peluca" es uno de los más frescos e irónicos relatos de Clorinda Matto. No fue nunca incluido en ningún volumen de su producción literaria sino que permaneció olvidado en el rincón de un número extraordinario de *El Correo del Perú* (Lima, 1876). En él, emplea un estilo directo, poco retórico y realista. La obra de Matto también se caracteriza por la carencia total de humor, que al manejar la tradición le da un enfoque aún más real.

BIBLIOGRAFÍA CRÍTICA

Anónimo. "Juicios sobre el 'Tomo primero' de *Tradiciones cuzqueñas. Leyendas, biografías y hojas sueltas.*" En Clorinda Matto de Turner, *Tradiciones cuzqueñas.* Tomo 2. Lima: Imprenta de Torres Aguirre, 1886.

Arizga, José Rafael. "Juicios sobre el 'Tomo primero' de *Tradiciones cuzqueñas. Leyendas, biografías y hojas sueltas.*" En Clorinda Matto de Turner, *Tradiciones cuzqueñas.* Tomo 2. Lima: Imprenta de Torres Aguirre, 1886.

Campbell, Margaret V. "The *Tradiciones cuzqueñas* of Clorinda Matto de Turner." *Hispania* 42 (1959): 492–97.

Carrillo, Francisco. *Clorinda Matto de Turner y su indigenismo literario.* Lima: Biblioteca Nacional, 1967.

Cuadros Escobedo, Manuel E. *Paisaje y obra. Mujer e historia: Clorinda Matto de Turner, estudio crítico-biográfico.* Cuzco: H. G. Rozas Sucesores, 1949.

De Mello, George. "The Writings of Clorinda Matto de Turner." Dis. doctoral, University of Colorado, 1968. *Dissertation Abstracts International* 29 (1968): 1225A.

Fox-Lockert, Lucía. "Contexto político, situación del indio y crítica a la iglesia de Clorinda Matto de Turner." En *Texto/contexto a la literatura iberoamericana.* XIX Congreso, Instituto Internacional de Literatura Iberoamericana, Madrid, 1981.

Lemoine, Joaquín de. "Clorinda Matto de Turner." En Clorinda Matto de Turner, *Leyendas y recortes.* Lima: Imprenta La Equitativa, 1893.

Palma, Ricardo. "Prólogo." En Clorinda Matto de Turner, *Tradiciones cuzqueñas. Leyendas, biografías y hojas sueltas.* Arequipa: Imprenta La Bolsa, 1884.

Tamayo Vargas, Augusto. *Guía para un estudio de Clorinda Matto.* Lima: Colección Turismo, 1945.

Ccata-hueqque

[Origen tradicional del nombre de la cueva]

I

Es sabido que cuando Atahualpa fue encarcelado en Cajamarca, ofreció rescate fabuloso, extendiendo su diestra para marcar en la pared la señal hasta donde debía alcanzar la acumulación de metales; y aceptado por Pizarro, quedó hecha la línea con color rojo, según algunos, con taco (tierra colorada).

Cerrado el pacto, desleal de parte de Pizarro, el infortunado Monarca mandó chasquis en todas las direcciones del imperio ordenando que sus súbditos reuniesen los caudales.

Entonces marcharon también en comisión al Cuzco, Pedro Moguer, Francisco Martínez de Zárate y Martín Bueno, los primeros españoles que llegaron a la capital, donde los indios, prevenidos por Atahualpa, les dieron suntuoso hospedaje, del que, bien pronto debían arrepentirse en vista de los hurtos y otros feos excesos cometidos sin miramiento, lo que motivó que Pizarro enviase a su hermano Hernando en enero de 1533, al mando de veinte hombres de caballería, el mismo que regresó a Cajamarca llevando veintisiete cargas de oro y dos mil marcos de plata.

Los tres historiadores, Quintana, Herrera y Mendiburu, están acordes en este relato, de modo que, va con bautismo cristianamente administrado.

I I

La actividad desplegada por los diferentes caciques del imperio para dar lleno a la orden del soberano, puede comprenderse fácilmente haciendo memoria del cariño que los súbditos tenían por el Monarca, cuya existencia quedaba a merced del codicioso acero de sus conquistadores.

Los caminos eran cruzados, pues, por diferentes caravanas de indios con carga valiosa.

De las alturas de Chumbivilcas, donde no solo existen ricos minerales sino también lavaderos de oro, bajaron veinte indios mandados por el Cacique Chumpi-chumpi, para dejar en el Cuzco gran cantidad de oro destinado a Cajamarca.

Jadeantes y resueltos caminaban los hijos de opulenta patria por el camino que, atravesando Tinta, conduce al Cuzco, cuando les salió al encuentro de Combapata, un indio envuelto en manta roja llevando borlas negras en la frente, bañada en llanto la faz, y anuncióles la traición de Pizarro y el asesinato del Monarca.

Aquellos huérfanos, que desde entonces perdieron padre, patria y libertad para entrar en cautiverio, estrecháronse en un solo abrazo formando un lago de lágrimas y levantando las manos al cielo sin decirse una sola palabra. Los sollozos únicamente turbaban aquel silencio.

Uno de los indios soltando con ira la pesada carga, exclamó ¡¡Ccata-hueqque!!

Exclamación inimitable, profunda, capaz de partir el alma de un descreído. Poema de dolor encerrado en una sola palabra, dictada por un alma que se sacude al impulso de una pena sin nombre y estalla en lloro.

Ccata-hueqque significa lágrima turbia, lágrima amargada por la desgracia sin remedio, a la vez que encierra una maldición lanzada con la furia del averno contra quien la provoca.

Con esa palabra se pactó entre aquellos indios el juramento de la guerra sin cuartel a los victimarios del monarca; con esa palabra se comenzó a esconder las riquezas del Imperio, y repitiéndola se cavaron mil subterráneos inaccesibles a la planta del europeo.

Los veinte indios ocultaron en aquel lugar todo el oro que llevaban, socavando la dura peña, en la cual quedó una cueva sombría que esconde aquellos tesoros, Dios sabe en qué dirección.

III

Actualmente existe la cueva de Ccata-hueqque, a una media milla de la histórica población de Tinta.

Parece formada de petrificaciones y ¡extraña coincidencia! en todas direcciones se ven como gota de agua próximas a desprenderse.

Acaso las piedras siguen llorando el duelo de Atahualpa; acaso vierte la roca la lágrima turbia de una raza desheredada! ...

IV

¡Cuántas veces hemos ido también nosotras a sentarnos bajo la sombra de aquella cueva misteriosa para hojear, en la soledad las páginas de Garcilaso y de Prescott, contemplando la pasada opulencia del Perú, junto a autores añejos, cuyo nombre ni siquiera constan en el raído pergamino!

¡Alguna vez también fue a juntarse con aquellas lágrimas turbias petrificadas, el llanto del corazón que cae sobre las ruinas de la patria, y en la hora de la tempestad, quien sabe, si exclamando, como nuestros compatriotas: ¡ccata-hueqque!

El fraile no; pero sí la peluca

[Tradición]

Diz que de todos los amores el más azucaroso es el que sabe a convento y de todas las pasiones la más ardiente, la que estando encerrada, bajo el sayal austero del fraile, rompe de repente las ligaduras y se inflama como todo un Vesubio; esto no deja de ser verdad muy clara, porque aún en nuestros tiempos hemos visto ministros del altar que han olvidado los más sagrados deberes para consagrarse a la contemplación de dos ojos negros o azules, dijes de la simpática cara de alguna vecinilla.

El padre Miguel Ortiz de Lenguas y del Campo de la Orden de predicadores, era fruto del matrimonio de Don Gaspar Ortiz de Lenguas y de Campo, con doña Mariana Jara de la Cerda, naturales del valle de Villaviciosa, en las Andalucías y residentes en el Cuzco. Matrimonio feliz puesto que alcanzó la aspiración de aquellos tiempos, teniendo un frailecito en la familia.

Fray Miguel era, digámoslo en obsequio de la verdad, un buen religioso y hasta se encontraba en camino de llamarse fraile grave y de consejo. Pero no ha de ser siempre llanito el valle de la vida y alguna vez hemos de tener nuestro quebradero de buen juicio. Fray Miguel encontró delante de sí una serpiente tentadora encarnada en la persona de Doña Juanita Robles y Palacio y ahí le tienen ustedes caído de la gracia del cielo cometiendo mil cosas propias de un enamorado.

¿Qué sacrificio habría omitido Miguel para complacer a Juanita? Ninguno, sin duda alguna, por grande que fuera. Juanita era un tanto antojadiza y muy original en sus ideas y deseos; pruébalo el pedimento que hizo a fray Miguel de que nunca se presentaría a ella con el hábito de su orden ni con señales de ser cofrade conventual.

Miguel tuvo que resignarse al decreto de la reina de su corazón y como era difícil disfrazar aquella parte de la corona, se mandó a hacer una peluca, que peinada con cuidado y esmero le quitaba de la cara todo aquel viso desagradable para Juanita.

Así y así, vivieron un año en tiernos arrullos, enamorados, sin que nadie hubiese llegado a sospechar siquiera las frecuentes deserciones que tenía del convento nuestro hábil aventurero, hasta que un incidente tenido por los amantes vino a sacudir el polvo del secreto tanto tiempo oculto.

Juanita llevaba un heredero producto de las habilidades de fray Miguel; su madre lo descubrió merced a su mirada investigadora y maliciosa, comunicóle a su marido y ambos se pusieron en acecho.

Fray Miguel fue inocente llevando en alas del ardor apasionado, un consuelo a su perturbada dama; pero se encontró con una batahola en la casa. El padre de Juanita encerró al seductor, no tardó en descubrir su procedencia; y sin demora se presentó a la Inquisición acusando a fray Miguel.

El santo tribunal atendió de preferencia la acusación y una vez probada la verdad, ordenó que fray Miguel sufriese la pena de la hoguera. Debía ejecutarse la fatal sentencia en la Plaza Mayor, el martes 3 de enero de 1601. Las torres del convento de predicadores vestían de luto y la gente afluía por todas las calles de la ciudad al lugar de la sentencia. Prendióse la pira y los alguaciles inquisitoriales conducían a la víctima; cuando de improviso se alzó una voz del pueblo que no tardó en ser secundada por la multitud. Todos gritaban ¿Quemado? . . . El fraile no pero sí la peluca.

Ahora, decidme lectores, no creeis que sería útil una lección de estas . . . No, no, que la broma es pesada y jamás me gustaron las quemazones ni aún de malos frailes y vaya la adición por vía de sermoneo a quienes convenga, y sirva para moralizar la suerte del padre Lenguas llamado a morir en olor de santidad, y que por usar de pelucas gustando del fruto prohibido, acabó en olor de escándalo.

Cuzco, Noviembre 3 de 1876

María Luisa Bombal

1910–1980   CHILE

María Luisa Bombal, una de las más complejas y profundas figuras de la literatura latinoamericana, nació en Viña del Mar. A los doce años se fue a París hasta 1931. Esta experiencia marcó profundamente a la escritora chilena. Estudió en la Sorbona donde presentó una tesis sobre el dramaturgo Prosper Mérimée. De regreso a Santiago, actuó en distintos grupos teatrales. Luego se mudó a Argentina donde vivió muchos años. Allí publicó sus únicos tres cuentos en la revista *Sur:* "Las islas nuevas" (1938), "El árbol" (1939) y "María Gricelda" (1946). Su fama depende más de sus dos novelas, *La última niebla* (1935) y *La amortajada* (1938).

La última niebla marcó una revolución en la literatura latinoamericana de la época centrada en el "criollismo" (afición a los prototipos y ambientes geográficos locales presentados en forma realista y naturalista). María Luisa fue doblemente marginada, primero, por ir contra el criollismo predominante y segundo por atreverse a exponer las injusticias patriarcales.

Murió sin recibir el merecido reconocimiento patrio, ya que le negaron el premio Nacional de Literatura con la excusa de que su producción no era lo suficientemente prolífera. A pesar de que no escribió voluminosamente, su calidad es universal.

Aunque en Chile no la reconocieran, su fama vino de afuera. Los editores argentinos le dedicaron gran atención. En 1935, Pablo Neruda la llamó "La abeja de fuego," Carlos Fuentes dijo que "María Luisa Bombal fue la madre de todos nosotros," o sea de los escritores del "Boom" latinoamericano. Después de una corta enfermedad, Bombal murió en Chile, donde pasó los últimos años de su vida en gran pobreza.

La producción literaria de Bombal traspasó los lindes irreales del ensueño y de la muerte sin asociarse con el surrealismo. Todo lo que pasa en sus novelas es el producto de lo que pasa en la mente y el corazón de la mujer que sueña y siente. Su escuela fue la vida misma que la hizo conocedora profunda del alma humana. Su obra refleja su alma sencilla, simpática, bondadosa. Le dio voz a las miles de historias pasionales borradas por el tiempo y la niebla. María Luisa fue gran innovadora lingüística y exploró complejas estructuras y diferentes modos narrativos.

El árbol lo identificó ella con su propia vida, hecha de sueños y anhelos imposibles. Vivió los conflictos generados por la actitud punitiva de la sociedad burguesa a la que ella pertenecía. Este ambiente cerrado atropelló su sensibilidad artística y femenina. Sin embargo, María Luisa prefirió enfrentarse a la jerarquía social y desmitificar la posición rígida asignada a la mujer. La que emerge en su obra es la mujer histórica, no histérica, ni estática, sino de carne y hueso, sufriendo la condena sexual pero buscando liberación.

El desarrollo del cuento "El árbol" es lógico aunque no cronológico. Brígida, la protagonista, aparece al comienzo en un concierto. Mientras escucha la música recuerda su niñez, su soledad y la falta de cariño de su padre; también recuerda las frustraciones de su matrimonio, con un hombre que la ve sólo como un objeto. Al final, ella prefiere estar sola pero libre.

El cuento tiene una estructura tríptica. Contiene tres piezas musicales correspondientes a las tres etapas de su vida y a las estaciones. La música frívola y rococó de Mozart le trae recuerdos infantiles en un ambiente de primavera que acompaña su niñez despreocupada. Termina inconscientemente con su matrimonio. El romántico Beethoven refleja los deseos apasionados e insatisfechos de la joven recién casada con un hombre mucho mayor. Ella se casa en la primavera y la unión termina en las tempestades del verano. El melancólico Chopin le trae tristes recuerdos otoñales. La separación definitiva de su marido coincide con el fin del concierto marcado por el estruendo del aplauso y el hachazo que derriba al gomero.

El otro personaje del cuento es la trifacética figura de padre-esposo-árbol. Los tres representan la búsqueda de seguridad que ella añoraba en un mundo que no entendía. Cuando cortan el árbol ella entiende que la protección que buscaba era inalcanzable y queda enfrentada a la desnuda realidad humana: la muerte.

Su nombre Brígida, semejante a "yerma," indica que no se inmortalizará en la maternidad. Este tema se refuerza con símbolos tales como su apodo "collar" (cadena), su incapacidad de liberarse y su impotente posición de mujer. La estructura se cierra con la confluencia del mundo subjetivo de Brígida y el mundo real u objetivo en que vive.

En "El árbol," la vida desgraciada de la protagonista se representa simbólicamente por tres cosas: el árbol, el calendario y la música. Las tres piezas del concierto corresponden a tres épocas en la vida de Brígida.

Además de la música, el agua y los espejos contribuyen al tríptico cuento: con Mozart, el agua asume la forma de una fuente; con Beethoven es el mar y con Chopin aparece como lluvia y cascada. Los espejos se introducen al mismo tiempo que el árbol; los vidrios de la ventana y el río, al cual se despeña la calle estrecha. Todo desemboca en una visión pesadillesca y fantasmagórica.

En su producción literaria, María Luisa Bombal fue capaz de fundir lo concreto, lo onírico y lo mágico. Brígida no es la tonta que se percibe; ella tiene un rico mundo interior, intuitivo, natural y abstracto que no es entendido por su esposo anclado en el materialismo. Lúcidamente Brígida hace al lector partícipe de un irradiante mundo y lo transporta a una dimensión sobrenatural.

La tensión en el cuento la logra María Luisa con el punto y el contrapunto del drama personal y el concierto, empleando la fluidez de la conciencia. La complejidad existe en la oposición de los sexos, dos fuerzas opuestas e irreconciliables, destinadas a la incomunicación y a la esterilidad. María Luisa emplea la luz para reforzar la atmósfera. En el concierto, la oscuridad resalta la vida existencial de Brígida en oposición con la luz que simboliza la toma de conciencia de la protagonista y su dilema personal.

La alta calidad de "El árbol" depende aún más de la gran sinceridad con la cual Brígida repasa su historia trágica. La desnudez que ella siente al derribarse el árbol es la misma desnudez que ella ha revelado al lector durante todo el cuento.

En su narrativa aparece lo humano y lo sobrehumano en forma mágica, no inventando la realidad pero recreándola con su lírica expresión. María Luisa Bombal lleva al lector por los mismos escenarios que van los personajes. Juntos ven, sienten, oyen y experimentan las mismas sensaciones. El lector se entera de la vida íntima de los personajes, de sus pasiones, frustraciones, erotismo, recuerdos y alucinaciones. El suspenso se mantiene cubierto por la duda.

BIBLIOGRAFÍA CRÍTICA

Agosín, Marjorie. *Las desterradas del paraíso. Protagonistas de la narrativa de María Luisa Bombal.* Nueva York: Senda Nueva de Ediciones, 1983.

———. "La mímesis de la interioridad: 'Soledad de sangre' de Marta Brunet y 'El árbol' de María Luisa Bombal." *Neophilologus* 68 (1984): 380–88.

Alonso, Amado. "Aparición de una novelista." *Nosotros* 3 (1936): 241–56.

Cárdenas, Daniel N. "María Luisa Bombal: El árbol." *Kanina: Revista de Artes y Letras de la Universidad de Costa Rica* 4 (1980): 55–59.

Cunningham, Lucía Guerra. "El árbol: Liberación y marginalidad." *Nueva Revista del Pacífico* 15 (1980): 8–28.

———. *La narrativa de María Luisa Bombal: Una visión de la existencia femenina.* Madrid: Playor, 1980.

Debicki, Andrew P. "Structure, Imagery, and Experience in María Luisa Bombal's 'The Tree.'" *Studies in Short Fiction* 1 (1971): 123–29.

Fernández, Oscar. "El árbol y la hoja en tres cuentos: J. R. R. Tolkien, O. Henry y María Luisa Bombal." *Abside* 42 (1978): 352–80.

Goic, Cedomil. "'El árbol' de María Luisa Bombal." *Castellano: Segundo año de enseñanza media.* Santiago de Chile: Editorial Universitaria, 1970.

Loubet, Jorgelina. "María Luisa Bombal y el realismo mágico." *Boletín de la Academia Argentina de Letras* 53 (1988): 125–34.

Scott, Nina M. "Verbal and Nonverbal Messages in María Luisa Bombal's 'El árbol.'" *Modern Language Studies* 19 (1987): 3–9.

Valdivieso, Mercedes. "Social Denunciation in the Language of 'El árbol' by María Luisa Bombal." *Latin American Literary Review* 9 (1976): 70–75.

El árbol

El pianista se sienta, tose por prejuicio y se concentra un instante. Las luces en racimo que alumbran la sala declinan lentamente hasta detenerse en un resplandor mortecino de brasa, al tiempo que una frase musical comienza a subir en el silencio, a desenvolverse, clara, estrecha y juiciosamente caprichosa.

"Mozart, tal vez," piensa Brígida. Como de costumbre se ha olvidado de pedir el programa. "Mozart, tal vez o Scarlatti. . ." Había tan poca música! Y no era porque no tuviese oído ni afición. De niña fue ella quien reclamó lecciones de piano; nadie necesitó imponérselas, como a sus hermanas. Sus hermanas, sin embargo, tocaban ahora correctamente y descifraban a primera vista, en tanto que ella. . . Ella había abandonado los estudios al año de iniciarlos. La razón de su inconsecuencia era tan sencilla como vergonzosa: jamás había conseguido aprender la llave de Fa, "No comprendo, no me alcanza la memoria más que para la llave de Sol." ¡La indignación de su padre! "¡A cualquiera le doy esta carga de un hombre solo con varias hijas que educar! ¡Pobre Carmen! Seguramente habría sufrido por Brígida. Es retardada esta criatura."

Brígida era la menor de seis niñas todas diferentes de carácter. Cuando el padre llegaba por fin a su sexta hija, llegaba tan perplejo y agotado por las cinco primeras que prefería simplificarse el día declarándola retardada. "No voy a luchar más, es inútil. Déjenla. Si no quiere estudiar, que no estudie. Si le gusta pasarse en la cocina oyendo cuentos de ánimas,[1] allá ella. Si le gustan las muñecas a los dieciséis años, que juegue." Y Brígida había conservado sus muñecas y permanecido totalmente ignorante.

¡Qué agradable es ser ignorante! ¡No saber exáctamente quien fue Mozart, desconocer sus orígenes, sus influencias, las particularidades de su técnica! Dejarse solamente llevar por él de la mano, como ahora.

Y Mozart la lleva, en efecto. La lleva por un puente suspendido sobre un agua cristalina que corre en un lecho de arena rosada. Ella está vestida de blanco, con un quitasol de encaje, complicado y fino como una telaraña, abierto sobre el hombro.

—Estás cada día más joven, Brígida. Ayer encontré a tu marido, a tu ex-marido, quiero decir. Tiene todo el pelo blanco.

Pero ella no contesta, no se detiene, sigue cruzando el puente que Mozart le ha tendido hacia el jardín de sus años juveniles.

1. Ghost stories.

Altos surtidores en los que el agua canta. Sus dieciocho años, sus trenzas castañas que desatadas le llegaban hasta los tobillos, su tez dorada, sus ojos oscuros tan abiertos y como interrogantes. Una pequeña boca de labios carnosos, una sonrisa dulce y el cuerpo mas liviano y gracioso del mundo. ¿En qué pensaba sentada al borde de la fuente? En nada. "Es tan tonta como linda," decían. Pero a ella nunca le importó ser tonta, ni "planchar" en los bailes. Una por una iban pidiendo en matrimonio a sus hermanas. A ella no la pedía nadie.

¡Mozart! Ahora le brinda una escalera de mármol azul por donde ella baja entre una doble fila de lirios de hielo. Y ahora le abre una verja de barrotes con puntas doradas para que ella pueda echarse al cuello de Luis, el amigo íntimo de su padre. Desde muy niña, cuando todos la abandonaban, corría hacia Luis. El la alzaba y ella le rodeaba el cuello con los brazos, entre risas que eran como pequeños gorjeos[2] y besos que le disparaba aturdidamente sobre los ojos, frente y el pelo ya entonces canoso (¿es que nunca había sido joven?) como una lluvia desordenada. "Eres un collar —le decía Luis—. Eres como un collar de pájaros."

Por eso se había casado con él. Porque al lado de aquel hombre solemne y taciturno no se sentía culpable de ser tal cual era: tonta, juguetona y perezosa. Sí; ahora que han pasado tantos años comprende que no se había casado con Luis por amor; sin embargo no atina a comprender por qué, por qué se marchó ella un día, de pronto. . .

Pero he aquí que Mozart la toma nerviosamente de la mano y arrastrándola en un ritmo segundo por segundo más apremiante, la obliga a cruzar el jardín en sentido inverso, a retomar el puente en una carrera que es casi una huida. Y luego de haberla despojado del quitasol y de la falda transparente, le cierra la puerta de su pasado con un acorde dulce y firme a la vez, y la deja en una sala de conciertos, vestida de negro, aplaudiendo maquinalmente en tanto crece la llama de las luces artificiales.

De nuevo la penumbra y de nuevo el silencio precursor.

Y ahora Beethoven empieza a remover el oleaje tibio de sus notas bajo una luna de primavera. ¡Qué lejos se ha retirado el mar! Brígida se interna playa adentro hacia el mar contraído allá lejos, refulgente y manso, pero entonces el mar se levanta, crece tranquilo, viene a su encuentro, la envuelve, y con suaves olas la va empujando, empujando por la espalda hasta hacerle recostar la mejilla sobre el cuerpo de un hombre. Y se aleja, dejándola olvidada sobre el pecho de Luis.

—No tienes corazón, no tienes corazón —solía decirle a Luis. Latía tan

2. Warbles, trills.

adentro el corazón de su marido que no pudo oírlo sino rara vez y de modo inesperado—. Nunca estás conmigo cuando estás a mi lado —protestaba en la alcoba, cuando antes de dormirse él abría ritualmente los periódicos de la tarde—. ¿Por qué te has casado conmigo?

—Porque tienes ojos de venadito asustado —contestaba él y la besaba. Y ella, súbitamente alegre, recibía orgullosa sobre su hombro el peso de su cabeza cana. ¡Oh, ese pelo plateado y brillante de Luis!

—Luis, nunca me has contado de qué color era exactamente tu pelo cuando eras chico, y nunca me has contado tampoco lo que dijo tu madre cuando te empezaron a salir canas a los quince años. ¿Qué dijo? ¿Se rió? ¿Lloró? ¿Y tú estabas orgulloso o tenías vergüenza? Y en el colegio, tus compañeros ¿qué decían? Cuéntame, Luis, cuéntame. . .

—Mañana te contaré. Tengo sueño, Brígida, estoy muy cansado. Apaga la luz.

Inconscientemente él se apartaba de ella para dormir, y ella inconscientemente, durante la noche entera, perseguía el hombro de su marido, buscaba su aliento, trataba de vivir bajo su aliento, como una planta encerrada y sedienta que alarga sus ramas en busca de un clima propicio.

Por las mañanas, cuando la mucama[3] abría las persianas, Luis ya no estaba a su lado. Se había levantado sigiloso y sin darle los buenos días, por temor al collar de pájaros que se obstinaba en retenerlo fuertemente por los hombros. —"Cinco minutos, cinco minutos nada más. Tu estudio no va a desaparecer porque te quedes cinco minutos más conmigo, Luis."

Sus despertares. ¡Ah, qué tristes sus despertares! Pero —era curioso— apenas pasaba a su cuarto de vestir, su tristeza se disipaba como por encanto.

Un oleaje bulle, bulle muy lejano, murmura como un mar de hojas. ¿Es Beethoven? No.

Es el árbol pegado a la ventana del cuarto de vestir. Le bastaba entrar para que sintiese circular en ella una gran sensación bienhechora. ¡Qué calor había siempre en el dormitorio por las mañanas! ¡Y qué luz cruda! Aquí en cambio, en el cuarto de vestir, hasta la vista descansaba, se refrescaba. Las cretonas[4] desvaídas, el árbol que desenvolvía sombras como de agua agitada y fría por las paredes, los espejos que doblaban el follaje y se ahuecaban[5] en un bosque infinito y verde. ¡Qué agradable era ese cuarto! Parecía un mundo sumido en un acuario. ¡Cómo parloteaba ese

3. Maid.
4. Heavy drapes, upholstery.
5. Receded.

inmenso gomero! Todos los pájaros del barrio venían a refugiarse en él. Era el único árbol de aquella estrecha calle en pendiente que desde un costado de la ciudad se despeñaba directamente al río.

—Estoy ocupado. No puedo acompañarte... Tengo mucho que hacer, no alcanzo a llegar para el almuerzo... Hola, sí estoy en el Club. Un compromiso. Come y acuéstate... No. No sé. Más vale que no me esperes, Brígida.

—¡Si tuviera amigas! —suspiraba ella. Pero todo el mundo se aburría con ella. ¡Si tratara de ser un poco menos tonta! ¿Pero cómo ganar de un tirón tanto terreno perdido? Para ser inteligente hay que empezar desde chica, ¿no es verdad?

A sus hermanas, sin embargo, los maridos las llevaban a todas partes, pero Luis —¿por qué no había de confesárselo a sí misma?— se avergonzaba de ella, de su ignorancia, de su timidez y hasta de sus dieciocho años. ¿No le había pedido que dijera que tenía por lo menos veintiuno, como si su extrema juventud fuera una tara secreta?

Y de noche ¡qué cansado se acostaba siempre! Nunca la escuchaba del todo. Le sonreía, eso sí, le sonreía con una sonrisa que ella sabía maquinal. La colmaba de caricias de las que él estaba ausente. ¿Por qué se habría casado con ella? Para continuar una costumbre, tal vez para estrechar la vieja relación de amistad con su padre.

Tal vez la vida consistía para los hombres en una serie de costumbres consentidas y continuas. Si alguna llegaba a quebrarse, probablemente se producía el desbarajuste,[6] el fracaso. Y los hombres empezaban entonces a errar por las calles de la ciudad, a sentarse en los bancos de las plazas, cada día peor vestidos y con la barba más crecida. La vida de Luis, por lo tanto, consistía en llenar con una ocupación cada minuto del día. ¡Cómo no haberlo comprendido antes! Su padre tenía razón al declararla retardada.

—Me gustaría ver nevar alguna vez, Luis.

—Este verano te llevaré a Europa, y como allá es invierno, podrás ver nevar.

—Ya sé que es invierno en Europa cuando aquí es verano. ¡Tan ignorante no soy!

A veces, como para despertarlo al arrebato[7] del verdadero amor, ella se echaba sobre su marido y lo cubría de besos, llorando, llamándolo: Luis, Luis, Luis...

6. Chaos, mess.
7. Rapture, ecstasy.

—¿Qué? ¿Qué te pasa? ¿Qué quieres?

—Nada.

—¿Por qué me llamas de ese modo, entonces?

—Por nada, por llamarte. Me gusta llamarte.

Y el sonreía, acogiendo con benevolencia aquel nuevo juego.

Llegó el verano, su primer verano de casada. Nuevas ocupaciones impidieron a Luis ofrecerle el viaje prometido.

—Brígida, el calor va a ser tremendo este verano en Buenos Aires. ¿Por qué no te vas a la estancia con tu padre?

—¿Sola?

—Yo iría a verte todas las semanas de sábado a lunes.

Ella se había sentado en la cama, dispuesta a insultar. Pero en vano buscó palabras hirientes que gritarle. No sabía nada, nada. Ni siquiera insultar.

—¿Qué te pasa? ¿En qué piensas, Brígida?

Por primera vez Luis había vuelto sobre sus pasos y se inclinaba sobre ella inquieto, dejando pasar la hora de llegada a su despacho.

—Tengo sueño. . . —había replicado Brígida puerilmente,[8] mientras escondía la cara en las almohadas.

Por primera vez él la había llamado desde el Club a la hora del almuerzo. Pero ella había rehusado salir al teléfono, esgrimiendo rabiosamente el arma aquella que había encontrado sin pensarlo: el silencio.

Esa misma noche comía frente a su marido sin levantar la vista, contraídos todos sus nervios.

—¿Todavía estás enojada, Brígida?

Pero ella no quebró el silencio.

—Bien sabes que te quiero, collar de pájaros. Pero no puedo estar contigo a toda hora. Soy un hombre muy ocupado. Se llega a mi edad hecho un esclavo de mil compromisos.

. . .

—¿Quieres que salgamos esta noche?

. . .

—¿No quieres? Paciencia. Dime, ¿Llamó Roberto desde Montevideo?

. . .

—¡Qué lindo traje! ¿Es nuevo?

. . .

—¿Es nuevo Brígida? Contesta, contéstame. . .

8. Childishly.

Pero ella tampoco esta vez quebró el silencio.

Y en seguida lo inesperado, lo asombroso, lo absurdo. Luis que se levanta de su asiento, tira violentamente la servilleta sobre la mesa y se va de la casa dando portazos.

Ella se había levantado a su vez, atónita, tiritando de indignación por tanta injusticia. —"Y yo, y yo" —murmuraba desorientada—, "yo que durante casi un año. . . cuando por primera vez me permito un reproche. . . ¡Ah, me voy, me voy esta misma noche! No volveré a pisar nunca más esta casa. . ." Y abría con furia los armarios de su cuarto de vestir, tiraba desatinadamente la ropa al suelo.

Fue entonces cuando alguien golpeó con los nudillos en los cristales de la ventana.

Había corrido, no supo como ni con qué insólita valentía, hacia la ventana. La había abierto. Era el árbol, el gomero que un gran soplo de viento agitaba, el que golpeaba con sus ramas los vidrios, el que la requería desde fuera como para que lo viera retorcerse hecho una impetuosa llamarada negra bajo el cielo encendido de aquella noche de verano.

Un pesado aguacero no tardaría en rebotar contra sus frías hojas. ¡Qué delicia! Durante toda la noche, ella podría oír la lluvia azotar, escurrirse por las hojas del gomero como por los canales de mil goteras fantasiosas. Durante toda la noche oiría crujir y gemir el viejo tronco del gomero contándole de la intemperie, mientras ella se acurrucaría,[9] voluntariamente friolenta, entre las sábanas del amplio lecho, muy cerca de Luis.

Puñados de perlas que llueven a chorros[10] sobre un techo de plata. Chopin. *Estudios* de Federico Chopin.

¿Durante cuántas semanas se despertó de pronto, muy temprano, apenas sentía que su marido, ahora también él obstinadamente callado, se había escurrido del lecho?

El cuarto de vestir: la ventana abierta de par en par, un olor a río y a pasto flotando en aquel cuarto, y los espejos velados por un halo de neblina.

Chopin y la lluvia que resbala por las hojas del gomero con ruido de cascada secreta, y parece empapar hasta las rosas de las cretonas, se entremezclan en su agitada nostalgia.

¿Qué hacer en verano cuando llueve tanto? ¿Quedarse el día entero en el cuarto fingiendo una convalecencia o una tristeza? Luis había entrado tímidamente una tarde. Se había sentado muy tieso.

9. She would snuggle up.

10. Rain down in torrents.

Hubo silencio.

—Brígida, ¿entonces es cierto? ¿Ya no me quieres?

Ella se había alegrado de golpe, estúpidamente. Puede que hubiera gritado: —"No, no; te quiero Luis, te quiero" —si él le hubiese dado tiempo, si no hubiese agregado, casi de inmediato, con su calma habitual:

—En todo caso, no creo que nos convenga separarnos, Brígida. Hay que pensarlo mucho.

En ella los impulsos se abatieron tan bruscamente como se habían precipitado. ¡A qué exaltarse inútilmente! Luis la quería con ternura y medida; si alguna vez llegaba a odiarla la odiaría con justicia y prudencia. Y eso era la vida. Se acercó a la ventana, apoyó la frente contra el vidrio glacial. Allí estaba el gomero recibiendo serenamente la lluvia que lo golpeaba, tranquila y regular. El cuarto se inmovilizaba en la penumbra, ordenado y silencioso. Todo parecía detenerse, eterno y muy noble. Eso era la vida. Y había cierta grandeza en aceptarla así, mediocre, como algo definitivo, irremediable. Y del fondo de las cosas parecía brotar y subir una melodía de palabras graves y lentas que ella se quedó escuchando: "Siempre." "Nunca." . . . Y así pasan las horas, los días y los años ¡Siempre! ¡Nunca! ¡La vida, la vida!

Al recobrarse cayó en la cuenta[11] que su marido se había escurrido del cuarto. ¡Siempre! ¡Nunca! . . .

Y la lluvia, secreta e igual, aún continuaba susurrando en Chopin.

El verano deshojaba su ardiente calendario. Caían páginas luminosas y enceguecedoras como espadas de oro, y páginas de una humedad malsana como el aliento de los pantanos; caían páginas de furiosa y breve tormenta, y páginas de viento caluroso, del viento que trae el "clavel del aire" y lo cuelga del inmenso gomero.

Algunos niños solían jugar al escondite[12] entre las enormes raíces convulsas que levantaban las baldosas de la acera, y el árbol se llenaba de risas y de cuchicheos.[13] Entonces ella se asomaba a la ventana y golpeaba las manos; los niños se dispersaban asustados, sin reparar en su sonrisa de niña que a su vez desea participar en el juego.

Solitaria, permanecía largo rato acodada[14] en la ventana mirando el tiritar del follaje —siempre corría alguna brisa en aquella calle que se despeñaba directamente hasta el río— y era como hundir la mirada en una

11. She realized.
12. Hide-and-seek.
13. Whispering.
14. Leaning on her elbows.

agua movediza o en el fuego inquieto de una chimenea. Una podía pasarse así las horas muertas, vacía de todo pensamiento, atontada de bienestar.

Apenas el cuarto empezaba a llenarse del humo del crepúsculo ella encendía la primera lámpara, y la primera lámpara resplandecía en los espejos, se multiplicaba como una luciérnaga deseosa de precipitar la noche.

Y noche a noche dormitaba junto a su marido, sufriendo por rachas.[15] Pero cuando su dolor se condensaba hasta herirla como un puntazo, cuando la asediaba un deseo demasiado imperioso de despertar a Luis para pegarle o acariciarlo, se escurría de puntillas hacia el cuarto de vestir y abría la ventana. El cuarto se llenaba instantáneamente de discretos ruidos y discretas presencias, de pisadas misteriosas, de aleteos, de sutiles chasquidos vegetales, del dulce gemido de un grillo escondido bajo la corteza del gomero sumido en las estrellas de una calurosa noche estival.

Su fiebre decaía a medida que sus pies desnudos se iban helando poco a poco sobre la estera. No sabía por qué le era tan fácil sufrir en aquel cuarto.

Melancolía de Chopin engranando un estudio tras otro, engranando una melancolía tras otra, imperturbable.

Y vino el otoño. Las hojas secas revoloteaban un instante antes de rodar sobre el césped del estrecho jardín, sobre la acera de la calle en pendiente. Las hojas se desprendían y caían... La cima del gomero permanecía verde, pero por debajo el árbol enrojecía, se ensombrecía como el forro gastado de una suntuosa capa de baile. Y el cuarto parecía ahora sumido en una copa de oro triste.

Echada sobre el diván, ella esperaba pacientemente la hora de la cena, la llegada improbable de Luis. Había vuelto a hablarle, había vuelto a ser su mujer sin entusiasmo y sin ira. Ya no lo quería. Pero ya no sufría. Por el contrario, se había apoderado de ella una inesperada sensación de plenitud, de placidez. Ya nadie ni nada podría herirla. Puede que la verdadera felicidad esté en la convicción de que se ha perdido irremediablemente la felicidad. Entonces empezamos a movernos por la vida sin esperanzas ni miedos, capaces de gozar por fin todos los pequeños goces, que son los más perdurables.

Un estruendo feroz, luego una llamarada blanca que la echa hacia atrás toda temblorosa.

¿Es el entreacto? No. Es el gomero, ella lo sabe.

15. At intervals.

Lo habían abatido de un sólo hachazo. Ella no pudo oír los trabajos que empezaron muy de mañana. "Las raíces levantaban las baldosas de la acera y entonces, naturalmente, la comisión de vecinos. . ."

Encandilada se ha llevado las manos a los ojos. Cuando recobra la vista se incorpora y mira a su alrededor. ¿Qué mira?

¿La sala bruscamente iluminada, la gente que se dispersa?

No. Ha quedado aprisionada en las redes de su pasado, no puede salir del cuarto de vestir. De su cuarto de vestir invadido por una luz blanca, aterradora. Era como si hubieran arrancado el techo de cuajo; una luz de esa fría luz; Luis, su cara arrugada, sus manos que surcan gruesas venas desteñidas,[16] y las cretonas de colores chillones.

Despavorida ha corrido hacia la ventana. La ventana abre ahora directamente sobre una calle estrecha, tan estrecha que su cuarto se estrella casi contra la fachada de un rascacielos deslumbrante. En la planta baja, vidrieras y más vidrieras llenas de frascos. En la esquina de la calle, una hilera de automóviles alineados frente a una estación de servicio pintada de rojo. Algunos muchachos, en mangas de camisa, patean una pelota en medio de la calzada.

Y toda aquella fealdad había entrado en sus espejos. Dentro de sus espejos había ahora balcones de níquel y trapos colgados y jaulas con canarios.

Le habían quitado su intimidad, su secreto; se encontraba desnuda en medio de la calle, desnuda junto a un marido viejo que le volvía la espalda para dormir, que no había dado hijos. No comprende cómo hasta entonces no había deseado tener hijos, cómo había llegado a conformarse a la idea de que iba a vivir sin hijos toda su vida. No comprende cómo pudo soportar durante un año esa risa de Luis, esa risa demasiado jovial, esa risa postiza[17] de hombre que se ha adiestrado en la risa porque es necesario reír en determinadas ocasiones.

—¡Mentira! Eran mentiras su resignación y su serenidad; quería amor, sí amor, y viajes y locuras, y amor, amor. . .

—Pero Brígida ¿por qué te vas? ¿por qué no te quedabas? —había preguntado Luis.

Ahora habría sabido contestarle:

—¡El árbol, Luis, el árbol! Han derribado el gomero.

16. Discolored.
17. Fake laughter.

Elena Garro

1920- MÉXICO

Elena Garro nació en Puebla, de mamá mexicana y papá español. Sus padres le inculcaron el amor a la lectura y cultivaron su imaginación. Desde muy niña, Elena se interesó por la interacción entre fantasía y realidad. A los diecisiete años coreografió un ballet folklórico en la Universidad Nacional Autónoma de México (UNAM).

En la UNAM estudió filosofía y letras y en 1937 se casó con Octavio Paz, premio Nóbel de Literatura en 1990. La producción literaria de Elena ha sido una introspección mítica del pasado mexicano y de la lucha por los desamparados. Llegó al punto de vivir en una cárcel de mujeres para escribir sobre sus denigrantes condiciones.

Octavio Paz fue diplomático en París y esto le permitió a Elena estar en contacto con los surrealistas, en especial con Andrés Bretón. Su primer y muy renombrado libro *Los recuerdos del porvenir* lo escribió durante una convalecencia en Suiza.

Hasta recientemente, la mujer mexicana, a los veintiún años, tenía que pedir su ciudadanía. Elena lo creyó innecesario, ya que había nacido en México y estaba casada con un mexicano. Esto le trajo grandes problemas y finalmente perdió su pasaporte mexicano y tuvo que tomar ciudadanía española.

Muchos de sus manuscritos permanecieron inéditos por años. *Los recuerdos del porvenir*, escrita en 1950 no se publicó hasta 1963 y ganó el prestigioso premio Xavier Villaurrutia. Su colección de cuentos *La semana de colores,* también escrita en los años cincuenta, no salió al público hasta 1964.

Se divorció de Octavio Paz en 1959 y en 1963 regresó a México donde trabajó como periodista y escritora a favor de los indefensos. Su activismo le trajo un arresto de nueve días en 1968. Después de varios atropellos, Elena se vio obligada a dejar su patria y vivir en los Estados Unidos, España y finalmente en París donde reside con su hija y donde continua escribiendo.

El cuento "La culpa de los tlaxcaltecas" es como una visión para los mexicanos que han olvidado su pasado y glorificado al conquistador. Los mexicanos, dice Elena, deben regresar a su origen rico y glorioso, a la herencia sin la cual no tendrían identidad ni verdad.

En México, la llegada de los españoles intentó destruir la cosmogonía de los indios. Este evento histórico destruyó casi completamente las culturas de Teotihuacán y Tolteca. Estas civilizaciones habían sido arrasadas anteriormente por los aztecas.

A este pasado de humillación se le sobreimpuso el concepto cristiano de culpabilidad y según algunos antropólogos, estos factores contribuyeron a la incoherente identidad del mexicano actual. Sin embargo, en la profundidad de la conciencia mexicana, permanecen ciertas creencias atávicas como la del eterno presente.

Escritores como Elena Garro, al revivir la mitología mexicana, intentan sanar el sentimiento de desmembración cultural de la psiquis mexicana. La ciudad de México es la única en la que se pueden ver tres culturas en intento de fusión.

Después de muchas guerras violentas y humillantes se ha logrado cierta paz entre las culturas antagonistas que produjeron el mexicano actual. Sin embargo, este individuo no se puede identificar con ningún lado de su herencia sin detrimento de su propia identidad.

Esta situación ha producido una fascinación en el mexicano con su pasado. Los escritores como Garro exploran la herencia mexicana a través de mitos, ya que la literatura es la expresión mitológica de una cultura. El mito permite al escritor explorar todos los aspectos y niveles de la realidad haciéndola universal y veraz. El mito también permite al mexicano resolver algunos conflictos de su herencia dualista, por medio de la reconstrucción mítica de una realidad objetiva.

Los mitos atraen las emociones, más que el intelecto, y los sentimientos más que la razón. Además, contienen cualidades universales como el amor, valor, nobleza, lealtad, comprensión, perdón, que motivan la conducta y forman el pensamiento. Para su existencia, el mito se funda en la fe, ya que ésta no necesita explicación.

Con el desarrollo de una mitología satisfactoria una sociedad puede quebrar el ciclo de dualismo. Para algunos mexicanos si se identifican con el antepasado español, resultan sentimientos de culpabilidad por la violencia y la agresión de la conquista. Si se identifica con las tribus conquistadas, sus sentimientos son de derrota o de traición o de inferioridad.

La cosmogonía indígena de México concebía la realidad como una serie de eternas repeticiones que constituyen el presente. El tiempo, a pesar de ser siempre eterno y por lo tanto estático, se puede medir por eventos que ocurren y que, hoy en día, llamamos historia. Estos eventos se vuelven a repetir constituyendo el presente. Ante este fenómeno, el tiempo es fluido, flexible y nunca se pierde, pues todo va eternamente ligado al presente, y momentos específicos del pasado no se consideran perdidos para siempre, sino que constituyen el presente.

Otro aspecto favorecedor de los mitos son los recuerdos, que suavizan lo inexplicable o preocupante; con el pasar del tiempo se minimizan los interrogantes de manera que estos se aceptan sin perturbación. Es importante tener en mente que los mitos siempre tienen su base en la realidad.

En el México precolombino, el concepto de la reencarnación era ampliamente aceptado. Los tlaxcaltecas constituían una tribu independiente que había sido subyugada por los Aztecas. Cuando llegaron los españoles, los tlaxcaltecas se unieron a Cortés y contribuyeron a la conquista de México. Aún hoy en día se les considera traidores.

El tema central de "La culpa es de los tlaxcaltecas" es la identidad mexicana resultado de la amalgamación violenta de dos culturas. Por más de cuatro siglos el mexicano ha luchado por crear, de un pasado vacío, una auténtica identidad nacional.

En el cuento, el pasado coexiste con el eterno presente. La protagonista Laura Aldama (Al-dama / La dama sobrepuesta a su cultura indígena) está viviendo cómodamente en la ciudad de México en el siglo XX y al mismo tiempo es testigo de la destrucción de Tenochtitlán en 1521. Su esposo moderno, Pablo, es arrogante, celoso y materialista, en contraste con su esposo indio que es noble, compasivo y amoroso.

Para Laura y Nacha, nada de lo que les pasa es extraño, misterioso o anormal, porque "todo lo increíble es verdadero." Laura regresa a la ciudad que abandonó cuatrocientos años antes y siente temor, pero su esposo indio, la ha seguido y la protege. Pablo y Margarita, que están limitados por la percepción occidental de la realidad, no tienen ni idea de la realidad de Laura y la declaran loca. Después de escaparse tres veces, ella recobra su identidad y se sobrepone al miedo que la vencía.

Pablo es un hombre sin memoria, como un cuerpo deshabitado. Es un hombre nuevo, o sea no evolucionado, y al no tener memoria tampoco tiene recuerdos, o sea historia. El concepto del recuerdo es esencial en la narrativa de Garro. Lo relatado se mueve en esferas concéntricas que eternamente se ensanchan. El concepto de la eterna esfera es constante a través de la historia del desarrollo metafísico, no sólo en el oriente sino también en el occidente, desde Hermes a Platón, Pascal y Borges. La esfera es la eternidad, sin principio ni fin. Algunas religiones la denominan dios.

El cuento está narrado en la tercera persona, y su concepto de tiempo coincide con el de las culturas precolombinas de México. El tiempo cronológico se refiere a la lucha cotidiana, mientras que el cíclico o eterno es el estado mítico de armonía y felicidad. Los recuerdos se relacionan con el pasado y el futuro y subrayan la naturaleza repetitiva de las acciones humanas.

En "La culpa," la narración en el pasado va aumentando paulatinamente, mientras el presente se va reduciendo ya que "el tiempo y el amor son uno solo." El amor es el puente que transporta a Laura al tiempo eterno. El temor es lo que la debilita.

BIBLIOGRAFÍA CRÍTICA

Duncan, Cynthia. "'La culpa es de los tlaxcaltecas': A Reevaluation of Mexico's Past through Myth." *Crítica Hispánica* 7 (1985): 105–20.

Galván, Delia. *Las obras recientes de Elena Garro.* México: Universidad Autónoma de Querétaro, 1988.

García, Kay Sauer. "Woman and Her Signs in the Novels of Elena Garro: A Feminist and Semiotic Analysis." Dis. doctoral, Rutgers University, 1987. *Dissertation Abstracts International* 48 (1987): 660A.

Marx, Joan Frances. "Aztec Imagery in the Narrative Works of Elena Garro: A Thematic Approach." Dis. doctoral, Rutgers University, 1986. *Dissertation Abstracts International* 47 (1986): 193A.

Salazar, Carmen. "Narrative Technique in the Prose Fiction of Elena Garro." Dis. doctoral, University of Southern California, 1979. *Dissertation Abstracts International* 32 (1979): 849A.

Verwey, Antonieta Eva. *Mito y palabra poética en Elena Garro.* México: Universidad Autónoma de Querétaro, 1982.

La culpa es de los tlaxcaltecas

Nacha oyó que llamaban en la puerta de la cocina y se quedó quieta. Cuando volvieron a insistir abrió con sigilo y miró la noche. La señora Laura apareció con un dedo en los labios en señal de silencio. Todavía llevaba el traje blanco quemado y sucio de tierra y sangre.

—¡Señora! . . . —suspiró Nacha.

La señora Laura entró de puntillas y miró con ojos interrogantes a la cocinera. Luego, confiada, se sentó junto a la estufa y miró su cocina como si no la hubiera visto nunca.

—Nachita, dame un cafecito. . . Tengo frío.

—Señora, el señor . . . el señor la va a matar. Nosotros ya la dábamos por muerta.

—¿Por muerta?

Laura miró con asombro los mosaicos blancos de la cocina, subió las piernas sobre la silla, se abrazó las rodillas y se quedó pensativa. Nacha puso a hervir el agua para hacer el café y miró de reojo a su patrona; no se le ocurrió ni una palabra más. La señora recargó la cabeza sobre las rodillas, parecía muy triste.

—¿Sabes, Nacha? La culpa es de los tlaxcaltecas.

Nacha no contestó, prefirió mirar el agua que no hervía. Afuera la noche desdibujaba a las rosas del jardín y ensombrecía a las higueras. Muy atrás de las ramas brillaban las ventanas iluminadas de las casas vecinas. La cocina estaba separada del mundo por un muro invisible de tristeza, por un compás de espera.

—¿No estás de acuerdo, Nacha?

—Sí, señora.

—Yo soy como ellos: traidora. . . —dijo Laura con melancolía.

La cocinera se cruzó de brazos en espera de que el agua soltara los hervores.

—Y tú, Nachita, ¿eres traidora?

La miró con esperanzas. Si Nacha compartía su calidad traidora, la entendería, y Laura necesitaba que alguien la entendiera esa noche.

Nacha reflexionó unos instantes, se volvió a mirar el agua que empezaba a hervir con estrépito, la sirvió sobre el café y el aroma caliente la hizo sentirse a gusto cerca de su patrona.

—Sí, yo también soy traicionera, señora Laurita.

Contenta, sirvió el café en una tacita blanca, le puso dos cuadritos de azúcar y lo colocó en la mesa, frente a la señora. Esta, ensimismada, dio unos sorbitos.

—¿Sabes, Nachita? Ahora sé por qué tuvimos tantos accidentes en el famoso viaje a Guanajuato. En Mil Cumbres se nos acabó la gasolina. Margarita se asustó porque ya estaba anocheciendo. Un camionero nos regaló una poquita para llegar a Morelia. En Cuitzeo, al cruzar el puente blanco, el coche se paró de repente. Margarita se disgustó conmigo, ya sabes que le dan miedo los caminos vacíos y los ojos de los indios. Cuando pasó un coche lleno de turistas, ella se fue al pueblo a buscar un mecánico y yo me quedé en la mitad del puente blanco, que atraviesa el lago seco con fondo de lajas blancas. La luz era muy blanca y el puente, las lajas y el automóvil empezaron a flotar en ella. Luego la luz se partió en varios pedazos hasta convertirse en miles de puntitos y empezó a girar hasta que se quedó fija como un retrato. El tiempo había dado la vuelta completa, como cuando ves una tarjeta postal y luego la vuelves para ver lo que hay escrito atrás. Así llegué en el lago de Cuitzeo, hasta la otra niña que fui. La luz produce esas catástrofes, cuando el sol se vuelve blanco y uno está en el mismo centro de sus rayos. Los pensamientos también se vuelven mil puntitos, y uno sufre vértigo. Yo, en ese momento, miré el tejido de mi vestido blanco y en ese instante oí sus pasos. No me asombré. Levanté los ojos y lo vi venir. En ese instante, también recordé la magnitud de mi traición, tuve miedo y quise huir. Pero el tiempo se cerró alrededor de mí, se volvió único y perecedero y no pude moverme del asiento del automóvil. "Alguna vez te encontrarás frente a tus acciones convertidas en piedras irrevocables como esa," me dijeron de niña al enseñarme la imagen de un dios, que ahora no recuerdo cuál era. Todo se olvida, ¿verdad Nachita?, pero se olvida sólo por un tiempo. En aquel entonces también las palabras me parecieron de piedra, sólo que de una piedra fluida y cristalina. La piedra se solidificaba al terminar cada palabra, para quedar escrita para siempre en el tiempo. ¿No eran así las palabras de tus mayores?

Nacha reflexionó unos instantes, luego asintió convencida.

—Así eran, señora Laurita.

—Lo terrible es, lo descubrí en ese instante, que todo lo increíble es verdadero. Allí venía él, avanzando por la orilla del puente, con la piel ardida por el sol y el peso de la derrota sobre los hombros desnudos. Sus pasos sonaban como hojas secas. Traía los ojos brillantes. Desde lejos me llegaron sus chispas negras y vi ondear sus cabellos negros en medio de la luz blanquísima del encuentro. Antes de que pudiera evitarlo lo tuve frente a mis ojos. Se detuvo, se cogió de la portezuela del coche y me miró. Tenía una cortada en la mano izquierda, los cabellos llenos de polvo, y por la herida del hombro le escurría una sangre tan roja, que parecía negra. No me dijo nada. Pero yo supe que iba huyendo, vencido. Quiso decirme que yo merecía la muerte, y al mismo tiempo me dijo que mi muerte ocasionaría la suya. Andaba malherido, en busca mía.

"—La culpa es de los tlaxcaltecas —le dije.

"El se volvió a mirar al cielo. Después recogió otra vez sus ojos sobre los míos.

—¿Qué te haces? —me preguntó con su voz profunda. No pude decirle que me había casado, porque estoy casada con él. Hay cosas que no se pueden decir, tú lo sabes, Nachita.

"—¿Y los otros? —le pregunté.

"—Los que salieron vivos andan en las mismas trazas que yo —vi que cada palabra le lastimaba la lengua y me callé, pensando en la vergüenza de mi traición.

"—Ya sabes que tengo miedo y que por eso traiciono. . .

"—Ya lo sé —me contestó y agachó la cabeza. Me conoce desde chica, Nacha. Su padre y el mío eran hermanos y nosotros primos. Siempre me quiso, al menos eso dijo y así lo creímos todos. En el puente yo tenía vergüenza. La sangre le seguía corriendo por el pecho. Saqué un pañuelito de mi bolso y sin una palabra, empecé a limpiársela. También yo siempre lo quise, Nachita, porque él es lo contrario de mí: no tiene miedo y no es traidor. Me cogió la mano y me la miró.

"—Está muy desteñida, parece una mano de ellos —me dijo.

"—Hace ya tiempo que no me pega el sol —bajó los ojos y me dejó caer la mano. Estuvimos así, en silencio, oyendo correr la sangre sobre su pecho. No me reprochaba nada, bien sabe de lo que soy capaz. Pero los hilitos de su sangre escribían sobre su pecho que su corazón seguía guardando mis palabras y mi cuerpo. Allí supe, Nachita, que el tiempo y el amor son uno solo.

"—¿Y mi casa? —le pregunté.

"—Vamos a verla —me agarró con su mano caliente, como agarraba a su escudo y me di cuenta de que no lo llevaba. 'Lo perdió en la huida', me dije, y me dejé llevar. Sus pasos sonaron en la luz de Cuitzeo iguales que en la otra luz: sordos y apacibles. Caminamos por la ciudad que ardía en las orillas del agua. Cerré los ojos. Ya te dije, Nacha, que soy cobarde. O tal vez el humo y el polvo me sacaron lágrimas. Me senté en una piedra y me tapé la cara con las manos.

"—Ya no camino. . . —le dije.

"—Ya llegamos —me contestó. Se puso en cuclillas junto a mí y con la punta de los dedos acarició mi vestido blanco.

"—Si no quieres ver como quedó, no lo veas —me dijo quedito.

"Su pelo negro me hacía sombra. No estaba enojado, nada más estaba triste. Antes nunca me hubiera atrevido a besarlo, pero ahora he aprendido a no tenerle respeto al hombre, y me abracé a su cuello y lo besé en la boca.

”—Siempre has estado en la alcoba mas preciosa de mi pecho —me dijo. Agachó la cabeza y miró la tierra llena de piedras secas. Con una de ellas dibujó dos rayitas paralelas, que prolongó hasta que se juntaron y se hicieron una sola.

”—Somos tú y yo —me dijo sin levantar la vista. Yo, Nachita, me quedé sin palabras.

”—Ya falta poco para que se acabe el tiempo y seamos uno solo . . . por eso te andaba buscando —se me había olvidado, Nacha, que cuando se gaste el tiempo, los dos hemos de quedarnos el uno en el otro, para entrar en el tiempo verdadero convertidos en uno solo. Cuando me dijo eso lo miré a los ojos. Antes sólo me atrevía a mirárselos cuando me tomaba, pero ahora, como ya te dije, he aprendido a no respetar los ojos del hombre. También es cierto que no quería ver lo que sucedía a mi alrededor . . . soy muy cobarde. Recordé los alaridos y volví a oírlos: estridentes, llameantes en mitad de la mañana. También oí los golpes de las piedras y las vi pasar zumbando sobre mi cabeza. El se puso de rodillas frente a mí y cruzó los brazos sobre mi cabeza para hacerme un tejadito.

”—Este es el final del hombre —dije.

”—Así es —contestó con su voz encima de la mía. Y me vi en sus ojos y en su cuerpo. ¿Sería un venado el que me llevaba hasta su ladera? ¿O una estrella que me lanzaba a escribir señales en el cielo? Su voz escribió signos de sangre en mi pecho y mi vestido blanco quedó rayado como un tigre rojo y blanco.

—A la noche vuelvo, espérame. . . —suspiró. Agarró su escudo y me miró desde muy arriba.

”—Nos falta poco para ser uno —agregó con su misma cortesía.

”Cuando se fue, volví a oír los gritos del combate y salí corriendo en medio de la lluvia de piedras y me perdí hasta el coche parado en el puente del Lago . . . de Cuitzeo.

”—¿Qué pasa? ¿Estás herida? —me gritó Margarita cuando llegó. Asustada, tocaba la sangre de mi vestido blanco y señalaba la sangre que tenía en los labios y la tierra que se había metido en mis cabellos. Desde otro coche, el mecánico de Cuitzeo me miraba con sus ojos muertos.

”—¡Estos indios salvajes! . . . ¡No se puede dejar sola a una señora! —dijo al saltar de su automóvil, dizque para venir a auxiliarme.

”Al anochecer llegamos a la ciudad de México. ¡Cómo había cambiado, Nachita, casi no pude creerlo! A las doce del día todavía estaban los guerreros y ahora ya ni huella de su paso. Tampoco quedaban escombros. Pasamos por el Zócalo silencioso y triste; de la otra plaza, no quedaba ¡nada! Margarita me miraba de reojo. Al llegar a la casa nos abriste tú. ¿Te acuerdas?"

Nacha asintió con la cabeza. Era muy cierto que hacía apenas dos meses escasos que la señora Laurita y su suegra habían ido a pasear a Guanajuato. La noche en que volvieron, Josefina la recamarera y ella, Nacha, notaron la sangre en el vestido y los ojos ausentes de la señora, pero Margarita, la señora grande, les hizo señas de que se callaran. Parecía muy preocupada. Mas tarde Josefina le contó que en la mesa el señor se le quedó mirando malhumorado a su mujer y le dijo:

—¿Por qué no cambiaste? ¿Te gusta recordar lo malo?

La señora Margarita, su mamá, ya le había contado lo sucedido y le hizo una seña como diciéndole: "¡Cállate, ténle lástima!" La señora Laurita no contestó; se acarició los labios y sonrió ladina. Entonces, el señor volvió a hablar del presidente López Mateos.

"—Ya sabes que ese nombre no se le cae de la boca —¡había comentado Josefina, desdeñosamente.

En sus adentros ellas pensaban que la señora Laurita se aburría oyendo hablar siempre del señor presidente y de las visitas oficiales.

—¡Lo que son las cosas, Nachita, yo nunca había notado lo que me aburría con Pablo hasta esa noche! —comentó la señora abrazándose con cariño las rodillas y dándoles súbitamente la razón a Josefina y a Nachita.

La cocinera se cruzó de brazos y asintió con la cabeza.

—Desde que entré a la casa, los muebles, los jarrones y los espejos se me vinieron encima y me dejaron más triste de lo que venía. ¿Cuántos días, cuántos años tendré que esperar todavía para que mi primo venga a buscarme? Así me dije y me arrepentí de mi traición. Cuando estábamos cenando me fijé en que Pablo no hablaba con palabras sino con letras. Y me puse a contarlas mientras le miraba la boca gruesa y el ojo muerto. De pronto se calló. Ya sabes que se le olvida todo. Se quedó con los brazos caídos. "Este marido nuevo no tiene memoria y no sabe más que las cosas de cada día."

"—Tienes un marido turbio y confuso" —me dijo él volviendo a mirar las manchas de mi vestido. La pobre de mi suegra se turbó y como estábamos tomando el café se levantó a poner un *twist*.

"—Para que se animen —nos dijo, dizque sonriendo, porque veía venir el pleito.

"Nosotros nos quedamos callados. La casa se llenó de ruidos. Yo miré a Pablo. 'Se parece a. . .' y no me atreví a decir su nombre, por miedo a que me leyeran el pensamiento. Es verdad que se le parece, Nacha. A los dos les gusta el agua y las casas frescas. Los dos miran al cielo por las tardes y tienen el pelo negro; y los dientes blancos: Pero Pablo habla a saltitos; se enfurece por nada y pregunta a cada instante: '¿En qué piensas?' Mi primo marido no hace ni dice nada de eso.

—¡Muy cierto! ¡Muy cierto que el señor es fregón! —dijo Nacha con disgusto.

Laura suspiró y miró a su cocinera con alivio. Menos mal que la tenía de confidente.

—Por la noche, mientras Pablo me besaba, yo me repetía: "¿A qué horas vendrá a buscarme?" Y casi lloraba al recordar la sangre de la herida que tenía en el hombro. Tampoco podía olvidar sus brazos cruzados sobre mi cabeza para hacerme un tejadito. Al mismo tiempo tenía miedo de que Pablo notara que mi primo me había besado en la mañana. Pero no notó nada y si no hubiera sido por Josefina que me asustó en la mañana, Pablo nunca lo hubiera sabido.

Nachita estuvo de acuerdo. Esa Josefina con su gusto por el escándalo tenía la culpa de todo. Ella, Nacha, bien se lo dijo: "¡Cállate! ¡Cállate por el amor de Dios, si no oyeron nuestros gritos por algo sería!" Pero, qué esperanzas, Josefina apenas entró a la pieza de los patrones con la bandeja del desayuno, soltó lo que debería haber callado.

—Señora, anoche un hombre estuvo espiando por la ventana de su cuarto! ¡Nacha y yo gritamos y gritamos!

—No oímos nada. . . —dijo el señor asombrado.

—¡Es él. . . ! —gritó la tonta de la señora.

—¿Quién es él? —preguntó el señor mirando a la señora como si la fuera a matar. Al menos eso dijo Josefina después.

La señora asustadísima se tapó la boca con la mano y cuando el señor le volvió a hacer la misma pregunta, cada vez con más enojo, ella contestó:

—El indio . . . el indio que me siguió desde Cuitzeo hasta la ciudad de México. . .

Así supo Josefina lo del indio y así se lo contó a Nachita.

—¡Hay que avisarle inmediatamente a la policía! —gritó el señor.

Josefina le enseñó la ventana por la que el desconocido había estado fisgando y Pablo la examinó con atención: en el alféizar había huellas de sangre casi frescas.

—Está herido. . . —dijo el señor Pablo preocupado. Dio unos pasos por la recámara y se detuvo frente a su mujer.

—Era un indio, señor —dijo Josefina corroborando las palabras de Laura.

Pablo vió el traje blanco tirado sobre una silla y lo cogió con violencia.

—¿Puedes explicarme el origen de estas manchas?

La señora se quedó sin hablar, mirando las manchas de sangre sobre el pecho de su traje y el señor golpeó la cómoda con el puño cerrado. Luego se acercó a la señora y le dio una santa bofetada. Eso lo vio y lo oyó Josefina.

—Sus gestos son feroces y su conducta es tan incoherente como sus palabras. Yo no tengo la culpa de que aceptara la derrota —dijo Laura con desdén.

—Muy cierto —afirmó Nachita.

Se produjo un largo silencio en la cocina. Laura metió la punta del dedo hasta el fondo de la taza, para sacar el pozo negro del café que se había quedado asentado, y Nacha al ver esto volvió a servirle un café calientito.

—Bébase su café, señora —dijo compadecida de la tristeza de su patrona. ¿Después de todo de qué se quejaba el señor? A leguas se veía que la señora Laurita no era para él.

—Yo me enamoré de Pablo en una carretera, durante un minuto en el cual me recordó a alguien conocido, a quien yo no recordaba. Después, a veces, recuperaba aquel instante en el que parecía que iba a convertirse en ese otro al cual se parecía. Pero no era verdad. Inmediatamente volvía a ser absurdo, sin memoria, y sólo repetía los gestos de todos los hombres de la ciudad de México. ¿Cómo querías que no me diera cuenta del engaño? Cuando se enoja me prohibe salir. ¡A ti te consta! ¿Cuántas veces arma pleitos en los cines y en los restaurantes? Tú lo sabes, Nachita. En cambio mi primo marido, nunca, pero nunca, se enoja con la mujer.

Nacha sabía que era cierto lo que ahora le decía la señora, por eso aquella mañana en que Josefina entró a la cocina espantada y gritando: "¡Despierta a la señora Margarita, que el señor está golpeando a la señora!," ella, Nacha, corrió al cuarto de la señora grande.

La presencia de su madre calmó al señor Pablo. Margarita se quedó muy asombrada al oír lo del indio, porque ella no lo había visto en el lago de Cuitzeo, sólo había visto la sangre como la que podíamos ver todos.

—Tal vez en el lago tuviste una insolación, Laura, y te salió sangre por las narices. Fíjate, hijo, que llevábamos el coche descubierto —dijo casi sin saber qué decir.

La señora Laura se tendió boca abajo en la cama y se encerró en sus pensamientos, mientras su marido y su suegra discutían.

—¿Sabes, Nachita, lo que yo estaba pensando esa mañana? ¿Y si me vio anoche cuando Pablo me besaba? Y tenía ganas de llorar. En ese momento me acordé de que cuando un hombre y una mujer se aman y no tienen hijos están condenados a convertirse en uno solo: Así me lo decía mi otro padre, cuando yo le llevaba el agua y él miraba la puerta detrás de la que dormíamos mi primo marido y yo. Todo lo que mi otro padre me había dicho ahora se estaba haciendo verdad. Desde la almohada oí las palabras de Pablo y de Margarita y no eran sino tonterías. "Lo voy a ir a buscar," me dije. "Pero ¿a dónde?" Más tarde cuando tú volviste a mi cuarto a preguntarme qué hacíamos de comida, me vino un pensamiento a la cabeza: "¡Al café de Tacuba!" Y ni siquiera conocía ese café, Nachita, sólo lo había oído mentar.

Nacha recordó a la señora como si la viera ahora, poniéndose su vestido blanco manchado de sangre, el mismo que traía en ese momento en la cocina.

—¡Por Dios, Laura, no te pongas ese vestido! —le dijo su suegra. Pero ella no hizo caso. Para esconder las manchas, se puso un suéter blanco encima, se lo abotonó hasta el cuello y se fue a la calle sin decir adiós. Después vino lo peor. No, lo peor no. Lo peor iba a venir ahora en la cocina, si la señora Margarita se llegaba a despertar.

—En el café de Tacuba no había nadie. Es muy triste ese lugar, Nachita. Se me acercó un camarero. "¿Qué le sirvo?" Yo no quería nada, pero tuve que pedir algo. "Una cocada." Mi primo y yo comíamos cocos de chiquitos. . . En el café un reloj marcaba el tiempo. "En todas las ciudades hay relojes que marcan el tiempo, se debe estar gastando a pasitos. Cuando ya no quede sino una capa transparente, llegará él y las dos rayas dibujadas se volverán una sola y yo habitaré la alcoba más preciosa de su pecho." Así me decía mientras comía la cocada.

"—¿Qué horas son? —le pregunté al camarero.

"—Las doce, señorita.

"'A la una llega Pablo,' me dije; 'si le digo a un taxi que me lleve por el periférico, puedo esperar todavía un rato.' Pero no esperé y me salí a la calle. El sol estaba plateado, el pensamiento se me hizo un polvo brillante y no hubo presente, pasado ni futuro. En la acera estaba mi primo, se me puso delante, tenía los ojos tristes; me miró largo rato.

"—¿Qué haces? —me preguntó con su voz profunda.

"—Te estaba esperando.

"Se quedó quieto como las panteras. Le vi el pelo negro y la herida roja en el hombro.

"—¿No tenías miedo de estar aquí solita?

"Las piedras y los gritos volvieron a zumbar alrededor nuestro y yo sentí que algo ardía a mis espaldas.

"—No mires —me dijo.

"Puso una rodilla en tierra y con los dedos apagó mi vestido que empezaba a arder. Le vi los ojos muy afligidos.

"—¡Sácame de aquí! —le grité con todas mis fuerzas, porque me acordé de que estaba frente a la casa de mi papá, que la casa estaba ardiendo y que atrás de mí estaban mis padres y mis hermanitos muertos. Todo lo veía retratado en sus ojos, mientras él estaba con la rodilla hincada en tierra apagando mi vestido. Me dejé caer sobre él, que me recibió en sus brazos. Con su mano caliente me tapó los ojos.

"—Este es el final del hombre —le dije con los ojos bajo su mano.

"—¡No lo veas!

"Me guardó contra su corazón. Yo lo oí sonar como rueda el trueno sobre las montañas. ¿Cuánto faltaría para que el tiempo se acabara y yo pudiera oírlo siempre? Mis lágrimas refrescaron su mano que ardía en el incendio de la ciudad. Los alaridos y las piedras nos cercaban, pero yo estaba a salvo bajo su pecho.

"—Duerme conmigo. . . —me dijo en voz muy baja.

"—¿Me viste anoche? —le pregunté.

"—Te vi. . .

"Nos dormimos en la luz de la mañana, en el calor del incendio. Cuando recordamos, se levantó y agarró su escudo.

"—Escóndete hasta el amanecer. Yo vendré por tí.

"Se fue corriendo ligero sobre sus piernas desnudas. . . Y yo me escapé otra vez, Nachita, porque sola tuve miedo.

"—Señorita, ¿se siente mal?

"Una voz igual a la de Pablo se me acercó a media calle.

"—¡Insolente! ¡Déjeme tranquila!

"Tomé un taxi que me trajo a la casa por el periférico y llegué. . ."

Nacha recordó su llegada: ella misma le había abierto la puerta. Y ella fue la que le dió la noticia. Josefina bajó después, desbarrancándose por las escaleras.

—¡Señora, el señor y la señora Margarita están en la policía!

Laura se le quedó mirando asombrada, muda.

—¿Dónde anduvo, señora?

—Fui al café de Tacuba.

—Pero eso fue hace dos días.

Josefina traía el *Ultimas Noticias*. Leyó en voz alta: "La señora Aldama continua desaparecida. Se cree que el siniestro individuo de aspecto indígena que la siguió desde Cuitzeo, sea un sádico. La policía investiga en los estados de Michoacán y Guanajuato."

La señora Laurita arrebató el periódico de las manos de Josefina y lo desgarró con ira. Luego se fue a su cuarto. Nacha y Josefina la siguieron, era mejor no dejarla sola. La vieron echarse en su cama y soñar con los ojos muy abiertos. Las dos tuvieron el mismo pensamiento y así se lo dijeron después en la cocina: "Para mí, la señora Laurita anda enamorada." Cuando el señor llegó ellas estaban todavía en el cuarto de su patrona.

—¡Laura! —gritó. Se precipitó a la cama y tomó a su mujer en sus brazos.

—¡Alma de mi alma! —sollozó el señor.

La señora Laurita pareció enternecida unos segundos.

—¡Señor! —gritó Josefina—. El vestido de la señora está bien chamuscado.

Nacha la miró desaprobándola. El señor revisó el vestido y las piernas de la señora.

—Es verdad . . . también las suelas de sus zapatos están ardidas. Mi amor, ¿qué pasó?, ¿dónde estuviste?

—En el café de Tacuba —contestó la señora muy tranquila.

La señora Margarita se torció las manos y se acercó a su nuera.

—Ya sabemos que anteayer estuviste allí y comiste una cocada. ¿Y luego?

—Luego tomé un taxi y me vine para acá por el periférico.

Nacha bajó los ojos, Josefina abrió la boca como para decir algo y la señora Margarita se mordió los labios. Pablo en cambio, agarró a su mujer por los hombros y la sacudió con fuerza.

—¡Déjate de hacer la idiota! ¿En dónde estuviste dos días?. . . ¿Por qué traes el vestido quemado?

—¿Quemado? Si él lo apagó. . . —dejó escapar la señora Laura.

—¿El? . . . ¿El indio asqueroso? —Pablo la volvió a zarandear con ira.

—Me lo encontré a la salida del café de Tacuba . . . sollozó la señora muerta de miedo.

—¡Nunca pensé que fueras tan baja! —dijo el señor y la aventó sobre la cama.

—Dinos quién es —preguntó la suegra suavizando la voz.

—¿Verdad, Nachita, que no podía decirles que era mi marido? —preguntó Laura pidiendo la aprobación de la cocinera. Nacha aplaudió la discreción de su patrona y recordó que aquel mediodía, ella, apenada por la situación de su ama, había opinado:

—Tal vez el indio de Cuitzeo es un brujo.

Pero la señora Margarita se había vuelto a ella con ojos fulgurantes para contestarle casi a gritos:

—¿Un brujo? ¡Dirás un asesino!

Después, en muchos días no dejaron salir a la señora Laurita. El señor ordenó que se vigilaran las puertas y ventanas de la casa. Ellas, las sirvientas, entraban continuamente al cuarto de la señora para echarle un vistazo. Nacha se negó siempre a exteriorizar su opinión sobre el caso o a decir las anomalías que sorprendía. Pero, ¿quién podía callar a Josefina?

—Señor, al amanecer, el indio estaba otra vez junto a la ventana —anunció al llevar la bandeja con el desayuno.

El señor se precipitó a la ventana y encontró otra vez la huella de sangre fresca. La señora se puso a llorar.

—¡Pobrecito! . . . ¡pobrecito! . . . —dijo entre sollozos.

Fue esa tarde cuando el señor llegó con un médico. Después el doctor volvió todos los atardeceres.

—Me preguntaba por mi infancia, por mi padre y por mi madre. Pero, yo; Nachita, no sabía de cual infancia, ni de cual padre, ni de cual madre quería saber. Por eso le platicaba de la conquista de México. ¿Tú me entiendes, verdad? —preguntó Laura con los ojos puestos sobre las cacerolas amarillas.

—Sí, señora. . . —y Nachita, nerviosa, escrutó el jardín a través de los vidrios de la ventana. La noche apenas si dejaba ver entre sus sombras. Recordó la cara desganada del señor frente a su cena y la mirada acongojada de su madre.

—Mamá, Laura le pidió al doctor la *Historia* . . . de Bernal Díaz del Castillo. Dice que eso es lo único que le interesa.

La señora Margarita había dejado caer el tenedor.

—¡Pobre hijo mío, tu mujer está loca!

—No habla sino de la caída de la Gran Tenochtitlán —agregó el señor Pablo con aire sombrío.

Dos días después, el médico, la señora Margarita y el señor Pablo decidieron que la depresión de Laura aumentaba con el encierro. Debía tomar contacto con el mundo y enfrentarse con sus responsabilidades. Desde ese día, el señor mandaba el automóvil para que su mujer saliera a dar paseitos por el Bosque de Chapultepec. La señora salía acompañada de su suegra y el chofer tenía órdenes de vigilarlas estrechamente. Sólo que el aire de los eucaliptos no la mejoraba, pues apenas volvía a su casa, la señora Laurita se encerraba en su cuarto para leer la conquista de México de Bernal Díaz.

Una mañana la señora Margarita regresó del Bosque de Chapultepec sola y desamparada.

—¡Se escapó la loca! —gritó con voz estentórea al entrar a la casa.

—Fíjate, Nacha, me senté en la misma banquita de siempre y me dije:

"No me lo perdona. Un hombre puede perdonar una, dos, tres, cuatro traiciones, pero la traición permanente, no." Este pensamiento me dejó muy triste. Hacía calor y Margarita se compró un helado de vainilla; yo no quise, entonces ella se metió al automóvil a comerlo. Me fijé que estaba tan aburrida de mí como yo de ella. A mí no me gusta que me vigilen y traté de ver otras cosas para no verla comiendo su barquillo y mirándome. Vi el heno gris que colgaba de los ahuehuetes y no sé por qué, la mañana se volvió tan triste como esos árboles. "Ellos y yo hemos visto las mismas catástrofes," me dije. Por la calzada vacía, se paseaban las horas solas. Como las horas estaba yo: sola en una calzada vacía. Mi marido había contemplado por la ventana mi traición permanente y me había abandonado en esa calzada hecha de cosas que no existían. Recordé el olor de las hojas de maíz y el rumor sosegado de sus pasos. "Así caminaba, con el ritmo de las hojas secas cuando el viento de febrero las lleva sobre las piedras. Antes no necesitaba volver la cabeza para saber que él estaba ahí mirándome las espaldas" . . . Andaba en esos tristes pensamientos, cuando oí correr al sol y las hojas secas empezaron a cambiar de sitio. Su respiración se acercó a mis espaldas, luego se puso frente a mí, vi sus pies desnudos delante de los míos. Tenía un arañazo en la rodilla. Levanté los ojos y me hallé bajo los suyos. Nos quedamos mucho rato sin hablar. Por respeto yo esperaba sus palabras.

"—¿Qué te haces? —me dijo.

"Vi que no se movía y que parecía más triste que antes.

"—Te estaba esperando —contesté.

"—Ya va a llegar el último día. . .

"Me pareció que su voz salía del fondo de los tiempos. Del hombro le seguía brotando sangre. Me llené de vergüenza, bajé los ojos, abrí mi bolso y saqué un pañuelito para limpiarle el pecho. Luego lo volví a guardar. El siguió quieto, observándome.

"—Vamos a la salida de Tacuba. . . Hay muchas traiciones. . .

"Me agarró de la mano y nos fuimos caminando entre la gente, que gritaba y se quejaba. Había muchos muertos que flotaban en el agua de los canales. Había mujeres sentadas en la hierba mirándolos flotar. De todas partes surgía la pestilencia y los niños lloraban corriendo de un lado para otro, perdidos de sus padres. Yo miraba todo sin querer verlo. Las canoas despedazadas no llevaban a nadie, sólo daban tristeza. El marido me sentó debajo de un árbol roto. Puso una rodilla en tierra y miró alerta lo que sucedía a nuestro alrededor. El no tenía miedo. Después me miró a mí.

"—Ya sé que eres traidora y que me tienes buena voluntad. Lo bueno crece junto con lo malo.

"Los gritos de los niños apenas me dejaban oírlo. Venían de lejos, pero eran tan fuertes que rompían la luz del día. Parecía que era la última vez que iban a llorar.

"—Son las criaturas. . . —me dijo.

"—Este es el final del hombre —repetí, porque no se me ocurría otro pensamiento.

"El me puso las manos sobre los oídos y luego me guardó contra su pecho.

"—Traidora te conocí y así te quise.

"—Naciste sin suerte —le dije. Me abracé a él. Mi primo marido cerró los ojos para no dejar correr las lágrimas. Nos acostamos sobre las ramas rotas del pirú. Hasta allí nos llegaron los gritos de los guerreros, las piedras y los llantos de los niños.

"—El tiempo se está acabando. . . —suspiró mi marido.

"Por una grieta se escapaban las mujeres que no querían morir junto con la fecha. Las filas de hombres caían una después de la otra, en cadena como si estuvieran cogidos de la mano y el mismo golpe los derribara a todos. Algunos daban un alarido tan fuerte que quedaba resonando mucho rato después de su muerte.

"Faltaba poco para que nos fuéramos para siempre en uno solo cuando mi primo se levantó, me juntó ramas y me hizo una cuevita.

"—Aquí me esperas.

"Me miró y se fue a combatir con la esperanza de evitar la derrota. Yo me quedé acurrucada. No quise ver a las gentes que huían, para no tener la tentación, ni tampoco quise ver a los muertos que flotaban en el agua para no llorar. Me puse a contar los frutitos que colgaban de las ramas cortadas: estaban secos y cuando los tocaba con los dedos, la cáscara roja se les caía. No sé por qué me parecieron de mal agüero y preferí mirar el cielo, que empezó a oscurecerse. Primero se puso pardo, luego empezó a coger el color de los ahogados de los canales. Me quedé recordando los colores de otras tardes. Pero la tarde siguió amoratándose, hinchándose, como si de pronto fuera a reventar y supe que se había acabado el tiempo. Si mi primo no volvía, ¿qué sería de mí? Tal vez ya estaba muerto en el combate. No me importó su suerte y me salí de allí a toda carrera perseguida por el miedo. 'Cuando llegué y me busqué. . .' No tuve tiempo de acabar mi pensamiento porque me hallé en el anochecer de la ciudad de México. 'Margarita ya se debe haber acabado su helado de vainilla y Pablo debe de estar muy enojado'. . . Un taxi me trajo por el periférico. ¿Y sabes, Nachita?, los periféricos eran los canales infestados de cadáveres. . . por eso llegué tan triste. Ahora, Nachita, no le cuentes al señor que me pasé la tarde con mi marido."

Nachita se acomodó los brazos sobre la falda lila.

—El señor Pablo hace ya diez días que se fue a Acapulco. Se quedó muy flaco con las semanas que duró la investigación —explicó Nachita satisfecha.

Laura la miró sin sorpresa y suspiró con alivio.

—La que está arriba es la señora Margarita —agregó Nacha volviendo los ojos hacia el techo de la cocina.

Laura se abrazó las rodillas y miró por los cristales de la ventana a las rosas borradas por las sombras nocturnas y a las ventanas vecinas que empezaban a apagarse.

Nachita se sirvió sal sobre el dorso de la mano y la comió golosa.

—¡Cuánto coyote! ¡Anda muy alborotada la coyotada! —dijo con voz llena de sal.

Laura se quedó escuchando unos instantes.

—Malditos animales, los hubieras visto hoy en la tarde —dijo.

—Con tal de que no estorben el paso del señor, o que le equivoquen el camino —comentó Nacha con miedo.

—Si nunca los temió, ¿Por qué había de temerlos esta noche? —preguntó Laura.

Nacha se aproximó a su patrona para estrechar la intimidad súbita que se había establecido entre ellas.

—Son más canijos que los tlaxcaltecas —le dijo en voz muy baja.

Las dos mujeres se quedaron quietas. Nacha devorando poco a poco otro puñito de sal. Laura escuchando preocupada los aullidos de los coyotes que llenaban la noche. Fue Nacha la que lo vió llegar y le abrió la ventana.

—Señora! . . . Ya llegó por usted. . . —le susurró en una voz tan baja que sólo Laura pudo oírla.

Después, cuando ya Laura se había ido para siempre con él, Nachita limpió la sangre de la ventana y espantó a los coyotes, que entraron en un siglo que acababa de gastarse en ese instante. Nacha miró con sus ojos viejísimos, para ver si todo estaba en orden: lavó la taza de café, tiró al bote de la basura las colillas manchadas de rojo de labios, guardó la cafetera en la alacena y apagó la luz.

—Yo digo que la señora Laurita no era de este tiempo, ni era para el señor —dijo en la mañana cuando le llevó el desayuno a la señora Margarita.

—Ya no me hallo en casa de los Aldama. Voy a buscarme otro destino —le confió a Josefina. Y en un descuido de la recamarera, Nacha se fue hasta sin cobrar su sueldo.

Armonía Somers

1920 - URUGUAY

Armonía Etchepare de Henestrosa nació en el Uruguay en 1920. Se le cataloga en la llamada Generación del 45 con Mario Benedetti, Angel Rama y Emir Rodríguez Monegal, pero ella no comparte las mismas inquietudes ni temas de ese grupo.

Antes de publicar su primera novela *La mujer desnuda* en 1950, Armonía se había distinguido como pedagoga, en la Organización de Estados Americanos y la UNESCO. A través de su vida ha sido galardoneada con varios premios.

Su primera novela causó una sensación literaria por las abiertas insinuaciones sexuales consideradas escandalosas. La protagonista Rebeca es extraña, misteriosa, desconcertante, repulsiva e increíblemente fascinante; ella no encajaba con los mitos virginales sobre la mujer.

Somers presenta personajes sin rostro, a pesar de que la mayoría son gente que conoce. Estos buscan redención en un mundo sin sentido, lleno de violencia, confusión, muerte, soledad y desesperación. Hay una identificación con el antihéroe a quien presenta con irreverente ironía balanceada con ternura.

La obra de Somers exige una lectura mucho más participatoria y alerta que la tradicional. Ella pone entre paréntesis la clásica omnisciencia magisterial y adoctrinadora del narrador que pretendía guiar la comprensión del lector. Ella reta esa omnisciencia y el concepto de que todo se puede conocer o justificar lógicamente. Su narración está llena de duende, poesía, misterio y ofrece al lector infinitas posibilidades.

La producción literaria de Somers es como una reflexión sobre la vida en la que líricamente se yuxtapone lo convencional con desmembramientos e imágenes violentas y repulsivas. Desmitifica descriptiva y visceralmente la repugnante e hipócrita humanidad, sin que se escape nadie, ni siquiera Dios. Ha publicado más de diez libros, entre novelas y colecciones de cuentos: *Viaje al corazón del día, El derrumbamiento, Muerte por alacrán, De miedo en miedo, Tríptico darwiniano,* para mencionar sólo algunos.

Su narrativa es una amalgama de lo natural y lo sobrenatural, lo irreal y la magia representados en imágenes fantasmagóricas que producen atmósferas cual pesadillas que retan la hipocresía social, la moralidad religiosa y se rebelan contra la idea de la muerte como medio para alcanzar el paraíso. El desenlace es generalmente incierto lo cual subraya la inabarcable complejidad del mundo moderno.

Sus intereses incluyen la Cábala y lo oculto. Ella considera la Biblia como la mejor novela en serie que se ha escrito ya que en ella hay poesía, drama y masacres inconcebibles que hoy se conocen como terrorismo. También trata temas considerados tabú en su sociedad: la homosexualidad, la prostitución y el incesto. Defiende a las lesbianas porque, según Somers, ellas se están defendiendo de los hombres. Expone las constantes culturales del machismo, el marianismo y la misógina posición bíblica ante la mujer: la seductora Eva o la Virgen madre de Dios. Esta dicotomía condena a la mujer a una condición de subyugación hermética. Así, ella depende del hombre para que la libere de la prisión que él mismo le ha construído.

Valiéndose de técnicas mágicorrealistas, Somers nos da una nueva perspectiva literaria; emplea la sorpresa como coyuntura vital y, calmadamente, pasea al lector por aquellas zonas de nuestro devenir donde circula lo insólito y lo inquietante.

También emplea la yuxtaposición de elementos: lo universal con lo regional, lo íntimo y psicológico con lo social, lo escolástico con lo empírico, lo histórico con la ficción, el hermeticismo oculto con la superstición popular, el tiempo letárgico cotidiano sacudido por inesperados acontecimientos y pérdida de control. Presenta a los seres humanos en busca desesperada de redención ante esta desesperanzada e inútil existencia.

Somers extrae la belleza y fuerza de la naturaleza humana. Como una alquimista mezcla y filtra con palabras los metales de la existencia para exponer metafóricamente la soledad y el abandono humano. Sus descripciones presentan el cuerpo humano en su naturaleza básica: el sudor, la saliva, la leche, la sangre, el semen. En algunos cuentos explora la agresión sexual de misóginos y el erotismo femenino. El contenido humorístico es central hasta el punto en que su creación literaria se podría insertar en la tradición de la picaresca.

La colección literaria de Somers trata una variedad de temas: violencia, falta de comunicación, desesperación y soledad; la búsqueda del ser humano por la razón de su existencia, en un esfuerzo por entenderse a sí mismo; la falta de sentido de que la vida solo lleva a la muerte. El tema de la muerte es constante en su narrativa. Somers tiene fascinación por el horror y la muerte. Expresa la desarraigada soledad del ser humano ante la necesidad de asimilarse a una sociedad sin amor.

En "El entierro," un cuento de aventura y borrachera, alterna lo macabro y lo patético con un agudo sentido de humor negro. Este cuento se basa en la realidad, pero salpicada de hipérboles. Explora el tipo de amistad entre hombres que no existe en la misma forma entre las mujeres. Los hombres se reúnen para beber y las mujeres para "comadrear."

Armonía dice que el nombre Honoribaldo lo leyó en un obituario del periódico y el apellido Selva refuerza los elementos de la naturaleza que aparecen en el cuento: la lluvia, los árboles, el círculo, los números, especialmente el 7 y 13. Ella ve la lluvia como una bendición, un baño metafísico como si la tierra tuviera sed y la lluvia la satisfaciera.

"El entierro" presenta una escena grotesca, cómica e irreverente ante la muerte. Confronta la complejidad entre vida y muerte. Su ficción despierta inquietudes metafísicas y existenciales que cuestionan la validez del sufrimiento humano. La autora reta al lector a buscarle sentido al rompecabezas de la vida. Para esto, mezcla el realismo, la magia y lo absurdo con un lenguaje lírico, vigoroso, simbólico y poético. El cuento es polémico con toques de humor y sarcasmo.

El estilo de Somers es fuerte, viril, valeroso, libre de prejuicios ancestrales. Su escritura es mágica siguiendo el precepto de que la literatura no es exclusivamente racional.

BIBLIOGRAFÍA CRÍTICA

Araújo, Helena. "Armonía Somers: *El derrumbamiento.* En *Armonía y su tríptico darwiniano.* Bogotá: Universidad Nacional de Colombia, 1989.

Benedetti, Mario. *Literatura uruguaya siglo XX.* 2a ed. Montevideo: Alfa, 1969.

García Rey, José M. "Armonía Somers: Sondeo intuitivo y visceral del mundo." *Revista Mensual de Cultura Hispánica* 415 (1985): 101–04.

Garfield, Evelyn Picón. "Yo soplo desde el páramo: La muerte en los cuentos de Armonía Somers." *Texto Crítico* 6 (1977): 113–25.

Rama, Angel. "La insólita literatura de Somers: La fascinación del horror." *Marcha* (Montevideo) 1188 (1963): 27–30.

Visca, Arturo Sergio. "El mundo narrativo de Armonía Somers." *Nueva antología del cuento uruguayo.* Montevideo: Ediciones de la Banda Oriental, 1976.

El entierro

Luego de asombrarse en lo íntimo por la forma tan poco seria de recibir el hombre la noticia del alta, el enfermero lo ayudó a vestirse y a juntar sus escasas pertenencias de bolsillo, reparando de paso en su estado físico lamentable, tan en contraste con aquel ánimo festivo que no había variado jamás, ni a través de las cosas dichas bajo los efectos de la anestesia en el lapso post operatorio. Al fin, y logrando atajarse a duras penas la curiosidad, le alcanzó el frasco conteniendo "aquello," algo que, hasta el momento mismo de hacerse calzar los zapatos, el paciente no dejara de recomendarle.

Desde los primeros días de su ingreso a la clínica había llamado la atención el individuo, los amigos de todo pelo interesados en su suerte, las naranjas y los cigarrillos dejados a su nombre. Cierta vez llegó a la mesa de entrada una especie de antología del chiste formada por las tiras cómicas de todos los diarios de la semana, y con una dedicatoria muy particular: "Al finado de la Sala 2, Honoribaldo Selva, para que resucite leyendo esto: Sus siete amigos de LA BOTELLITA." De modo que el asunto de egresar del hospital llevándose la víscera eliminada, especie de compensación exigida por el enfermo al aceptar ser intervenido, no resultaría sino una peculiaridad más del tipo, cuya simpatía fuera capaz de permitirle hasta eso, conseguir de los cirujanos aquel trofeo macabro, reivindicando su incuestionable derecho posesorio. Al envolverlo, mantuvo aún la dosis de buen humor para elegir la página del periódico que, de acuerdo con su natural repugnancia a ciertas falsedades humanas, según explicó al enfermero señalándole un titular, se prestaría mejor para guardar una carnaza putrefacta. Y desde luego que en compañía de los amigos más fieles que estaban esperándole en la calle, salió esa mañana con su lío bajo el brazo, como un buen señor, dijo, que se trajese algo del mercado.

Uno de los hombres, ante lo anunciado días atrás por Selva —su primera salida en común sería al cementerio— lanzó la idea de alquilar un coche, principalmente para cubrir cierto trecho que alejaba en forma prudencial a los muertos de los vivos. "No faltaría más, comentó con una contagiosa carcajada el esquelético convaleciente, se logra sobrevivir bajo tres médicos armados de cuchillos, y hasta con los rostros cubiertos como bandidos del cine mudo, y ustedes creen ahora que uno va a morir a causa de tres mansos kilómetros acostados bajo los árboles. Hay cosas, en materia de riesgos, que no se comparan con nada, y es de ver cómo nos largamos hacia ellas, aún permitiendo que nos idioticen antes con narcóticos. Y luego vienen a cuidarnos de un inocente paseo entre campo y cielo. . ."

Sin más discusión, pues, se optó por hacer a pie aquel largo camino en el que irían quedando pedazos menudos del ingenio del hombre como un gran pan de hilaridad reducido a migajas. En un punto intermedio, y por la depresión debida a cierto vado, Honoribaldo tuvo que retardar la marcha, tomando una rama para apoyarse y lanzar un guijarro al hilo de agua del flanco. Pero ni ese primer tramo ni el siguiente lograron voltearlo de espíritu, pese a su visible sacrificio para cumplir aquella absurda travesía.

Llegaron, por fin, al cementerio, atravesaron el tablero de ajedrez de las tumbas y, exactamente junto al muro del fondo, el hombre se decidió a cumplir sus propósitos. Empezó con grandes dificultades a practicar un agujero en el suelo, valiéndose de la rama que le había servido de sostén. No bien quedó terminado, se retiró unos pasos del lugar, apuntó hacia el hueco con su envoltorio y lo arrojó secamente al centro. Luego volvió al sitio ostentando la misma tranquilidad, arrastró con el pie la tierra movida y fue cubriendo la cosa. Carraspeó,[1] se arregló el nudo de la corbata, esperó alguna pulla que no alcanzó a cuajar pues, qué diablos, cada uno tendría alguien por allá cerca con la boca llena de raíces, tosió, desplegó luego una característica sonrisa de través que le dibujaba un hoyuelo en la flaca mejilla y largó al fin este misterioso discurso:

—El anticipo, mis futuros comensales. Además, ahí les dejo el diario para la sobremesa, y en la página de la política internacional, siempre sonriente y siempre pudriéndose, más podrida cuanto más sonriente, por decir la verdad entera. Buen provecho, y hasta mejor vernos, como se acostumbra a saludarse acá arriba, con la promesa del banquete completo.

Volvió a toser secamente, se apretó con ambas manos la boca del estómago, y, sin más ceremonias, se reintegró a la comitiva, apoyándose no ya en la rama verde, que quedó poetizando el hoyo, sino en uno de los hombres.

A esta altura de los hechos, el ánimo bullanguero del grupo había cambiado considerablemente, y no sólo a causa del cariz de la broma, sino también por el aspecto calamitoso del amigo. Pero sacando cada uno a luz las fuerzas de reserva, se decidió de común acuerdo rematar la jornada en cierto bar de última clase llamado "La Botellita," única forma de recuperarse según sus viejos antecedentes. Con Honoribaldo en andas, entraron entonces a media tarde a aquel lugar que tenía para ellos un significado de día de

1. He cleared his throat.

asueto[2] en cualquier altura de la semana, y ocuparon la mesa de siempre. Y fue desde ese momento que las cosas dieron en adquirir contornos frenéticos. Había que festejar el regreso del personaje central de la rueda, verdad, pero lo más inconfesable y urgente era tomar providencias contra cierto frío ubicado en el espinazo, para el que sólo existían remedios seguros en las botellas. Tanto que hasta el dueño de las mismas, plegándose él también al juego, decidió medicamentarse gratuitamente. Ese fue, en realidad, el principio del desastre, marcado en un punto crítico: cuando alguien sugirió al hombre que no perdiera más tiempo en cerrar las vitrinas por cada vez que sacara del lugar las nuevas unidades. Qué necesidad de gastar aquellas hermosas manijas de bronce antiguo. Desde ahí, y por implantación del autoservicio, el contenido empezó a correr sin las miserables limitaciones del continente, como dijo uno arrojando por encima del hombro un envase.

Un final de tarde y una noche entera terminaban ya con todas las existencias, cuando la misma botella simbólica del día de la fundación, envuelta en unos andrajos[3] de telarañas, apareció sobre la mesa. Aquello, por lo insólito, provocó una especie de pánico colectivo. Era la botellita epónima, y asistida de una virtud de supervivencia tan misteriosa que ni las grescas[4] más inolvidables registradas en los anales del bar habían logrado arrancarla del plinto.[5] Pero luego, y como en todos los casos en que entra a tallar lo vedado, una especie de angustia de posesión rompió los escrúpulos del principio. ¿Cómo y en nombre de qué ley no escrita iba a escaparse la sugestiva miniatura? La mesa estaba ya erizada de brazos, tal si los hombres a que pertenecían hubiesen transmigrado a una especie de símbolo brahamánico, cuando luego de un golpe de puño que hizo temblar todas las tablas cercanas, se oyó la voz de Honoribaldo Selva tratando de dominar el grupo:

—Esta no, muchachos. ¿No ven que parece Lady Godiva[6] en la vejez, con el mismo pelo de antes, pero color ceniza?

—"¿Lei di" qué, ha dicho? —tartamudeó uno de los sedientos estirando la mano, aunque sin lograr el acto.

2. A day off, a break.
3. Rags.
4. Uproar.
5. Plinth, base.
6. This English noblewoman, wife of Leofric, the earl of Mercia, is known to have persuaded her husband to found monasteries at Coventry and Stow. According to popular legend, she obtained for the people of Coventry a remission from the excessive taxes levied by her husband, who had agreed to reduce taxes on condition that she ride naked through the town. Lady Godiva, mounted on a white horse and covered only by her long hair, carried out his demand. Only one person disobeyed her orders to remain indoors behind closed shutters; this man, a tailor known thereafter as peeping Tom, peered through a window and immediately became blind.

—A mí no me van a asustar con historias de viejas —agregó otro engallándose— venga para acá la anciana, porque en caso de necesidad, viejita y todo puede calentar el cuerpo. No todas en la vida de uno van a ser con dientes de leche. ¡Qué tanto asco por unas canas más o menos ...!

—¡Primero mi cadáver, luego esta botella! —gritó entonces Honoribaldo logrando evitar el secuestro, pero ya con una fatiga sensible en su pecho.

Quizás fuese el extremo recurso interpuesto por el homenajeado para defender la pieza lo que hiciera recobrar la memoria conjunta. Nadie, hasta ese minuto, se había vuelto mentalmente ni hacia el episodio inicial ni hacia la causa de los festejos. Y, por lo tanto, nadie tampoco hubiera dado en observar la palidez del hombre esfumándose casi del mundo, como exprimido hacia su interior por una gracia inminente que, a causa de su volumen, no lograra exteriorizarse. Tal palidez, unida al romántico salvataje, volvió de pronto a centrar la atención colectiva en los famosos silencios a los que Selva tenía acostumbrado al ruedo antes de lanzar algunas de sus sentencias. Aunque esta vez no lograra ser muy noble la cosa, debido al hipo de uno de los individuos y al canto de un gallo tras la ventana. Pero era indudable que el aire estaba cargado de una tensión particular, como si se tocara el borde de una tormenta eléctrica o, lo que era más sencillo y humilde, Honoribaldo hubiera decidido morírseles allí mismo, mirando dulcemente la botella, cuya virginidad había quedado intacta como un botón antiguo sobre la mesa. El invitado continuaba sentado entre ellos, pero muerto. Sin duda, a juzgar por muchos detalles, ya habría salido del hospital con el pasaporte negro, nunca se sabrá hasta qué punto es capaz de durar la misteriosa cuerda, a pesar de todas las apariencias. Pero el hombre acostumbra a llamar muerte solamente a eso, y basta.

Estuvieron contemplando al cadáver largo rato, como idiotizados. Al fin, o bien por iniciativa de alguien ya hecho en tales trances o para evitarse una mirada tan tenaz como aquélla, decidieron colocarlo horizontalmente sobre las escupidas con aserrín, las colillas y los vasos rotos del suelo. Uno le cerró los ojos y la boca, otro le cruzó las manos sobre el pecho. El dueño de la casa, no teniendo más nada que ofrecer, le puso entre los dedos la pieza de la discordia. Le había quedado en el rostro su sonrisita de través: eso no iba a fallarle nunca, sucediera lo que sucediera.

Volvieron últimamente a ocupar la mesa. Y allí, casi sin proponérselo con palabras, se decidió fabricar la caja con lo que se encontrara a mano, desparramándose entonces como taladros nocturnos en busca de materiales. El más activo en la operación, después de utilizar los maderos de una estantería, le echó el ojo a los inquietantes tiradores de bronce de la vitrina y se los ofrendó a Honoribaldo de manijas, atornillándolos como pudo, con lo que el ataúd acabó por adquirir una verdadera dignidad funeraria, ese toque sutil que equivaldría en todos los casos a un "no confundir, lo es realmente."

Parecía todo hecho, pues, cuando uno de los contertulios, tratando de reprimir un sollozo, dio en lanzar un roto grito alcohólico capaz de conmover hasta las entrañas del muerto:

—¡Viva el finado,[7] viva el finado, he dicho!

Aquello fue determinante. Los que se podían mantener en pie levantaron entonces la caja, destapada como se hallaba, y, repitiendo los vivas, se encaminaron a la calle seguidos a duras penas por el resto. Anduvieron en tal estado de frenesí importunando gente dormida con aquel grito que parecía salirles del plexo solar,[8] hasta que descubriendo abierto otro sitio como el que habían saqueado, decidieron completar las honras póstumas, luego de dejar el féretro en la acera.

—Nada más ... que entretanto ... salga el mugriento sol ... viejo ... —aclaró uno de los tipos en su trabalenguas de circunstancias—. Si siempre fuera de noche ... te llevaríamos adentro ... para seguir con los tragos ... Pero va a salir el otro, hermano ... Y de día todo tiene que ser ... como está ordenado, las cosas ariscas ... la gente queriéndolo todo en regla ... hombre con mujer ... zapato derecho y zapato izquierdo ... Vivos con vivos ... muertos con muertos ...

Tales palabras, cargadas por igual de absurdo y de sentido común, parecieron despertar la conciencia de otro de los individuos, quien, hipando a los mismos intervalos irregulares del anterior, como si los recibiese bajo cuerdas, logró conectar sus propias ideas:

—¿Y las formalidades relacionadas con el deceso de la persona humana? —dijo— ¿O se creen, pedazos de brutos, que un muerto es un fardo[9] clandestino que puede pasar sin la estampilla del impuesto? Hay que llevarlo para atrás, yo sé lo que digo, hay que hacer antes otras cosas ...

¿Formalidades con un hombre como aquél, que había enterrado sus propios pedazos y era capaz de seguir sonriendo en la caja, y hasta de tener mejor semblante que cualquiera de ellos? Ese debió ser el pensamiento común de la mayoría, pues el muerto tuvo que quedarse donde estaba, aumentando la soledad de la calle como una valija abandonada en un andén ferroviario.

7. The deceased.
8. The pit of the stomach.
9. Bundle.

Siempre eructando, más lívidos y con más barba que al entrar, salían horas después, ya en plena mañana, cuando se encontraron con dos novedades: un ruido sordo como de barricadas entre las nubes, haciendo temblar las estructuras de abajo, hasta la del cajón mismo, castigándolas de vibraciones, y el robo de las manijas de bronce, todo el lujo del féretro. Uno de los más tambaleantes, para quien la lluvia próxima no parecía contar, fue el primero en percibir con terror aquello último, tan importante en sí como un corte en el tendón de Aquiles,[10] pero no a causa de esa funcionalidad sino por el carácter suntuario de las argollas. Con los pies enredados como la lengua lograba agacharse para verificar el desastre, cuando cayó en una cuenta inverosímil, la culpabilidad del muerto en el asunto.

—A mí no me vas a engañar —logró balbucear en tono monocorde y a punto de ir a dar dentro de la caja— has sido tú, por jugarnos una de las pesadas. Pero esta vez te pasaste de muerto, sin manijas no hay entierro. A ver, soltá la prenda, si no querés que te la saquen a la fuerza. . .

Ya estaba a punto de consumar la profanación, revisar los bolsillos del finado, cuando uno que había podido vomitar junto al árbol próximo consiguió que se evitara, espantando al pasar unas moscas que se habían prendido en las comisuras y la nariz del cadáver. Y decidiendo que se le volviese a cargar para reemprender el camino del día antes.

A todas esas habían empezado a sentirse ya las primeras gotas, gruesas y redondas como caídas de las varillas de un paraguas. Aunque felizmente espaciadas y sin mayor prisa, lo que no dejaba de constituir una ventaja, faltando esta vez para acortar el camino Honoribaldo Selva, remoto y actual al mismo tiempo. Y, a causa de la borrachera colectiva, movedizo en las conciencias como un reflejo en el agua.

Habían hecho así medio trayecto, cuando cierto fatalismo que estaba sucediéndose siempre en partida doble desde la fiesta a la muerte del homenajeado, desde la tormenta al robo en la calle se hizo presente de nuevo: cierto pajarraco negro que decidió acompañarlos saltando de uno a otro árbol, y una lluvia maciza que parecía unirse también al cortejo. Primeramente por el ave, pues, que empezó a encogerles los hígados, y luego por los elementos, debieron apurar el paso, tanto más cuanto que, a pesar de sus nebulosidades mentales, todos recordaban la existencia de cierto vado y la forma en que solía comportarse en casos como ese. El cuerpo de Honoribaldo, entretanto, se sacudía allá arriba debido a la

10. Achilles' tendon.

marcha forzada y en zig zag, pesando cada vez más a causa del agua. Hasta que, de pronto, y al ir a poner el pie en el camino inundado, cayeron en la cuenta de que el paso les había hecho el juego sucio de siempre: no sólo presentarse a un nivel capaz de llegar hasta las ingles sino provocar un furioso arremolinamiento en el punto medio, haciendo bailar allá en redondo todo lo arrastrado por las aguas. Aquello fue un brevísimo y desesperado sálvese quien pueda, con el peligro de ir a dar sobre las alambradas de los flancos, límite teórico de la verdadera corriente, y en ese minuto cubiertas por completo. Manoteando, prendiéndose los unos a los otros, habían logrado zafar del pequeño pero furioso tirabuzón, cuando alcanzaron a descubrir la caja vacía flotando tras ellos, y la que según pudieron apreciar, les había estado sirviendo de salvavidas. La miraron casi sin reconocerla. Vueltos a una relativa claridad interior por obra del chapuzón,[11] y cuando el motivo del cruce apareció como algo situado más allá de los recuerdos, el madero hubiese podido continuar sobrenadando como una de las tantas cosas a las que cada cual se había agarrado con todas sus uñas, cuando el último en abandonar el cauce fue el elegido por Honoribaldo para presentársele de nuevo a refrescarles la memoria, pero escapando por entre los hilos del alambrado e internándose en la corriente. Boca arriba, con las manos cruzadas sobre el pecho, el cadáver dio tres o cuatro volteretas y siguió la dirección de las aguas, esquivando algún árbol a medio sumergir, dándose a veces de cabezazos en otro, mas siempre determinado por la ansiedad de desembocadura que nadie hubiera podido ya quitarle a su desplazamiento.

Había transcurrido muy poco tiempo desde el comienzo del suceso. Sin embargo, y como es común en este tipo de inundaciones, el volumen del paso estaba ya bajando. Un sol rabiosamente amarillo apareció tras las nubes. Se miraron unos a otros como extraños, una especie de cardumen de ahogados descubierto en la resaca, con arenillas y pequeños restos de conchas en las orejas, el pelo, pero no tan desconocidos entre sí como para ignorar que debían seguir estando juntos por algo, aunque ese algo les reventara en el aire como una burbuja al pasar de uno a otro cerebro. En tal estado de asombro y de pobreza —ni siquiera cigarros secos en los bolsillos, sino una mezcla inmunda de cosas sólo desalojables volviendo los forros— iban pasando los minutos sin que alguien fuera capaz de soltar una palabra, al menos la que permitiese a los demás tirar del rollo de cuerda que cada cual sentía movérsele adentro junto con el agua sucia deglutida. Uno de los hombres, tal vez por tentar suerte, se levantó de

11. Dunking.

pronto del cajón que había terminado convirtiéndose en asiento y se puso a examinar una rata muerta que aparecía allá cerca, sin duda tomada de sorpresa por los acontecimientos, pese a sus formidables poderes de emergencia. La dio vuelta con el pie, no convencido de que un animal tan nervioso, tan inaccesible y lleno de mundo hubiera caído en el mismo cepo que ellos.

—Es una rata de campo —dijo tímidamente— se la podría reconocer hasta hallándola sobre el asfalto de una ciudad con rascacielos.

Miró de reojo el grupo, que parecía formar una sola pieza, constató que no valía la pena seguir exhibiendo su dominio del tema y terminó sentándose en el suelo al frente de los otros.

—¿Y? —logró decir aún, lanzando a la suerte la pregunta más lacónica[12] del mundo para todos los casos.

La aventura de la palabra parecía continuar siendo imposible. Hasta que, como si aquella letra, por su misma forma de gancho, se hubiera introducido en las conciencias, el más indigente del grupo, pequeño, flaco, recorrido de tics nerviosos, empezó a soltar un tropel de ideas elementales semejantes a una ración de clavos que estuvieran molestándole por dentro:

—Veníamos a enterrar a nuestro amigo ¿no era eso? Le habíamos acompañado a hacer aquel maldito hoyo, luego a festejar su vuelta, hasta la aparición de la botella mugrienta que él bautizó no sé cómo y se empecinó en defender a muerte. Le hicimos después el cajón con nuestras propias manos, le pusimos las mejores agarraderas del mundo, lo cargamos al hombro hasta la mitad del camino, teniendo que soportar desde la última tripa el chillido de aquel pajarraco negro. . .

Miró en derredor esperando en vano que alguien quisiera relevarlo del resto.

—. . . El agua nos estafó, ¿pero qué culpa tiene uno de eso? Siempre ha llovido y siempre el agua se ha llevado lo que anda suelto. Porque Dios es así, no manda la lluvia cuando hay sequía, pero la tira a baldes si uno va con un finado a cuestas, no le saca el ojo al que le ha caído la mala suerte, lo seguiría mirando con uno solo si se quedara tuerto. . .

Por su voz, cada vez más híbrida y estrangulada, se podía adivinar que estaba por hacer algo a lo que no se hubiera animado nunca, llorar sobre las cosas inexplicables que acogotan al hombre sin culpas, como un castigo por no tenerlas, cuando otro de los componentes, el que había corrido más peligro según lo denunciaba su aspecto, decidió aprovecharse del espacio en blanco de aquella debilidad y, luego de arrojar algunos buches[13] de

12. Terse, laconic, concise.
13. Mouthful.

fango, abandonó el sitio para enfrentarse bruscamente al conjunto. Parecía el espectro de los ahogados, con unas crecidas barbas, la camisa rota en varios sitios, una piel azulada y transparente viéndosele por los agujeros.

—Sí, así es —empezó a articular con esfuerzo— se nos fue de las manos, nos lo quitaron, mejor dicho. Pero íbamos a enterrarlo en un lugar preciso, según recuerdo. Entonces, y si no somos unos miserables, indignos siquiera de haber compartido la saliva que él dejaba en el vaso, lo que tenemos que hacer ahora es no continuar puliendo ese cajón como un asiento de sala de espera, volverlo a poner al hombro y terminar el entierro, llegando hasta donde él dejara su adelanto, para cumplir así con su última voluntad, de la que fuimos todos testigos.

Escupía más y más agua sucia. Y esperaba al mismo tiempo la respuesta. Hasta que uno de los tipos, con una especie de retardo mental de niño mongólico, preguntó mirando hacia ambos lados:

—¿Hacer igualmente el entierro, ha dicho? ¿Pero cómo?

Un entierro, creo yo, es un muerto en angarillas[14] o algo por el estilo, y sin muerto no hay ceremonia. . .

—¿Qué cómo? —Pues como salga! —gritó el hombre azulado con más fuerzas que las que parecían permitirle sus pulmones llenos de barro—. El siempre decía —continuó, regulando con gran sacrificio la voz— que las cosas más graves, las que salen mejor, no son las que se piensan mucho, sino las que se producen solas a último momento. Y si él razonaba así era por algo, nunca le escuché pronunciar una palabra sin sentido. ¿O por qué causa creen ustedes que fuimos sus amigos? A ver, diga alguien qué otra explicación pudo tener eso.

—¡Viva el finado, viva el finado!, ya lo decía yo desde un principio —comenzó a gritar el hombrecito de los tics, incorporándose y dando brazadas al aire.

Tuvieron que volverlo por la fuerza al asiento, sujetándole las piernas, colocándole una rodilla en el estómago. Cuando hubo pasado la crisis, el pequeño energúmeno[15] los miró uno a uno y les espetó tranquilamente:

—Pedazos de brutos, no son capaces de entender el alma de la persona humana. Así como han hecho un entierro sin formalidades, también llegan a pensar que uno está chiflado cuando descubre algo en su vida y no encuentra palabras para soltarlo al aire. Yo tengo un crío de tres semanas ¿saben?, y es por eso que me siento con derecho a gritar ¡viva el finado! todas las veces que quiera, porque si no hubiera sido por algo que sucedió

14. A dead man on a handbarrow.
15. Demoniac, wild man.

una noche, a lo bobo, sin mucho pensar en nada, como él decía, el muchacho no hubiera venido, y yo no sería ahora nada mas que lo que soy, el tizne que le sale al mundo cuando la lluvia le lava el traste. ¡Hay que ir a buscarlo —gritó comenzando de nuevo a agitarse— y si a ustedes les sigue metiendo miedo el pajarraco negro iré solo, suelten, maricas, suelten!

Lo tuvieron que amarrar otra vez. El se dejó hacer, al fin, porque pensándolo bien era preciso saber qué ocurriría en ese último momento de las cosas pronosticado siempre por Selva.

—Está bien, seguimos adelante —opinó a su vez el que hiciera cuestión de que con féretro vacío no hay entierro—. Pero será necesario echar algo adentro, aunque sea esa rata muerta, con tal de que haya peso y nos sigan algunas moscas. Porque primeramente fue un cajón sin manijas, después sin finado, pero moscas tiene que haber ¡qué diablos!

Un tipo de voz grave intentó argumentar que aquello de la rata era un insulto, una ofensa a la calidad humana. Ya se le iban a plegar los sugestionables de siempre, a pesar de haber embebido todos el cautivante inmoralismo de Honoribaldo Selva. Pero en ese preciso segundo, y como si él mismo lo hubiese empujado a representarlo en aquel torneo, se incorporó uno a la polémica con estas razones:

—¿Insulto a la calidad humana, dicen? No me vengan con eso. . . Yo fui una vez fogonero de un barco ¿qué les parece? Y vi allí algo peor, y hecho por los americanos, que son gente, porque digan lo que digan, eso no se puede discutir, son gente. . .

Iba a echar mano a los cigarrillos, pero encontrándose con las entretelas de la chaqueta hacia afuera optó por proseguir en tono de suspenso:

—Un día murió un oficial a bordo, se dio parte a la embajada del país en el puerto más próximo, se reunió en la nave un grupo de altos funcionarios del lugar, formó la tripulación y se rindieron honores ante un ataúd parecido a éste, pero cubierto con una bandera. Y todo el mundo satisfecho y hasta la vista. Pero los de abajo sabíamos otra cosa, y era que el fulano[16] estaba ubicado en la cámara frigorífica, y que los honores habían sido hechos ante un cajón de repuestos de maquinaria. Sin embargo, el muerto les quedó tan agradecido de que no le dejaran podrirse, que se hizo el resto del viaje sin gastar ni una broma nocturna, sin salir ni un solo minuto de la nevera para andar por cubierta de madrugada, como lo hubiese hecho de estar ofendido. Porque según me explicó alguien que

16. So-and-so, what's his name.

sabía más que yo, un símbolo es un símbolo y debe merecer todos los respetos.

La anécdota, tan clara para cualquier mentalidad, pareció convencer al conjunto. El que había descubierto antes la rata tomó al animal por la cola y lo arrojó en la caja. Acto seguido, se pusieron en camino de nuevo. Un sol extraño de atardecer tormentoso les estaba dando en las espaldas, y eso hacía salir de las ropas mojadas como un vapor de caldero que, en los momentos en que las nubes tornaban a cubrir el cielo, se les helaba en el cuerpo provocándoles escalofríos. Hasta que alcanzaron, finalmente, el cementerio. El enterrador vio llegar el cortejo con la carga al hombro y, por la indiferencia del oficio, no reparó siquiera en el estado físico de la comitiva. Casualidad o designios misteriosos: volvieron a hacer el mismo camino del día anterior, aunque esta vez hundiéndose en el barro hasta los tobillos. Y quiso de nuevo el azar que la excavación hubiese sido practicada junto al foso de Honoribaldo. Estaba todavía allá la rama, desentendida de todo y fresca como un beso bajo la lluvia. Por una especie de resorte común los ojos del grupo se clavaron en aquello, tan intranscendente para cualquiera, una simple rama con las hojas verdes, y no en el sitio donde iba a descargarse el bulto. Hasta que una significativa mirada del sepulturero les dio a entender que había llegado el momento crítico. Los portadores miraron, a su vez, en derredor, como pidiendo auxilio a los otros. No estaban allí para bromas, eso lo sabían todos. El hombre muerto había tirado con tal rigurosidad una línea divisoria entre el último minuto transcurrido junto a él y las horas vacías y grises que cada uno estaba presintiendo para el futuro inminente que, aún sin tener plena conciencia de ese nuevo estado —una suerte de sentencia a vivir, pero ya sin apelación ante el alma tierna y universal de Honoribaldo Selva— cada espíritu debía estar luchando por mantenerse a flote en su primera soledad, perdido de sí, afantasmándose como un árbol quitado de su tierra.

Los dos que llevaban la caja, reaccionando al fin de su idiotez, decidieron bajarla. Y fue entonces cuando apareció lo que era, un continente vacío. El cadáver de la rata, perdido en un ángulo, ni siquiera serviría para mantener el equívoco.

El enterrador, luego de mirar todo aquello con desconfianza, levantó la vista hacia el cortejo. Después en dirección al cielo, que había vuelto a encapotarse, y por último la posó en cada uno de los hombres, calculando que, así como hay gente dispuesta a todo, estarían aquellos vagabundos preparándole una broma. La de sostener al muerto de pie, por ejemplo, a fin de que se viese obligado a entablar relaciones directas. Fue en ese momento que, al cabo de otra mirada hacia lo alto, pues los truenos estaban ya golpeando el muro, y tras una nueva inspección circular sobre cada uno, se enfrentó con el tipo azuloso, cuyo último vómito de agua con tierra le estaba manchando el mentón, y, agarrándolo del flaco brazo, lo conminó[17] brutalmente:

—Vamos a hacerlo ya, finado fresco. ¿O estás esperando que empiece a llover y vuelvas a ahogarte de nuevo fuera del agujero?

Cuando el hombre, más rígido y azul que nunca, levantó el pie para entrar en la caja, comenzaban a caer los primeros goterones, tan enormes y prometedores como los de la mañana. Había que terminar de una vez por todas el entierro, pensó muriendo por dentro.

17. Threatened.

Rosario Castellanos

1925–1974   MÉXICO

Rosario Castellanos nació en la ciudad de México. Al año siguiente su familia regresó a Chiapas, de donde provenían. Los Castellanos eran parte de la élite de la región y a raíz de la reforma agraria que en 1941 les quitó muchas tierras, la familia regresó a la capital.

La niñez de Rosario fue marcada por la soledad, la muerte y la aparente preferencia de los padres por su hermano menor, quien murió repentinamente; esto agudizó el conflicto familiar y marcó el estado anímico de la escritora.

Rosario estudió Filosofía y Letras en la Universidad Nacional Autónoma de México (UNAM), donde empezó su carrera literaria. La muerte de sus padres en el corto espacio de un mes provocó sus primeros poemas largos, "Trayectoria sin polvo" y "Apuntes para una declaración de fé" (1948). En 1950 defendió su tesis *Sobre cultura femenina* y se inició en la larga travesía de investigar el papel de la mujer en su cultura. Rosario viajó a Francia donde tuvo la oportunidad de leer a Simone de Beauvoir y Virginia Woolf, quienes fueron su gran influencia.

En 1957 publicó su primera novela, *Balún-Canán,* y en 1959 *Los nueve guardias.* Con esta producción, Rosario obtuvo premios literarios y reconocimiento crítico. Los dos años que siguieron los pasó dirigiendo teatro y viajando por remotas áreas que le permitieron ponerse en contacto con las culturas indígenas. El resultado de estas experiencias fue *Oficio de tinieblas.*

A los treinta y dos años se casó con Ricardo Guerra, profesor de filosofía. Su matrimonio fue un fracaso. Después de dos pérdidas tuvo un hijo en 1961 y finalmente se divorció.

Luego de enseñar varios años en la UNAM, Rosario viajó a los Estados Unidos para enseñar literatura latinoamericana en las universidades de Wisconsin, Indiana y Colorado. De nuevo regresó como catedrática a la universidad nacional en la capital mexicana.

En 1971 publicó *Album de familia* y *Mujer que sabe latín*. Fue nombrada embajadora a Israel y en 1975 escribió *El eterno femenino,* su obra más importante sobre la mujer. Un trágico accidente, ocurrido en su hogar, acabó con su corta existencia. Su cadáver se encuentra en la Rotonda de los Hombres Ilustres en la ciudad de México.

Como muchas otras feministas latinoamericanas, Rosario escribió y analizó las condiciones propias de la mujer, tales como la sexualidad, la reproducción, la violación y los malos tratos. Además expuso cómo las leyes impiden que la mujer tenga iguales oportunidades en el trabajo.

Rosario también escribió sobre la condición de la mujer desde un punto de vista histórico. En *Juicios sumarios,* la escritora combina los tres mitos femeninos predominantes en México: La Malinche, o "dama oscura" quien con siniestra sexualidad ayuda a su amante Cortés en la conquista de su propio pueblo; la Virgen de Guadalupe, o "virgen morena" quien sublima su condición humana en la maternidad; y Sor Juana quien tuvo que internarse en un convento para tener algo de libertad intelectual. Estos tres arquetipos encarnan la imagen de la fragmentada mujer mexicana.

En *El uso de la palabra* Castellanos cuestiona la idealización de la maternidad que mantiene a la mujer dependiente y subyugada. Ella vaticina que mientras la mujer continúe practicando abnegación no podrá quejarse del estado degradante en el que se encuentra.

En Latinoamérica generalmente, y en México en particular, la condición de la mujer no puede separarse de su condición económica y jerárquica. Ellas forman un grupo social particular. A pesar de que la presencia femenina ha sido indispensable e innegable en todos los aspectos y cambios políticos y económicos que se han llevado a cabo, esto no ha sido suficiente para liberarla de su condición de mujer.

Aunque Castellanos nunca se proclamó feminista, su obra lo es. De hecho un personaje de *El eterno femenino* advierte que las mexicanas no deben importar un feminismo europeo o norteamericano, ya que éste no corresponde a su propia situación, sino crear uno autóctono.

La obra de Castellanos abarca algunos de los temas más importantes y discutidos del análisis feminista. En "Lección de cocina" la escritora capta la situación de la mujer de clase media que trata de satisfacer el tradicional papel de ama de casa pero con conciencia individualista. El cuento emplea como escenario el restringido e indiscutible espacio femenino: la cocina.

Rosario Castellanos figura como una de las voces más acerbas, graves y afirmativas de la generación de los años cincuenta para acá. Su obra nos habla de sí misma, de sus amores, lamentaciones, nostalgias, tristezas, pero también de su origen, de toda la raza y la tierra mexicana.

Su labor literaria incluye trece libros de poesía, entre ellos *Poesía no eres tú* en el cual recopila su mejor producción lírica entre 1948 y 1971. A pesar de que uno de los temas centrales en la obra de la literata mexicana es la soledad, el tono dominante en su producción es el de la participación jubilosa en la vida.

BIBLIOGRAFÍA CRÍTICA

Agosín, Marjorie. "Rosario Castellanos ante el espejo." *Cuadernos Americanos* 253 (1984): 219–26.

Ahern, Maureen. "Reading Rosario Castellanos: Contexts, Voices and Signs." En *A Rosario Castellanos Reader,* ed. y trad. Maureen Ahern. Austin: University of Texas Press, 1988.

Alarcón, Norma. "Rosario Castellanos' Feminist Poetics: Against the Sacrificial Contract." Dis. doctoral, Indiana University, 1983. *Dissertation Abstracts International* 44 (1983): 1466A.

Anderson, Helene M. "Rosario Castellanos and the Structures of Power." En *Contemporary Women Authors of Latin America,* ed. Doris Meyer y Margarite Fernández Olmos. Tomo 1. Brooklyn, N.Y.: Brooklyn College Press, 1983.

Benedetti, Mario. "Rosario Castellanos y la incomunicación racial." En *Letras del continente mestizo.* Montevideo: Arca, 1967.

Ocampo, Aurora M. "Debe haber otro modo de ser humano y libre: Rosario Castellanos." *Cuadernos Americanos* 250 (1983): 199–212.

Oyarzun, Kemy. "Beyond Hysteria: 'Haute Cuisine' and 'Cooking Lesson.' Writing as Production." En *Splintering Darkness: Latin American Women Writers in Search of Themselves.* Pitsburgo: Latin American Literary Review Press, 1990.

Poniatowska, Elena. "Rosario Castellanos: Rostro que ríe, rostro que llora." *Revista Canadiense de Estudios Hispánicos* (Toronto) 14 (1990): 495–509.

———. "Rosario Castellanos: Vida nada te debo." En *Ay vida, no me mereces.* México: Editorial Joaquín Mortiz, 1985.

Scott, Nina M. "Rosario Castellanos: Demythification through Laughter." *Humor: International Journal of Humor Research* (West Lafayette, Ind.) 2 (1989): 19–30.

Washington, Thomas. "The Narrative Works of Rosario Castellanos: In Search of History—Confrontations with Myth." Dis. doctoral, University of Minnesota, 1982. *Dissertation Abstracts International* 43 (1982): 1162A.

Lección de cocina

La cocina resplandece de blancura. Es una lástima tener que mancillarla con el uso. Habría que sentarse a contemplarla, a describirla, a cerrar los ojos, a evocarla. Fijándose bien esta nitidez, esta pulcritud carece del exceso deslumbrador que produce escalofríos en los sanatorios. ¿o es el halo de desinfectantes, los pasos de goma de las afanadoras, la presencia oculta de la enfermedad y de la muerte? Qué me importa. Mi lugar está aquí. Desde el principio de los tiempos ha estado aquí. En el proverbio alemán la mujer es sinónimo de *Küche, Kinder, Kirche*. Yo anduve extraviada en aulas; en calles, en oficinas, en cafés; desperdiciada en destrezas que ahora he de olvidar para aprender otras. Por ejemplo, elegir el menú. ¿Cómo podría llevar a cabo labor tan ímproba sin la colaboración de la sociedad, de la historia entera? En un estante especial adecuado a mi estatura, se alinean mis espíritus protectores, esas aplaudidas equilibristas que concilian en las páginas de los recetarios las contradicciones más irreductibles: la esbeltez y la gula, el aspecto vistoso y la economía, la celebridad y la suculencia. Con sus combinaciones infinitas: la esbeltez y la economía, la celebridad y el aspecto vistoso, la suculencia y . . . ¿Qué me aconseja usted para la comida de hoy, experimentada ama de casa, inspiración de las madres ausentes y presentes, voz de la tradición, secreto a voces de los supermercados? Abro un libro al azar y leo: "La cena de don Quijote." Muy literario pero muy insatisfactorio. Porque don Quijote no tenía fama de gourmet sino de despistado. Aunque un análisis más a fondo del texto nos revela, etc., etc., etc. Uf. Ha corrido más tinta en torno a esa figura que agua debajo de los puentes. "Pajaritos de centro de cara." Esotérico. ¿La cara de quién? ¿Tiene un centro la cara de algo o de alguien? Si lo tiene no ha de ser apetecible. "Bigos a la rumana." Pero ¿a quién supone usted que se está dirigiendo? Si yo supiera lo que es estragón[1] y ananá[2] no estaría consultando este libro porque sabría muchas otras cosas. Si tuviera usted el mínimo sentido de la realidad, debería usted misma o cualquiera de sus colegas, tomarse el trabajo de escribir un diccionario de términos técnicos, redactar unos prolegómenos, idear una propedéutica[3] para hacer accesible al profano el difícil arte culinario. Pero parten del supuesto de que todas estamos en el ajo y se limitan a enunciar. Yo, por lo

---

1. Tarragon.
2. Pineapple.
3. A propaedeutic, or preparatory instruction.

menos, declaro solemnemente que no estoy, que no he estado nunca ni en este ajo que ustedes comparten ni en ningún otro. Jamás he entendido nada de nada. Pueden ustedes observar los síntomas: me planto, hecha una imbécil, dentro de una cocina impecable y neutra, con el delantal que usurpo para hacer un simulacro de eficiencia y del que seré despojada vergonzosa pero justicieramente.

Abro el compartimiento del refrigerador que anuncia "carnes" y extraigo un paquete irreconocible bajo su capa de hielo. La disuelvo en agua caliente y se me revela el título sin el cual no habría identificado jamás su contenido: es carne especial para asar. Magnífico. Un plato sencillo y sano. Como no representa la superación de ninguna antinomia ni el planteamiento de ninguna aporía, no se me antoja.

Y no es sólo el exceso de lógica el que me inhibe el hambre. Es también el aspecto, rígido por el frío; es el color que se manifiesta ahora que he desbaratado el paquete. Rojo, como si estuviera a punto de echarse a sangrar.

Del mismo color teníamos la espalda, mi marido y yo, después de las orgiásticas asoleadas en las playas de Acapulco. El podía darse el lujo de "portarse como quien es" y tenderse boca abajo para que no le rozara la piel dolorida. Pero yo, abnegada mujercita mexicana que nació como la paloma para el nido, sonreía a semejanza de Cuauhtémoc[4] en el suplicio cuando dijo "mi lecho no es de rosas" y se volvió a callar. Boca arriba soportaba no sólo mi propio peso sino el de él encima del mío. La postura clásica para hacer el amor. Y gemía, de desgarramiento, de placer. El gemido clásico. Mitos, mitos.

Lo mejor (para mis quemaduras al menos) era cuando se quedaba dormido. Bajo la yema de mis dedos —no muy sensibles por el prolongado contacto con las teclas de la máquina de escribir— el nylon de mi camisón de desposada resbalaba en un fraudulento esfuerzo por parecer encaje. Yo jugueteaba con la punta de los botones y esos otros adornos que hacen parecer tan femenina a quien los usa en la oscuridad de la alta noche. La albura de mis ropas, deliberada, reiterativa, impúdicamente simbólica, quedaba abolida transitoriamente. Algún instante quizá alcanzó a consumar su significado bajo la luz y bajo la mirada de esos ojos que ahora están vencidos por la fatiga.

---

4. Cuauhtémoc (1495?–1525), son of Ahuíotl, succeeded his uncle Cuitláhuac in 1520 to become the last Aztec emperor. Despite a heroic stand against Cortés, Cuauhtémoc was defeated and taken prisoner. Though tortured, he never revealed the location of the royal treasure; he was burned alive by order of Cortés.

Unos párpados que se cierran y he aquí, de nuevo, el exilio. Una enorme extensión arenosa, sin otro desenlace que el mar cuyo movimiento propone la parálisis; sin otra invitación que la del acantilado al suicidio.

Pero es mentira. Yo no soy el sueño que sueña, que sueña, que sueña; yo no soy el reflejo de una imagen en un cristal; a mí no me aniquila la cerrazón de una conciencia o de toda conciencia posible. Yo continuo viviendo con una vida densa, viscosa, turbia, aunque el que está a mi lado y el remoto, me ignoren, me olviden, me pospongan, me abandonen, me desamen.

Yo también soy una conciencia que puede clausurarse, desamparar a otro y exponerlo al aniquilamiento. Yo. . . La carne, bajo la rociadura de la sal, ha acallado el escándalo de su rojez y ahora me resulta más tolerable, más familiar. Es el trozo que vi mil veces, sin darme cuenta, cuando me asomaba, de prisa, a decirle a la cocinera que. . .

No nacimos juntos. Nuestro encuentro se debió a un azar ¿feliz? Es demasiado pronto aún para afirmarlo. Coincidimos en una exposición, en una conferencia, en un cineclub; tropezamos en un elevador; me cedió su asiento en el tranvía; un guardabosques interrumpió nuestra perpleja y, hasta entonces, paralela contemplación de la jirafa porque era hora de cerrar el zoológico. Alguien, él o yo, es igual, hizo la pregunta idiota pero indispensable: ¿usted trabaja o estudia? Armonía del interés y de las buenas intenciones, manifestación de propósitos "serios." Hace un año yo no tenía la menor idea de su existencia y ahora reposo junto a él con los muslos entrelazados, húmedos de sudor y de semen. Podría levantarme sin despertarlo, ir descalza hasta la regadera. ¿Purificarme? No tengo asco. Prefiero creer que lo que me une a él es algo tan fácil de borrar como una secreción y no tan terrible como un sacramento.

Así que permanezco inmóvil, respirando rítmicamente para imitar el sosiego, puliendo mi insomnio, la única joya de soltera que he conservado y que estoy dispuesta a conservar hasta la muerte.

Bajo el breve diluvio de pimienta la carne parece haber encanecido. Desvanezco este signo de vejez frotando como si quisiera traspasar la superficie e impregnar el espesor con las esencias. Porque perdí mi antiguo nombre y aún no me acostumbro al nuevo, que tampoco es mío. Cuando en el vestíbulo del hotel algún empleado me reclama yo permanezco sorda, con ese vago malestar que es el preludio del reconocimiento. ¿Quién será la persona que no atiende a la llamada? Podría tratarse de algo urgente, grave, definitivo, de vida o de muerte. El que llama se desespera, se va sin dejar ningún rastro, ningún mensaje y anula la posibilidad de cualquier nuevo encuentro. ¿Es la angustia la que oprime mi corazón? No, es su mano la que oprime mi hombro. Y sus labios que sonríen con una burla benévola, más que de dueño, de taumaturgo.[5]

Y bien, acepto mientras nos encaminamos al bar (el hombro me arde, está despellejándose), es verdad que en el contacto o colisión con él he sufrido una metamorfosis profunda: no sabía y sé, no sentía y siento, no era y soy.

Habrá que dejarla reposar así. Hasta que ascienda a la temperatura ambiente, hasta que se impregne de los sabores de que la he recubierto. Me da la impresión de que no he sabido calcular bien y de que he comprado un pedazo excesivo para nosotros dos. Yo, por pereza, no soy carnívora. El, por estética, guarda la línea. ¡Va a sobrar casi todo! Sí, ya sé que no debo preocuparme; que algunas de las hadas que revolotean en torno mío va a acudir en mi auxilio y a explicarme cómo se aprovechan los desperdicios. Es un paso en falso de todos modos. No se inicia una vida conyugal de manera tan sórdida. Me temo que no se inicie tampoco con un platillo tan anodino[6] como la carne asada.

Gracias, murmuro, mientras me limpio los labios con la punta de la servilleta. Gracias por la copa transparente, por la aceituna sumergida. Gracias por haberme abierto la rutina que, según todos los propósitos y las posibilidades, iba de ser fecunda. Gracias por darme la oportunidad de lucir un traje largo y caudaloso, por ayudarme a avanzar en el interior del templo, exaltada por la música del órgano. Gracias por. . .

¿Cuánto tiempo se tomará para estar lista? Bueno, no debería de importarme demasiado porque hay que ponerla al fuego a última hora. Tarda muy poco, dicen los manuales. ¿Cuánto es poco? ¿Quince minutos? ¿Diez? ¿Cinco? Naturalmente, el texto no especifica. Me supone una intuición que según mi sexo, debo poseer pero que no poseo, un sentido sin el que nací que me permitiera advertir el momento preciso en que la carne está a punto.

¿Y tú? ¿No tienes nada que agradecerme? Lo has puntualizado con una solemnidad un poco pedante y con una precisión que acaso pretendía ser halagadora pero que me resultaba ofensiva: mi virginidad. Cuando la descubriste yo me sentí como el último dinosaurio en un planeta del que la especie había desaparecido. Ansiaba justificarme, explicar que si llegué hasta ti intacta no fue por virtud ni por orgullo ni por fealdad sino por apego a un estilo. No soy barroca. La pequeña imperfección en la perla me es insoportable. No me queda entonces más alternativa que el neoclásico y

5. Miracle worker.
6. Insignificant.

su rigidez es incompatible con la espontaneidad para hacer el amor. Yo carezco de la soltura del que rema, del que juega al tenis, del que se desliza bailando. No practico ningún deporte. Cumplo un rito y el ademán de entrega se me petrifica en un gesto estatuario.

¿Acechas mi tránsito a la fluidez, lo esperas, lo necesitas? O te basta este hieratismo que te sacraliza y que tú interpretas como la pasividad que corresponde a mi naturaleza? Y si a la tuya corresponde ser voluble te tranquilizará pensar que no estorbaré tus aventuras. No será indispensable —gracias a mi temperamento— que me cebes, que me ates de pies y manos con los hijos, que me amordaces con la miel espesa de la resignación. Yo permaneceré como permanezco. Quieta. Cuando dejas caer tu cuerpo sobre el mío siento que me cubre una lápida, llena de inscripciones, de nombres ajenos, de fechas memorables. Gimes inarticuladamente y quisiera susurrarte al oído mi nombre para que recuerdes quien es a la que posees.

Soy yo. ¿Pero quién soy yo? Tu esposa, claro. Y ese título basta para distinguirme de los recuerdos del pasado, de los proyectos para el porvenir. Llevo una marca de propiedad y no obstante me miras con desconfianza. No estoy tejiendo una red para prenderte. No soy una mantis religiosa. Te agradezco que creas en semejantes hipótesis. Pero es falsa.

Esta carne tiene una dureza y una consistencia que no caracteriza a las reses. Ha de ser de mamut. De esos que se han conservado, desde la prehistoria, en los hielos de Siberia y que los campesinos descongelan y sazonan para la comida. En el aburridísimo documental que exhibieron en la Embajada, tan lleno de detalles superfluos, no se hacía la menor alusión al tiempo que dedicaban a volverlos comestibles. Años, meses. Y yo tengo a mi disposición un plazo de. . .

¿Es la alondra? ¿Es el ruiseñor? No, nuestro horario no va a regirse por tan aladas criaturas como las que avisaban el advenimiento de la aurora a Romeo y Julieta sino por un estentóreo e inequívoco despertador. Y tú no bajarás al día por la escala de mis trenzas sino por los pasos de una querella minuciosa: se te ha desprendido un botón del saco, el pan está quemado, el café frío.

Yo rumiaré, en silencio, mi rencor. Se me atribuyen las responsabilidades y las tareas de una criada para todo. He de mantener la casa impecable, la ropa lista, el ritmo de la alimentación infalible. Pero no se me paga ningún sueldo, no se concede un día libre a la semana, no puedo cambiar de amo. Debo, por otra parte, contribuir al sostenimiento del hogar y he de desempeñar con eficacia un trabajo en el que el jefe exige y los compañeros conspiran y los subordinados odian. En mis ratos de ocio me transformo en una dama de sociedad que ofrece comidas y cenas a los amigos de su marido, que asiste a reuniones, que se abona a la ópera, que controla su peso, que renueva su guardarropa, que cuida la lozanía de su cutis, que se conserva atractiva, que está al tanto de los chismes, que se desvela y que madruga, que corre el riesgo mensual de la maternidad, que cree en las juntas nocturnas de ejecutivos, en los viajes de alucinaciones olfativas cuando percibe la emanación de perfumes franceses (diferentes de los que ella usa) de las camisas, de los pañuelos de su marido; que en mis noces solitarias se niega a pensar por qué o para qué tantos afanes y se prepara una bebida bien cargada y lee una novela policíaca con ese ánimo frágil de los convalecientes.

¿No sería oportuno prender la estufa? Una lumbre muy baja para que se vaya calentando, poco a poco, el asador "que previamente ha de untarse con un poco de grasa para que la carne no se pegue." Eso se me ocurre hasta a mí, no había necesidad de gastar en esas recomendaciones las páginas de un libro.

Y yo, soy muy torpe. Ahora se llama torpeza; antes se llamaba inocencia y te encantaba. Pero a mí no me ha encantado nunca. De soltera leía cosas a escondidas. Sudando de emoción y de vergüenza. Nunca me enteré de nada. Me latían las sienes, se me nublaban los ojos, se me contraían los músculos en un espasmo de náusea.

El aceite está empezando a hervir. Se me pasó la mano manirrota, y ahora chisporrotea y salta y me quema. Así voy a quemarme yo en los apretados infiernos por mi culpa, por mi culpa, por mi grandísima culpa. Pero, niñita, tú no eres la única. Todas tus compañeras de colegio hacen lo mismo, o cosas peores, se acusan en el confesionario, cumplen la penitencia, las perdonan y reinciden.[7] Todas. Si yo hubiera seguido frecuentándolas me sujetarían ahora a un interrogatorio. Las casadas para cerciorarse, las solteras para averiguar hasta donde pueden aventurarse. Imposible defraudarlas. Yo inventaría acrobacias, desfallecimientos sublimes, transportes como se les llama en *Las mil y una noches,* récords. ¡Si me oyeras entonces no te reconocerías, Casanova!

Dejo caer la carne sobre la plancha e instintivamente retrocedo hasta la pared. ¡Qué estrépito! Ahora ha cesado. La carne yace silenciosamente, fiel a su condición de cadáver. Sigo creyendo que es demasiado grande.

Y no es que me hayas defraudado. Yo no esperaba, en cierto, nada en particular. Poco a poco iremos revelándonos mutuamente, descubriendo

---

7. They repeat the offense.

nuestros secretos, nuestros pequeños trucos, aprendiendo a complacernos. Y un día tú y yo seremos una pareja de amantes perfectos y entonces, en la mitad de un abrazo, nos desvaneceremos y aparecerá en la pantalla la palabra "fin."

¿Qué pasa? La carne se está encogiendo. No, no me hago ilusiones, no me equivoco. Se puede ver la marca de su tamaño original por el contorno que dibujó en la plancha. Era un poco más grande. ¡Qué bueno! Ojalá quede a la medida de nuestro apetito.

Para la siguiente película me gustaría que me encargaran otro papel. ¿Bruja blanca en una aldea salvaje? No hoy no me siento inclinada ni al heroísmo ni al peligro. Más bien mujer famosa (diseñadora de modas o algo así), independiente y rica que vive sola en un apartamento en Nueva York, París o Londres. Sus *affaires* ocasionales la divierten pero no la alteran. No es sentimental. Después de una escena de ruptura enciende un cigarrillo y contempla el paisaje urbano a través de los grandes ventanales de su estudio.

Ah, el color de la carne es ahora mucho más decente. Sólo en algunos puntos se obstina en recordar su crudeza. Pero lo demás es dorado y exhala un aroma delicioso. ¿Irá a ser suficiente para los dos? La estoy viendo muy pequeña.

Si ahora mismo me arreglara, estrenara uno de esos modelos que forman parte de mi *trousseau* y saliera a la calle ¿qué sucedería, eh? A lo mejor me abordaba un hombre maduro, con automóvil y todo. Maduro. Retirado. El único que a estas horas puede darse el lujo de andar de cacería.

¿Qué rayos pasa? Esta maldita carne está empezando a soltar un humo negro y horrible. ¡Tenía yo que haberle dado vuelta! Quemada de un lado. Menos mal que tiene dos.

Señorita, si usted me permitiera. . . ¡Señora! Y le advierto que mi marido es muy celoso. . . Entonces no debería dejarla andar sola. Es usted una tentación para cualquier viandante.[8] Nadie en el mundo dice viandante. ¿Transeúnte? Sólo los periódicos cuando hablan de los atropellados. Es usted una tentación para cualquier x. Silencio. Sig-ni-fi-ca-ti-vo. Miradas de esfinge. El hombre maduro me sigue a prudente distancia. Más le vale. Más me vale a mí porque en la esquina ¡zas! Mi marido, que me espía, que no me deja ni a sol ni a sombra, que sospecha de todo y de todos, señor juez. Que así no es posible vivir, que yo quiero divorciarme.

¿Y ahora qué? A esta carne su mamá no le enseñó que era carne y que

8. Passerby.

debería de comportarse con conducta. Se enrosca igual que una charamusca.[9] Además yo no sé dónde puede seguir sacando tanto humo si ya apagué la estufa hace siglos. Claro, claro, doctora Corazón. Lo que procede ahora es abrir la ventana, conectar el purificador de aire para que no huela a nada cuando venga mi marido. Y yo saldría muy mona a recibirlo a la puerta, con mi mejor vestido, mi mejor sonrisa y mi más cordial invitación a comer fuera.

Es una posibilidad. Nosotros examinaríamos la carta del restaurante mientras un miserable pedazo de carne carbonizada yacería, oculto, en el fondo del bote de la basura. Yo me cuidaría mucho de no mencionar el incidente y sería considerada como una esposa un poco irresponsable, con proclividades a la frivolidad pero no como una tarada. Esta es la primera imagen pública que proyecto y he de mantenerme después consecuente con ella, aunque sea inexacta.

Hay otra posibilidad. No abrir la ventana, no conectar el purificador de aire, no tirar la carne a la basura. Y cuando venga mi marido dejar que olfatee, como los ogros de los cuentos, y diga que aquí huele, no a carne humana sino a mujer inútil. Yo exageraré mi compunción para incitarle la magnanimidad. Después de todo, lo ocurrido ¡es tan normal! ¿A qué recién casada no le pasa lo que a mí acaba de pasarme? Cuando vayamos a visitar a mi suegra, ella, que todavía está en la etapa de no agredirme porque no conoce aún cuáles son mis puntos débiles, me relata sus propias experiencias. Aquella vez, por ejemplo, que su marido le pidió un par de huevos estrellados y ella tomó la frase al pie de la letra y. . . ja, ja, ja. ¿Fue eso un obstáculo para que llegara a convertirse en una viuda fabulosa, digo una cocinera fabulosa? Porque lo de la viudez sobrevino mucho más tarde y por otras causas. A partir de entonces le dio rienda suelta a sus instintos maternales y echó a perder con sus mimos. . .

No, no le va a hacer la menor gracia. Va a decir que me distraje, que es el colmo del descuido. Y, sí, por condescendencia yo voy a aceptar sus acusaciones.

Pero no es verdad, no es verdad. Yo estuve todo el tiempo pendiente de la carne, fijándome en que le sucedían una serie de cosas rarísimas. Con razón Santa Teresa decía que Dios anda en los pucheros. O la materia que es energía o como se llame ahora.

Recapitulemos. Aparece, primero el trozo de carne, con un color, una forma, un tamaño. Luego cambia y se pone más bonita y se siente una muy contenta. Luego vuelve a cambiar y ya no está tan bonita. Y sigue cambiando

9. Piece of kindling.

y cambiando y cambiando y lo que uno no atina es cuándo parar el alto. Porque si yo dejo este trozo de carne indefinidamente expuesto al fuego, se consume hasta que no queda ni rastros de él. Y el trozo de carne que daba la impresión de ser algo tan sólido, tan real, ya no existe.

¿Entonces? Mi marido también da la impresión de solidez y de realidad cuando estamos juntos, cuando lo toco, cuando lo veo. Seguramente cambia, y cambio yo también, aunque de manera tan lenta, tan morosa que ninguno de los dos lo advierte. Después se va y bruscamente se convierte en recuerdo y. . . Ah, no, no voy a caer en esa trampa: la del personaje inventado y el narrador inventado y la anécdota inventada. Además, no es la consecuencia que se deriva lícitamente del episodio de la carne.

La carne no ha dejado de existir. Ha sufrido una serie de metamorfosis. Y el hecho de que cese de ser perceptible para los sentidos no significa que se haya concluido el ciclo sino que ha dado el salto cualitativo. Continuará operando en otros niveles. En el de mi conciencia, en el de mi memoria, en el de mi voluntad, modificándome, determinándome, estableciendo la dirección de mi futuro.

Yo seré, de hoy en adelante, lo que elija en este momento. Seductoramente aturdida, profundamente reservada, hipócrita. Yo impondré, desde el principio, y con un poco de impertinencia, las reglas del juego. Mi marido resentirá la impronta de mi dominio que irá dilatándose, como los círculos en la superficie del agua sobre la que se ha arrojado una piedra. Forcejeará por prevalecer y si cede yo le corresponderé con el desprecio y si no cede yo no seré capaz de perdonarlo.

Si asumo la otra actitud, si soy el caso típico, la feminidad que solicita indulgencia para sus errores, la balanza se inclinará a favor de mi antagonista y yo participaré en la competencia con un handicap que, aparentemente, me destina a la derrota y que, en el fondo, me garantiza el triunfo por la sinuosa[10] vía que recorrieron mis antepasadas, las humildes, las que no abrían los labios sino para asentir, y lograron la obediencia ajena hasta al más irracional de sus caprichos. La receta, pues, es vieja y su eficacia está comprobada. Si todavía lo dudo me basta preguntar a la más próxima de mis vecinas. Ella confirmará mi certidumbre.

Sólo que me repugna actuar así. Esta definición no me es aplicable y tampoco la anterior, ninguna corresponde a mi verdad interna, ninguna salvaguarda mi autenticidad. ¿He de acogerme a cualquiera de ellas y ceñirme a sus términos sólo porque es un lugar común aceptado por la mayoría y comprensible para todos? Y no es que yo sea una *rara avis*. De

10. Winding, devious.

mí se puede decir lo que Pfandl dijo de Sor Juana: que pertenezco a la clase de neuróticos cavilosos. El diagnóstico es muy fácil ¿pero qué consecuencias acarrearía asumirlo?

Si insisto en afirmar mi versión de los hechos mi marido va a mirarme con suspicacia, va a sentirse incómodo en mi compañía y va a vivir en la continua expectativa de que se me declare la locura.

Nuestra convivencia no podrá ser más problemática. Y él no quiere conflictos de ninguna índole. Menos aún conflictos tan abstractos, tan absurdos, tan metafísicos como los que yo le plantearía. Su hogar es el remanso de paz en el que se refugia de las tempestades de la vida. De acuerdo. Yo lo acepté al casarme y estaba dispuesta a llegar hasta el sacrificio en aras de la armonía conyugal. Pero yo contaba con que el sacrificio, el renunciamiento completo a lo que soy, no se me demandaría más que en la Ocasión Sublime, en la Hora de las Grandes Resoluciones, en el Momento de la Decisión Definitiva. No con lo que me he topado hoy que es algo muy insignificante, muy ridículo. Y sin embargo. . .

Marta Traba

1930-1983 ARGENTINA Y COLOMBIA

Marta Traba nació en Buenos Aires el 25 de enero de 1930. Sus padres eran emigrantes españoles. Su padre era periodista. Terminó el bachillerato en dos años y a los veinte ya tenía un grado en filosofía y letras de la Universidad de Buenos Aires. Sus primeros artículos de crítica del arte aparecieron en 1949. Entonces viajó a París y estudió historia del arte en la Sorbona y en el Louvre. Allá conoció al periodista colombiano Alberto Zalamea con quien se casó en 1950. Zalamea era corresponsal de *El Tiempo* y los recién casados residieron en Italia donde su primer hijo, Gustavo, nació. A raíz de esto ella publicó un libro de poemas: *Historia natural de la alegría*.

Marta Traba fue rebelde desde niña. A pesar de haber nacido en la Argentina, viajó por casi todos los países latinoamericanos y murió ciudadana de Colombia. Su agitación cultural la obligó a salir de Colombia, orden que después se le permutó con la condición de que no enseñara.

De regreso a Colombia, con reputación establecida en el arte y la literatura, fundó la revista *Prisma* que fue instrumental en la fundación del Museo de Arte Moderno en Bogotá en 1965.

En 1969 se divorció de Zalamea y más tarde se casó con el profesor y crítico uruguayo Angel Rama. Ambos habían vivido en Venezuela y Puerto Rico, así como en Montevideo.

Enseñó en varias universidades de los Estados Unidos, entre ellas Middlebury, Harvard, MIT, Stanford.

En 1982 se disponía a tener la primera operación para erradicarle un tumor canceroso; desafortunadamente, falleció en Mejorada del Campo (España) el 27 de noviembre de 1983, en el accidente aéreo en el que también perdiera la vida su esposo, Angel Rama. Se dirigían a un encuentro cultural en Bogotá, invitados expresamente por el presidente Belisario Betancourt.

Pocos meses antes del accidente, Marta Traba y Angel Rama se habían residenciado en París, tras la negativa del Servicio de Inmigración y Naturalización de los EE.UU. de concederles visas de residentes en ese país. El "caso Rama Traba" tuvo fuerte repercusión dentro y fuera de los EE.UU., por lo arbitrario e injustificado de la decisión.

Marta Traba fue una observadora de su época. En su novela *Homérica latina* (1979), ella destaca su odisea personal y el destino común de los países latinoamericanos. Algunos la consideraban una campeona cultural, ya que pasó su vida denunciando, escribiendo y enseñando sobre arte, literatura y los abusos a los oprimidos.

Su obra es un testimonio a su sensibilidad de artista y poeta con una mentalidad introspectiva y vivaz. Desde el comienzo de su carrera reconoció la soledad esencial del escritor y su inescapable responsabilidad social.

La obra de Marta Traba, tanto en los países señalados como en Colombia, la Argentina, Francia e Italia, se abre en tres grandes vertientes: la novela, la crítica del arte y el ensayo. En la primera, cuentan *Las ceremonias del verano* (Premio Casa de las Américas—novela, 1966); *Pasó así* (cuentos, 1968); *Los laberintos insolados* (novela, 1967); *La jugada del sexto día* (novela, 1969); *Conversación al sur* (novela, 1981); *En cualquier lugar, Casa sin fin* y *De la mañana a la noche* (obras póstumas). En el área de la crítica del arte, Marta Traba publicó veintitrés volúmenes, participó en varios libros de colecciones y escribió más de mil doscientas notas y reseñas para diarios y revistas de quince países.

El conocimiento artístico de Marta Traba se extendía más allá de los clásicos, el Renacimiento y de los pintores latinoamericanos. Ella conocía a fondo la obra de Picasso y muchos reconocidos artistas norteamericanos. Su lucidez innata, capacidad de trabajo y dedicada oposición a la ignorancia y corrupción de los gobiernos fueron testigos de su valor. Fue como una Juana de Arco para todo el continente.

BIBLIOGRAFÍA CRÍTICA

Agosín, Marjorie. "Entrevista con Marta Traba." *Punto de Vista* (Kent, Ohio) 2 (1979): 38–41.

Coba Borda, Juan Gustavo. "Marta Traba: Cuentos póstumos." *Hispanoamérica* 45 (1986): 173–77.

Franco, Jean. "Self-destructing Heroines." *Minnesota Review* 22 (1984): 105–15.

Poniatowska, Elena. "Marta Traba o el salto al vacío." *Revista Iberoamericana* 51 (1985): 883–97.

Rama, Ángel. "La persecución de Marta Traba." *Punto Final* 1 (1966): 20–21.

Sin Nombre (San Juan, P.R.) 14 (1984). Un número especial dedicado a Marta Traba.

El perro

Lo que veía más nítidamente era la flecha de la torre, ¿dorada o plateada? por las ondas que iban bajando y que lo enloquecían, porque le recordaban el dibujo en la arena de un mar que ya no veía casi nunca. Lo demás era una masa de edificios, enorme y fascinante, y también sombría. No veía filtrarse el sol por ningún lado, tendría que inventar un triángulo muy delgado colándose por la gigantesca culata de ladrillos rojizos de algún rascacielo. Y evitaría la tentación fuerte de mirar todo el tiempo hacia arriba, porque todavía recordaba los peligros de ser atropellado que corrió la primera vez. Y los altercados. "Gente furiosa," pensó. Sintió frío, y metió las manos en los bolsillos de la chaqueta. Miró a su alrededor. La sala de la estación se había ido llenando, porque afuera soplaba un viento helado. En el fondo del bolsillo, tocó el boleto del tren con satisfacción. Necesitaba tocar varias veces el boleto, varias veces la llave, varias veces el sobre de plástico con los documentos y el dinero, para sentirse seguro. Viviendo solo, la pérdida de cualquiera de estas cosas era como desaparecer. Y al mismo tiempo, si se perdían, ¿qué? Oscilaba entre la angustia y el desafío. Una vez, cuando era mucho más chico, había visto quemar las citaciones para la guerra del Viet-Nam, en una gran hoguera donde los muchachos, muy pálidos, se acercaban con la mano extendida. Otros hacían con odio una bola con la citación, y la lanzaban a las llamas. Y se iban tan tranquilos, y seguramente habían seguido viviendo como si nada. O mejor aún, sin miedo. La cuestión está en decidirse a algo, alguna vez.

Le molestó que aquella imagen perdida de la hoguera donde ardían las cédulas se hubiera interpuesto en su continuo sueño de la ciudad. Ese sueño se repetía y crecía y no sería nada extraño que ahora, al verla por segunda vez, estuviera por debajo de sus sueños. Pero no, no era posible, tenía que repetirse aquella exaltación, aquella sensación de que al fin veía una ciudad que no había sido hecha por sus habitantes sino por sí misma, creciendo en silencio como una planta nocturna, carnívora y aterciopelada, para irse luego petrificando hasta quedar detenida en ese aspecto irreal, de telones verticales con jardines y campos en las azoteas, allá arriba. Todo equivocado de lugar, los muros hasta el suelo, los vidrios lanzados hacia el piso y los templos en el aire.

Lo sacó de su ensimismamiento el gritito, que fue como un chillido de pájaro, justo al lado suyo. La mujer se echaba hacia atrás, como si la hubieran agredido y un perro no muy grande le ponía las dos patas encima de la falda, moviendo la cola con entusiasmo. La mujer bajó el periódico y miró para ambos lados. Claramente no sabía qué hacer. Después de esa rápida inspección tomó partido por el muchacho y le preguntó: "¿Es suyo?" No, dijo él entredientes y sintió que le subía la sangre a la cara. La mujer volvió a mirarlo y le dijo otra frase más larga, que él ya no entendió. Sabía que ella se alzaría de hombros y miraría para otro lado, que fue lo que hizo. Se dirigió entonces a una mujer que tejía, lo cual le daba un aire de ensimismamiento y respetabilidad. Hablaron algo y la otra levantó los ojos del tejido, sin dejar de manipularlo, y miró al perro, moviendo la cabeza de un lado para otro. El muchacho cayó en cuenta que, progresivamente, todos comenzaban a mirar al perro, bajaban los periódicos, cerraban los portafolios. Miraban al perro y luego miraban uno por uno a los que esperaban en la sala, tal vez buscando alguna relación entre el perro y un pasajero. "Menos mal que hay varios estudiantes" pensó, imaginando que la aparición del perro en la sala de espera sería atribuída a cosas de muchachos. Pero los estudiantes estaban tan absortos en el perro como la gente mayor. La mujer bajó de su falda las patas del perro, que no insistió y comenzó a dar vueltas por la sala. De pronto se deslizó velozmente debajo del banco central y apareció por el otro lado, junto a las piernas de un viejo. Este se paró y se fue hasta una ventana, como anonadado. Entonces una estudiante, con rostro colérico, se puso de pie, cargó enérgicamente la mochila y fue a abrirle la puerta al perro y que saliera. Siguió después un largo episodio, en que el perro se escondía bajo el banco central, amagaba una salida, y volvía a dar saltos por la sala. Varios se pusieron de pie, para cerrarle el paso y el perro seguía moviendo la cola cada vez con mayor entusiasmo, excitado con el aparente juego. Pero nadie sonreía. Un hombre se sacó un kleenex del bolsillo y se lo pasó cuidadosamente por la frente y la barbilla. Finalmente el perro salió como una flecha por la puerta, pero segundos después se volvió a colar con el primero que entró a la sala. Posesionado de su terreno, daba saltos y cabriolas, y enfiló derecho a la mujer del periódico para volver a ponerle las patas encima. Le dieron unas ganas enormes de acariciarle la cabeza, que era delgada y graciosa, con dos orejas manchadas y un hocico delgado, lleno de temblores. "Puro cachorro" pensó, y cayó en cuenta que nunca había visto un perro callejero en el tiempo que llevaba viviendo ahí. Pero antes que tuviera tiempo de reprimir su gesto de simpatía hacia el perro, ya la mujer se había puesto nerviosamente de pie. Varias personas mascullaron cosas ininteligibles, pero era evidente que estaban de su parte. Agarró su cartera y su bolsa y se fue derecho a la ventanilla de la boletería. Metió la cabeza por el hueco, hablando con el empleado, y señalando hacia atrás con la mano libre. Luego fue el turno del empleado, quien asomaba a su vez la cabeza hacia afuera moviéndola de un lado a otro para localizar el perro, que de repente se volvió invisible. Calculó que se habría metido bajo el banco central y pensó que no tenía nada de tonto, y que ya sabía lo que era la autoridad. Ahora esa autoridad había salido de su cueva y buscaba concienzudamente al perro, fastidiado pero no fuera de sí, como correspondía a un funcionario responsable. En cuclillas, emitía pequeños sonidos acogedores, y llegó a una tal perfección que al fin el perro resolvió salir de su escondite y apareció arrastrándose entre las piernas de otra mujer, que sonrió penosamente, mirando a todos lados como excusándose.

Al muchacho le entraron unas enormes ganas de reírse, pero se dio cuenta que cualquier amago de simpatía hacia el perro caería muy mal, porque la gente estaba en estado de alerta y progresivamente los rostros inexpresivos de costumbre se comenzaban a desencajar, yendo desde el desasosiego hasta el franco disgusto. Miró a la chica de la mochila, que además era bellísima, y quedó asombrado del rictus de cólera que le crispaba la boca. Ni siquiera la salida del perro, arrastrado por el empleado, cambió la situación. Parecía irreversible que algo había cambiado en el mundo. Tal vez fuera la seguridad de que el perro volvería a entrar por la otra puerta, que fue lo que ocurrió. Apenas alguien empujó desde afuera la puerta para entrar, todos miraron hacia allá y se oyó un murmullo ahogado cuando el perro corrió hacia adentro moviendo la cola. Entonces el muchacho hizo una de esas cosas de las que siempre se arrepentía posteriormente, pero que eran como indispensables para seguir viviendo. Se paró, fue hacia el perro y, en cuclillas, comenzó a acariciarlo, a llamarlo por un nombre inventado, a refregar su cara contra el hocico. Después se incorporó y miró lentamente a todos, con el corazón dando saltos dentro del pecho, pero aguantando firme las miradas del grupo que acababa de declararlo enemigo y de desterrarlo de sus filas. Tal era el odio, que la llegada del tren pasó casi desapercibida. De pronto hubo un rumor general y la gente corrió fuera de la sala para subir al tren, aunque todavía algunos se daban vuelta para mirarlos, a él y al perro, dando saltos como loco para alcanzar su cara. Corrió también hacia el tren y se subió de un golpe, pero el perro logró hacer lo mismo y ambos quedaron en la plataforma. El inspector quedó con la mano en alto en el andén, como petrificado. Pero la autoridad restableció rápidamente su eficacia, y en menos de un minuto ya estaban en el andén el vendedor de la boletería y dos inspectores más. Lo miraban atentamente. "¿Es suyo?," preguntaron. "No," dijo el muchacho levantando los hombros. Entonces sintió una voz detrás suyo y oyó que alguien, claramente, decía, "El perro es de él." Otra voz, de mujer ahora, algo alterada y chillona, dijo algo a los inspectores, que no entendió. "Pero tengo que ver la ciudad" pensó con repentina desesperación. Miró por encima de la casilla de la estación y vio las calles afiladas, las escaleras de incendio zigzagueando por los muros color morado, "No se puede viajar con animales," dijo el inspector jefe, o algo parecido. Se dio cuenta que no podría hacerse el tonto. "¿No pet?," murmuró sin embargo, con la voz estrangulada. Ahora los de abajo lo miraban con creciente furor. Bajó del tren y el perro a su lado, quieto, mirando ambos cómo el tren partía. El vendedor de boletos le echaba un discurso, que ni siquiera se tomó el trabajo de desentrañar.

Pensó que todavía no había ido nunca hasta el lago y ya llevaba meses estudiando en ese pueblo de mierda. No iba por no andar solo, y ahora tenía perro. Se puso a caminar a buen paso, porque el frío arreciaba. Era capaz de reconstruir toda la ciudad, de punta a punta, o a lo mejor de imaginarla. No estaba del todo mal aunque de pronto comprendió que había perdido la torre con la flecha de plata y corrió amenazadoramente hacia el perro. Pero el perro disparó adelante suyo, y cuando le llevaba bastante ventaja, se paraba a mirarlo y movía la cola frenéticamente. Nunca alcanzaría a darle una buena patada en las costillas, para que aprendiera que aquí no se puede ser perro impunemente.

Carmen Naranjo

1931-   COSTA RICA

Carmen Naranjo nació y se educó en Costa Rica. Fue la primera mujer en su país que ejerció altos cargos públicos y diplomáticos. Su fama literaria se originó con la poesía, pero ya se le reconocía también por la prosa innovadora que sacó la literatura costarricense de su costumbrismo y la avanzó a la vanguardia.

En *El diario de una multitud,* reduce los personajes a meras voces. Algunas veces elimina al narrador y fragmenta la estructura. Su estilo es poético con gran preocupación por lo semántico y el lenguaje. Carmen ha recibido varios premios prestigiosos que la colocan en la cima de las escritoras contemporáneas.

Su posición como burócrata, combinada con su humanismo, hace de su producción literaria un testimonio lírico a la realidad centroamericana. Explora la frustración humana, la soledad, el aislamiento y el materialismo. Carmen, a pesar de tratar en su obra la crítica realidad humana, el mensaje que deja en su literatura es uno de gozo y esperanza.

Carmen presenta la noción de igualdad entre los hombres y enfoca la complejidad de las relaciones humanas a través de representaciones mentales en algunos de los personajes. También critica a la élite ambiciosa que niega la satisfacción de las necesidades básicas a un gran número de personas. La obra de Carmen Naranjo es aún novísima y requiere todavía mayor atención por parte de la crítica literaria para escudriñar su ámbito y profundidad.

BILIOGRAFÍA CRÍTICA

Arizpe, Lourdes. "Interview with Carmen Naranjo: Women in Latin American Literature." *Signs* 5 (1979): 98–110.

Coll, Edna. "Naranjo, Carmen." En *Indice informativo de la novela hispanoamericana*. San Juan: Editorial Universitaria, 1977.

Martínez, Luz Ivette. *Carmen Naranjo y la narrativa femenina en Costa Rica*. San José: Editorial Universitaria Costarricense, 1987.

Minc, Rose, y Teresa Méndez-Faith. "Conversando con Carmen Naranjo." *Revista Iberoamericana* 132–33 (1985): 507–10.

Picón Garfield, Evelyn. "La luminosa ceguera de sus días: Los cuentos 'humanos' de Carmen Naranjo." *Revista Iberoamericana* 138–39 (1987): 287–301.

Urbano, Victoria. "The Creation Philosophy of Carmen Naranjo." En *Five Women Writers of Costa Rica*. Beaumont, Tejas: Asociación de Literatura Femenina Hispánica, 1976.

Vargas, Aura. "Los perros no ladraron: Una novedad técnica en la novelística costarricense." *Kanina* (1977): 33–36.

El que perdió y encontró a Dios

La casita está un poco más allá del río, cerca de una colina húmeda en donde a veces se quedan extraviadas las nubes. Un silencio refrescante, sobre el desliz del agua y el picoteo cantarino de los pájaros. En el corredor pierde el tiempo, afilando un hacha, Antonio Vindas.

¡No lo haga, por favor!

Antonio no ve al niño que le ruega. Ni siquiera levanta la vista. Ha dejado parte de su vida en el cafetal, desyerbando, podando las matas, arreglando las cercas, recogiendo las cosechas. Ahora es tiempo de preparar el potrero. Las lluvias ya se anuncian. Con otro poco de café, podrá ser más independiente, salir de tantas congojas. Prosigue su tarea y las venas saltonas de su brazo se mueven nerviosamente.

¡Se lo ruego!

Algunas veces sorprendió al niño hablando con el eucalipto. Ese maldito árbol que no servía para nada. Se había tragado el agua del potrero y en las tormentas parecía venirse contra la casa. Está decidido a acabar con él, sueña con verlo tendido sobre el potrero, finalmente caído, termina con esos extraños rumores cuando el viento lo sacude y sus ramas bailan como manos alzadas, implorantes.

¡Ese árbol no es un árbol!

Una gallina entra nerviosa en la cocina, llega hasta cerca del fogón y picotea una migaja de tortilla. Teresa la espanta. Jodida, siempre detrás de uno. Atiza[1] los leños con la tapa de una olla. Un cuerpo seco, entrapado de humo, ágil todavía al saltar por las piedras dispersas del río. Hoy será el día del eucalipto. A todos nos llega la hora. Ahuma una hoja de plátano. Es tan grande y poderoso como Dios, por eso tiene la mitad en el cielo. ¡Majaderías! En alguna forma se deben replicar las cosas divinas. Se mueve entre los comales[2] tiznados.

¿Quihubo[3] del aguadulce?

En el rincón del comedor, el niño tiembla. Tiene cabeza entre dos tarros por donde bajan los geranios. Más allá un calendario con la fotografía de un mar apacible, se quedó en el año 1978. No lo podré convencer y todas las maldiciones caerán sobre esta casa. Lleva una camisa desteñida y su pecho blanco, enrojecido y cuarteado por el sol se asoma entre los

1. She stirs, pokes.
2. Earthenware dishes for baking maize tortillas.
3. *¿Qué hubo?*

botones y ojales desunidos. Si supieran cómo los quiere y todo el bien que desea para ellos.

Es mejor que lo mande donde la Eustaquia.

Deja que el aguadulce le chorree por la barba y se le esconda goteando por el cuello. Ella y sus majaderías. Nunca puede callarse. Hay que hacerlo hombrecito. ¡Hablarle a un árbol, pedirle cosas, creer en esas tonterías! Arrolla la tortilla y la prensa con las encías desnudas. Me tendrá que ayudar a sembrar nuevo café. Ya es hora de que aprenda a trabajar. No quiero verlo colgado de su delantal o pegado a ese árbol. Un día se persignó antes de correr hacia la casa. ¡Esas carajadas sólo están bien para las mujeres! Enciende un cigarrillo, que absorbe humedeciéndolo y lo deja en el borde de la baranda para seguir afilando el hacha. Tal vez es mejor mandarlo, para que deje de lloriquear porque se pondrá peor cuando empiece a darle.

Decile que vaya.

Teresa ahuma otra hoja de plátano y envuelve unas tortillas. Cerca del fogón brillan sus ojos pequeños y cansados. Cuando vine a esta casa, saludaba sus copetes de hojas apenas ponía un pie fuera del camón.[4] Sostiene un dolor de vientre con la mano. Sahumerios de eucalipto lo trajeron al mundo, cuando pensaba que era más seca que las piedras.

Andá donde la Eustaquia y le dejás estas tortillas. Te podés quedar hasta la tarde.

Lo mira como si no lo hubiera visto un largo tiempo. Ha crecido. Algún día alguien le podrá enseñar cómo de verdad es Dios. Le acaricia el pelo sucio que le baja por el cuello y se lo acerca al pecho. Hace tan poco que buscaba insaciable mis tetas. Suspira levemente desde sus recuerdos.

¡No lo deje que corte el árbol!

La rodea con sus brazos y se aprieta contra su pecho. Ese calor que no da nada, porque no se atreverá a decir que no lo corten. Están frente a la baranda y un tallo de rosa sin flor parece la aridez en sí. Ella me enseñó a conocerlo. La mitad en la tierra y la otra en el cielo. Aquí para estar con los hombres, allá para hablar con las estrellas. El gallo, con plumas rojas, despabila sus insomnios sacudiendo las alas. Sufre horriblemente dejando sus cortezas. ¡Cómo va a sufrir ahora, cuando lo hieran a hachazos!

No lo hará hoy. Te podrás ir tranquilo.

El niño se pierde por el borde del río. Antonio lo sigue con la mirada. Quiero que aprenda a escupir. Escupir el asco de esta cochina vida. Tantea el filo del hacha. Se encierra uno con sus ascos. Ella y él no lo saben. Es tan

4. Cart.

fácil vivir y morirse. Se para y camina hacia el potrero. Ayer casi no veo más el sol. Apareció entre las ramas y por un instante creí que era una de ellas. Apenas si tuvo tiempo de mirarme. Si hubiera dudado un segundo, ahora estaría bajo tierra con la sangre envenenada. Se para junto al árbol y escupe. La mañana y la tarde se fueron bajo el ritmo de taz, taz, taz. Ahora hay más silencio y la casita de la colina parece que ha quedado huérfana. El niño llega por el borde del río y no dice nada. Algo seco se le ha grabado en el rostro. Antonio está en el corredor, con un cigarro entre los labios. Teresa desde la puerta deja su mirada fija en la cerca de higueras.

Un día y otro que no se cuenta en el almanaque detenido en el año 1978. Llegaron las lluvias y unas hileras de matas de café hacen círculos por el potrero. Las aguas del río se oyen arremolinadas. Teresa seca los comales. Está demasiado callado. Le he contado que Dios se hizo hombre y murió por todos nosotros. No le ha gustado la historia. Me duele verlo tan triste. Extiende los brazos y coloca en el patio la ropa aporreada. Ahora ya no lucho con las manchas que dejaba en la ropa esas hojillas largas como lagartijas. Una gallina escarba impaciente en el patio. No es bueno imaginarse tantas cosas, Toño tiene razón. Es mejor consumirse por entero en la tierra, porque uno es parte de ella. El agua bajando lentamente por sus manos hace que brillen como estuvieran barnizadas.

Por un callejón del cafetal aparece Antonio. En la punta del cuchillo, un pedazo de piel negra se estremece. La muerte siempre al atisbo. Ayer una piedra del paredón, que me dejó sin aliento. El otro día la resbalada cerca del precipicio. Hoy otra de éstas. Ahora a buscar la hembra. Limpia el machete contra el zacate y escupe. Las gotas del sudor caen entre los surcos de la cara y al pasar cerca de la boca las recoge con la lengua. Tengo miedo. Es extraño pero a veces siento que me persiguen. Ya temo meterme en las partes más oscuras. Un viento entra por las hileras del café y parece que abre sendas. La sensación de algo detrás de uno, esperando un descuido. El temor de que sea el último, el momento en que me decido por un camino. Empieza a caer una garúa suave.[5]

El niño camina despacio. En las manos lleva una botella de café y el lío de tortillas. Ya no está y todo sigue igual. Era sólo un árbol, como los demás. En el cruce del camino, levanta el pie para sacarse una espina. Era tan bonito hablarle... pero son mentiras las cosas del cielo que me contó, no hay música allá arriba, no hay dulces, no hay campos abiertos para

5. Light rain.

correr. Se mete entre las hileras de café. Teresa le había dicho que lo esperara cerca del poró.[6] Vadea los huecos tapados con hojas secas. Porque era mentira no quiso nunca que me subiera para ver el cielo más de cerca. El monte se va cerrando a su paso, nadie diría que anda un niño, podría ser un animal, apenas se oye el crujir leve de las ramas.

El patiecillo de atrás ha quedado tan liso como una mesa. La escoba de yerba seca ha ido sacando el polvo. La garúa pinta círculos pequeños, luego figuras de flores mojadas hasta que toda la tierra se hace oscura. Ahora no se secará la ropa. La Eustaquia vive mejor y trabaja menos. Antonio la considera aunque se toma sus tragos. Desde la puerta de la cocina, contempla los hilillos tupidos de lluvia que el viento mueve a su antojo. Temporal. Ahora no podrá trabajar y se sentará en el corredor con todo su silencio. Esta casa parece que la habitaran mudos. Quién sabe en qué pensar. Da una vuelta al fogón, que arde prudentemente. Antes tampoco hablaba, pero por lo menos me buscaba en el camón. Ahora ni eso. La Eustaquia se ríe mucho porque tiene un hombre. Ya en el corredor, quita las hojas secas de los geranios.

Por entre las ramas se mueve violento un machete. Algo brilla y zas. Algo no brilla y zas. Un jadeo que retrocede. Un jadeo que se agita más y más. Un jadeo que suda, que se siente sudar, que tiembla, que se siente temblar. Un deseo de no dejarse vencer. Una pelea frente a la calma indiferente de la garúa. Una pérdida de fuerzas, un doblarse en el rincón, un gemir nasal lleno de congojas. Algo zigzagueante mutilado.

El niño se sienta cerca del poró y espera con los oídos abiertos. Oye que a distancia gime alguien. ¿Para qué hacer caso? También él a veces parecía que se quejaba y no era nada. Coge unos botones de trébol y su cara se frunce con la acidez. Una voz se concreta, alguien pide auxilio. Ya no te puedo ayudar. Te venció el hacha. La garúa se entremete por el follaje. Llegará, me dirá que el café está frío y escupirá en el suelo. Busca una hoja de plátano, tapa la botella y las tortillas. Desde que no está, los días me parecen más largos. Cerca un sonido sordo de desplome. Tal vez los pájaros lo lloraron, yo no pude hacerlo. Sus dedos juegan con la hierba. Caminitos, caminitos de la hormiga, un puente sobre el río. Sus oídos se pierden en el juego y algo se arrastra. Cuando una cabeza, llena de tierra y sangre, se asoma con los ojos fijos en el poró, el niño distraído hace buches de saliva que escupe sobre los tréboles.

6. Gourd.

Ondina

Cuando me invitaron para aquel lunes a las cinco de la tarde, a tomar un café informal, que no sabía lo que era, si café negro con pastel de limón o con pan casero o café con sorbos de coñac espeso, todo lo pensé, todo, menos la sorpresa de alguien que se me fue presentando en retazos: Ondina.

Ondina siempre me llegó con intuiciones de rompecabezas de cien mil piezas. Aun en época de inflación, realmente agotan las cifras tan altas. No sabía su nombre ni su estilo, pero la presentía en cada actitud, en cada frase.

Mi relación con los Brenes fue siempre de tipo lineal. Ese tipo se define por la cortesía, las buenas maneras, el formalismo significado y significante en los cumpleaños, la nochebuena y el feliz año nuevo. Nunca olvidé una tarjeta oportuna en cada ocasión y hasta envié flores el día del santo de la abuela. Los Brenes me mantuvieron cortésmente en el corredor, después de vencer el portón de la entrada, los pinos del camino hacia la casa y el olor de las reinas de la noche que daban un preámbulo de sacristía a la casa de cal y de verdes, que se adivinaba llena de recovecos y de antesalas después del jardín de margaritas y de crisantemos con agobios de abejas y de colibríes.

Suponía y supongo que ellos también supusieron que cortejaba la Merceditas, sensual y bonita, con su aire de coneja a punto de cría. Pero, ella se me iba de las manos inmediatas, quizás porque la vi demasiado tocar las teclas de una máquina IBM eléctrica, en que se despersonalizaba en letras y parecía deleitarse en el querido señor dos puntos gracias por su carta del 4 del presente mes en que me plantea inteligentemente ideas tan positivas y concretas coma pero...

Ella quizás demasiado hervida para mi paladar que se deleitaba en las deformidades de Picasso, sólo me permitió gozar de sus silencios cuando se iba la corriente eléctrica de sus tecleos mecanográficos o cuando sus ojos remotos de sensaciones inesperadas me comentaban que odio estos días de neblinas y garúas porque me hacen devota a la cama, a la sensualidad de las sábanas y eso me da asco.

Tal vez en un momento de aburrimiento pensé en acostarme con ella y le besé la nuca, también cerca de la oreja, mientras oía un sesudo consejo de qué se cree el señor jefe, déjese de malos pensamientos, recuerde el reglamento y pórtese como el señor que es, no faltaba más. Siempre respondí con un aumento de salario y con la devota pregunta de cómo están sus abuelitos y sus padrecitos. ¡Qué longevidad más desplomante en este subdesarrollo! Muy bien y su familia. La mía, llena de melancólicos cánceres, me había dejado solo en este mundo: qué alegría, qué tranquilidad... qué tristeza.

En las jornadas largas de trabajo, cuando el presupuesto, cuando el programa anual, cuando la respuesta a las críticas del trabajo institucional, acompañaba a Merceditas hasta el portón de su casa. Buenas noches, gracias por todo, no merezco tanta bondad y lealtad. Un beso de vals en la mano y que Dios la bendiga. Señor, usted es un buen hombre y merece un hogar feliz.

Eso me dejaba pensando las seis cuadras de distancia entre el hogar de Merceditas con sus abuelos y padres, vivos y coleantes, y los míos de lápidas y fechas en el cementerio de ricos, bien asegurados en la danza de la muerte.

Conocí su portón, su entrada de pinos y su corredor de jazmines. Vi sus abuelos sonrientes, sus padres tan contentos como si en el último sorteo de lotería hubieran obtenido el premio gordo. Me extrañó tanta felicidad y me pareció el plato preparado para que el solterón y la solterona hilaran su nido de te quiero y me querés y de ahí en adelante sálvese quien pueda.

Sin embargo, presentía más allá de las puertas una orgía de hornos calientes en que se fermenta el bronce y reluce la plata.

No sé qué era en realidad. Por ejemplo, vi ante las camelias un banco tan chiquito que no era necesario para cortar las más altas ni las más bajas.

Las intrigas políticas me destituyeron en un instante, pasé a ser don nadie mediante una firma de otro sin saber lo que hacía. Me despedí de Merceditas en una forma de ancla, le dije que no la olvidaría, mi vida era ella, pero no me escuchó porque estaba escribiendo en ese momento mi carta circular de despedida a los leales colaboradores.

Después supe poco de los Brenes, salvo las esquelas que me enteraron de la muerte de los abuelos, ya cerca de la hora de los entierros. Me vestí rápido de duelo y apenas llegué a tiempo, ya camino al cementerio. Por cada abuelo la abracé con ardor de consuelo y sentí sus grandes pechos enterrados en los botones de mi saco negro. No me excitaron, más bien me espantaron. Demasiado grandes para mis pequeñas manos.

La invitación de ese lunes a las cinco de la tarde, al tal café informal, que fue simplemente café negro con pastelitos de confitería, me permitió conocer la sala de aquella casa ni pobre ni rica, ni de buen o mal gusto, más bien el albergue que se hereda y se deja igual con cierta inercia de conservar el orden y de agregar algunos regalos accidentales, junto a los aparatos modernos que se incorporan porque la vida avanza: negarlo resulta estúpido. Casa impuesta por los bisabuelos, por la que pasaron los abuelos sonrientes arreglando goteras y ahora están los padres luchando con la humedad y el comején. Merceditas en el sillón de felpa, cubierto por una densa capa de croché, luchó toda la tarde por acomodar su trasero sin mortificar un almohadón seguramente tejido por la bisabuela, quien sonreía desde una foto carnavalesca en marco de plata ya casi ennegrecido. Yo, entre los padres, en el sofá verde lustroso, tomé mi respectivo cojín entre las piernas, aun cuando quedaron abiertas al borde de la mala educación. Me asombró una silla bajita con almohadón diminuto y pensé que era un recuerdo de infancia.

Una joven bellísima, de ojos claros y fuertes, pintada en rasgos modernos, era el cuadro central de la sala y apagaba con su fuerza el florero, la porcelana, la escultura del ángel, la columna de mármol, las fotografías de bisabuelos y abuelos, el retablo de los milagros de la Virgen, el tapiz de enredadera y aun el cuadro de Merceditas que parecía arrullar a sus conejos ya nacidos.

Y cuando la conversación me descifró el por qué de la invitación al café, pues oyeron rumores de que me volverían a nombrar, en el alto cargo de consejero y querían saber si era cierto, me animé a preguntar quién era. Seca y escuetamente respondieron: Ondina. En ese momento sus ojos, los ojos de Ondina, me seguían, me respondían, me acariciaban. La supe atrevida, audaz, abiertamente alborotada.

Casi no pude seguir el hilo de la conversación. ¿A mí nombrarme? Pero, si mi vida se ha vuelto simple, ya casi no leo los periódicos, me preocupo por mis pequeñas cosas, cobrar las rentas, caminar cada día hasta el higuerón y completar los cinco kilómetros, mentirme un poco con eso de que la vida tiene sentido y es trascendente.

Ondina sostenía mi mirada fija y hasta creí que me guiñó el ojo izquierdo. Nadie puede ser tan bello, es un truco, me dije sin convencerme. ¿Quién es Ondina? Pues Ondina contestaron casi en coro. La hermana menor de Merceditas, agregó el padre, el bueno y sonriente don Jacinto. Hice cálculos. Para mí Merceditas, a pesar de sus pechos firmes y erectos, su pelo caoba tinte, sus ojos sin anteojos y su caminar ondulante, ya trepaba los cuarenta y tantos. Ondina, por mucho espaciamiento, estaría en los treinta y resto, porque la madre, doña Vicenta, cercana a los setenta, no pudo germinar después de los cuarenta con su asma, reumatismo y diabetes de por vida.

Y no quería irme, más bien no podía, fijo en el cuadro y en los ojos, por lo que no noté los silencios y las repeticiones que me hacían de las preguntas. Fue doña Vicenta quien me obligó a terminar aquella contemplación tan descarada. Me tocó el hombro y me dijo que eran las siete, debían recordarme que iban a la cama temprano, después de rezar el rosario. Me marché de inmediato, después de disculpar mi abuso, pero con ellos el tiempo corría sin percibirse. Merceditas retuvo mi mano en la despedida y me aseguró que significaba para ella más de lo que yo podía presentir.

Soñé con Ondina semana tras semana. Recuerdo sus múltiples entradas a mi cuarto. Alta y esbelta, con su pelo hasta la cintura, desnuda o con bata transparente, abría la puerta y saltaba a mi cama. Ella siempre me desnudó y después jugó con mi sexo hasta enloquecerme. Al desayunar mi espíritu caballeresco me obligaba a avergonzarme de mis sueños, pero empecé a soñar despierto, consciente de mis actos y las orgías eran más fecundas y gratas. Ella me jineteaba, me lamía y con sus piernas abiertas me dejó una y otra vez, insaciablemente, llegar hasta lo más profundo.

Envié flores a la madre, chocolates a Merceditas, un libro de historia a don Jacinto. No me llegó ni siquiera el aviso de recibo, menos las gracias. Llamé por teléfono y pregunté por Ondina. La voz de doña Vicenta indagó de parte de quién, del primo Manuel, entonces cortó la comunicación.

Pregunté a amigos y vecinos por Ondina Brenes y ninguno sabía de ella. Me hablaron de don Jacinto, de doña Vicenta y de la buena y demasiado casta de Merceditas, a quien trataban en vano de casarla desde los quince, se quedó la pobre, se les quedó, demasiado lavada y pulcra, no se le conoce un solo traspié.

Pregunté en el almacén lo que compraban, en la farmacia, en la pescadería . . . y nada. Alguien me informó que estaban muy endeudados y apenas si subsistían.

Empecé a leer los periódicos, hasta la última linea. Ondina con su belleza no podía ser ignorada. Oí la radio, vi la televisión, me fui al Registro Civil: Ondina Brenes Cedeño. Con propinas apareció: nacida el 18 de junio de 1935. Estudié su horóscopo. Carácter complicado, doble personalidad.

Toqué la puerta. Acudió don Jacinto. Le confesé lo confesable: enamorado de Ondina, decidido a conocerla y de tener oportunidad de tratarla con buenas intenciones, las de casarse si fuera necesario y ella me aceptara. Me oyó sonriente y me contestó que lo olvidara, era imposible, Ondina no me aceptaría, había rechazado a muchos, mejores que yo. Al preguntarle por qué, por qué, cerró la puerta sin violencia, suavemente y desapareció entre los pinos.

Le escribí una carta apasionada y certificada, que no obtuvo respuesta. En el correo me dijeron que la retiró Merceditas.

No tuve conciencia de la burla que estaba disfrutando la familia entera, pero Ondina me lo contó una noche que entró en mi cuarto sin ganas de correr por mi cuerpo con sus temblores y jadeos.

A la mañana siguiente me enteré de la tragedia: los Brenes, los viejecitos Brenes, fueron atropellados por un vehículo que conducía un borracho, cuando salía de misa, a las 6 y 30 de la mañana. Muertos de inmediato, prácticamente destrozados. Merceditas estaba enloquecida. Y de todo el relato conmovido, sólo vi la puerta abierta hacia Ondina.

Me presté de inmediato a la casa, así como estaba, con pantalones y camisa de intimidad.

Ya había llegado familiares, amigos y compañeros de trabajo. Pregunté por Ondina y nadie la conocía, sólo me dijeron que Merceditas estaba histérica en su cuarto, completamente encerrada.

Instalado en un rincón, vi como una tía autoritaria, con pericia en tragedias, organizó el duelo. En la sala instaló los dos cadáveres en ataúdes cerrados, puso velas y flores, enfiló coronas, repartió café y empanadas, fue cerrando el paso a los intrusos, desanimó a los buscaespectáculos y ya pasadas las cuatro dejó a los más íntimos listos para la vela. A mí me admitió porque al contestar quién era, le dije con seriedad mortal que el novio oficial de Merceditas, el señor Vega. Felizmente no queda sola, bienvenido señor, vamos a ser parientes.

Entonces me colé entre los rezadores para ver a Ondina de cerca. Ella me estaba esperando. Me pareció que había cambiado de vestido, pues no recordaba esa gasa violenta que movía viento. La vi de frente, con ansias de memorizar cada detalle: sus manos, el cuello, la vibración de los labios, el entorno de los ojos y ese mirar frente y agudo.

La tía me interrumpió para decirme: vaya donde la Merceditas, a usted es a quien necesita. Y caso empujado me llevó frente a una puerta en un corredor con muchas otras puertas iguales. Gracias, señora, y me dejó solo en la intimidad de la casa. Oí sollozos y gritos. Quizás ahí estaba también Ondina, pero no me atreví a entrar.

Abrí otra puerta. Era un antecomedor diminuto y ahí en el centro de la mesa, casi rozando el suelo, una enana con la boca abierta, los ojos casi desorbitados, se dejaba lamer el sexo muy grotescamente por un gato sarnoso, metido entre sus dos piernas. Sentí horror por la escena, aunque me atrajo por largos segundos y vi las gotas de sudor placer que recorrían la cara de aquella casi mujer, rostro de vieja, cuerpo de niña, y el gato insaciable que chupaba y chupaba mamando, succionando, gruñendo. Ni siquiera se dieron cuenta de mi presencia, o quizás no los perturbó.

Volví a mi sitio en la sala, frente al cuadro de Ondina. Casi se me fue la escena de ese antecomedor extraño, porque la fuerza sensual de Ondina me llenó de caricias raras. Empezó a jugar con mis orejas, me hacía ruidos de caracol, me dejaba su lengua reposar en la apertura del oído izquierdo y con sensaciones de mar me agotó en excitaciones que sorteaban fortalezas y debilidades. Luego me besó los ojos, muy suavemente, después de manera fuerte y al tratar de succionarlos tuve que librarme de sus labios que me hicieron daño, me dolían con dolor de ceguera. Alguien dijo que necesitaba un calmante y la tía respondió que eran casi mis padres mientras me dio unas pastillas que me durmieron seguramente en mala posición en una silla incómoda, con más incómodos y dominantes almohadones.

Cuando desperté, noche ya, estaba organizado el rosario. El padre Jovel en escena, cuentas en mano, con laterales de incienso entre los dos ataúdes. Esperaba impaciente a los principales personajes, que en estos casos no son los difuntos, sino los parientes más cercanos. Apareció entonces Merceditas, pálida y desfallecida, vestida de negro absoluto, con sus pechos erectos, abundantes, bien sostenidos, y de la mano, también en negro absoluto, salvo un cuello blanco de crochet engomado, la enanita más diminuta y bella que había visto en mi vida, con los ojos de Ondina, con el pelo rebelde de Ondina, con los labios carnosos y trémulos de Ondina. Empezó el rosario. Yo no pude seguirlo, porque la cintura, las caderas, la espalda eran de Ondina, mi Ondina.

Después de medianoche sólo quedamos seis personas en la sala: la enanita, Merceditas, la tía, el tío, el primo y yo. Los sollozos de Merceditas eran tan profundos y rítmicos, que sus desmayos tomaron velocidad de oleajes. La tía trajo dos pastillas y al poco rato Merceditas dormía pasiones de infancia, a veces roncaba. La enanita en su silla de raso, lloraba tranquilamente sin sollozos. Se vino hacia mí y me pidió que la sentara en mi regazo. Casi todos cabeceaban. Se me ocurrió cantarle una canción de cuna, como a un bebé. Duerme, duerme, mi niña. Entonces se acunó cerca de mi sexo. Realmente me incomodó, pero la circunstancia es la circunstancia. La fui meciendo como podía y ella, activa y generosa, me abrió la bragueta y empezó a mecer lo que estaba adentro. Después de aguantar lo que aguantar se puede, la alcé en los brazos y la llevé al antecomedor. Suave, dulce, una niña apenas. Entonces ella me dijo: deja que Ondina te enseñe todo lo que ha aprendido en sus soledades. Me abrió la camisa y empezó a arrancar con sus besos de embudo y vacío mis pelos de hombría. Yo busqué su sexo y lo abrí como si fuera un gajo de naranja. El gato saltó en ese momento y arañó mi pene, que sangró dolor y miedo. Ondina me esperó y no pude responder, hasta que encontré la clave de la convivencia.

Caminé el sepelio, cansado y desvelado, pensé en Ondina, en el gato y en Merceditas. Pensé en cada paso. Y me decidí de manera profunda y clara.

Los esponsales se fijaron al mes del duelo. A la boda asistió Ondina, el gato se quedó en la casa.

Elena Poniatowska

1933- MÉXICO

Elena Poniatowska Amor nació en París, de padre polaco y madre mexicana. A los nueve años se trasladó con su familia a México, donde aprendió español. Más tarde estudió por dos años en el colegio El Sagrado Corazón de Filadelfia. En 1954 se inició como periodista entrevistando escritores, músicos y artistas. Esto le despertó la preocupación por el lenguaje. Su primer libro, *Lilus Kikus*, apareció en 1954. Recibió premios como periodista y en 1969 recibió reconocimiento literario con *Hasta no verte, Jesús mío*, seguido por *La noche de Tlatelolco*. Ha ganado renombre como cuentista y novelista.

Poniatowska refleja en sus escritos una preocupación social por México y la situación de la mujer en ese país. Es considerada como una campeona de los oprimidos. Entre otras obras se destacan *Querido Diego, te abraza Quiela* (1976), *De noche vienes* (1979), *Fuerte es el silencio* (1980) y *Nada, nadie* (1988).

Uno de los mitos más analizados por las escritoras hispanoamericanas es el de la mujer espiritual, inocente y sufrida frente a la visión carnal que los hombres pueden tener de ella. En "Cine Prado," el asiduo espectador de las películas eróticas se entretiene en recordar las veces en que la actriz ha hecho el papel de mujer víctima, triste y abandonada, mientras que denuncia amargamente su papel más reciente de mujer sensual y feliz, condición que él considera descarada y escandalosa. Así, el cuento trata de la dual percepción patriarcal sobre la mujer, anclada en la dual imagen bíblica: Virgen/Eva. En la mente del protagonista la actriz al comienzo representa la virgen pura y casta. A medida que él la conoce mejor en varios papeles, en su mente ella se va convirtiendo en la tentadora, pecadora y engañosa Eva. Al final, el mito se estrella con la realidad carnal.

A medida que la actriz se presenta más real, más lasciva, como en *Fruto prohibido*, el protagonista se aleja más y más de la realidad. Esta disonancia explota con el cuchillo que traspasa el corazón de la actriz. Implícito en el dualismo bíblico está el tema de la cacería, el acoso, los deseos reprimidos y distorsionados del protagonista.

Otro tema de "Cine Prado" es el de la pobreza. El narrador es un hombre en un barrio pobre, cuya única diversión es el cine. Este pequeño pasatiempo afecta las finanzas familiares y contribuye a la deterioración del matrimonio. La selva simbólica es el ambiente pobre del protagonista, quien se molesta al notar los "zapatos carcomidos" de la actriz ya que él prefiere mantener la fantasía sin confrontar su paupérrima realidad.

El cuento, escrito en forma epistolar, es un largo monólogo que explora el subconsciente del protagonista, cuyo anonimato lo universaliza. La historia se desarrolla en un ambiente de enajenación con el empleo de términos como "apariencia," "engañosa," "sueño," "perdido" y otros. El narrador se adentra en la fantasía hasta exponer su turbación mental que termina en crimen. Esta escalación mantiene la tensión narrativa.

El dualismo también se extiende al de esposa-actriz. La mujer tiene paciencia hasta que se convierte en víctima de la disonancia experimentada por el esposo. El impone en su esposa las normas de la belleza celuloide. Ella ya no es más que un objeto sensual sin alcanzar la imagen idealizada que se le impone. La objetivación de la esposa acrecienta la incomunicación y destruye la relación conyugal.

BIBLIOGRAFÍA CRÍTICA

Balboa Echeverría, Miriam. "Notas a una escritura testimonial. Fuerte es el silencio de Elena Poniatowska." *Discurso Literario: Revista de Temas Hispánicos* (Asunción, Paraguay) 5 (1988): 65–73.

Dever, Susan. "Elena Poniatowska: La crítica de una mujer." En *Programa Interdisciplinario de Estudios de la Mujer*. México: Colegio de la Frontera Norte, 1990.

Fernández Olmos, Margarite. "El género testimonial: Aproximaciones feministas." *Revista / Review Interamericana* (San Germán, Puerto Rico) 11 (1981): 69–75.

Flori, Mónica. "Visions of Women: Symbolic Physical Portrayal as Social Commentary in the Short Fiction of Elena Poniatowska." *Third Woman* 11 (1984): 77–83.

García Serrano, María Victoria. "Aproximación y transgresión en *Querido Diego, te abraza Quiela* de Elena Poniatowska." *Letras femeninas* (Lincoln, Neb.) 17 (1991): 99–106.

Gold, Janet N. "Elena Poniatowska: The Search for Authentic Language." *Discurso Literario: Revista de Temas Hispánicos* 6 (1988): 181–91.

Jörgensen, Beth E. "Texto e ideología en la obra de Elena Poniatowska." Dis. doctoral, University of Wisconsin, Madison, 1986. *Dissertation Abstracts International* 47 (1986): 1344A.

Santucci, Filomena María. "Women in Mexico: An Analysis of Female Characterization in the Fiction of Elena Poniatowska." Dis. doctoral, University of Michigan, 1989. *Dissertation Abstracts International* 49 (1989): 2676A.

Scott, Nina M. "The Fragmented Narrative Voice of Elena Poniatowska." *Discurso: Revista de Estudios Iberoamericanos* (Asunción, Paraguay) 7 (1991): 411–20.

Starcevic, Elizabeth. "Elena Poniatowska: Witness for the People." En tomo 1 de *Contemporary Women Authors of Latin America*, ed. Doris Meyer y Margarite Fernández Olmos. Brooklyn, N.Y.: Brooklyn College Press, 1983.

Steele, Cynthia. "La creatividad y el deseo en *Querido Diego, te abraza Quiela* de Elena Poniatowska." *Hispamérica: Revista de Literatura* (Gaithersburg, Maryland) 41 (1985): 14–28.

———. "Elena Poniatowska." *Hispamérica: Revista de Literatura* 45 (1989): 17–28.

Zielina, María. "La falsa percepción de la realidad en 'Cine Prado.'" En Aralia López González, ed., *Mujer y literatura mexicana y chicana*. México: Colegio de México, 1990.

Cine Prado[1]

Señorita:

A partir de hoy, debe usted borrar mi nombre de la lista de sus admiradores. Tal vez convendría ocultarle esta deserción, pero callándome, iría en contra de una integridad personal que jamás ha eludido las exigencias de la verdad. Al apartarme de usted, sigo un profundo viraje[2] de mi espíritu, que se resuelve en el propósito final de no volver a contarme entre los espectadores de una película suya.

Esta tarde, mas bien, esta noche, usted me destruyó. Ignoro si le importa saberlo, pero soy un hombre hecho pedazos. ¿Se da usted cuenta? Soy un aficionado que persiguió su imagen en la pantalla de todos los cines de estreno y de barrio, un crítico enamorado que justificó sus peores actuaciones morales y que ahora jura de rodillas separarse para siempre de usted aunque el simple anuncio de *Fruto prohibido* haga vacilar su decisión. Lo ve usted, sigo siendo un hombre que depende de una sombra engañosa.

Sentado en una cómoda butaca, fui uno de tantos, un ser perdido en la anónima oscuridad, que de pronto se sintió atrapado en una tristeza individual, amarga y sin salida. Entonces fui realmente yo, el solitario que sufre y que le escribe. Porque ninguna mano fraterna se ha extendido para estrechar la mía. Cuando usted destrozaba tranquilamente mi corazón en la pantalla, todos se sentían inflamados y fieles. Hasta hubo un canalla que rió descaradamente, mientras yo la veía desfallecer en manos de ese galán abominable que la condujo a usted al último extremo de la degradación humana.

Y un hombre que pierde de golpe todos sus ideales, ¿no cuenta para nada, señorita?

Dirá usted que soy un soñador, un excéntrico, uno de esos aerolitos que caen sobre la tierra al margen de todo cálculo. Prescinda usted de cualquiera de sus hipótesis, el que la está juzgando soy yo, y hágame el favor de ser más responsable de sus actos, y antes de firmar un contrato o de aceptar un compañero estelar, piense que un hombre como yo puede contarse entre el público futuro y recibir un golpe mortal. No hablo movido por los celos, pero créame usted: en *Esclavas del deseo* fue besada, acariciada y agredida en exceso. No sé si mi memoria exagera, pero en la escena del cabaret no tenía

1. Cine Prado is a movie theater in Mexico City.
2. Change of direction, turn.

usted por qué entreabrir de esa manera los labios, desatar sus cabellos sobre los hombros y tolerar los procaces ademanes de aquel marinero, que sale bostezando, después de sumergirla en el lecho del desdoro y abandonarla como una embarcación que hace agua.

Yo sé que los actores se deben a su público, que pierden en cierto modo su libre albedrío y que se hallan a la merced de los caprichos de un director perverso; sé también que están obligados a seguir punto por punto todas las deficiencias y las falacias del texto que deben interpretar, pero déjeme decirle que a todo el mundo le queda, en el peor de los casos, un mínimo de iniciativa, una brizna de libertad que usted no pudo o no quiso aprovechar.

Si se tomara la molestia, usted podría alegar en su defensa que desde su primera irrupción en el celuloide aparecieron algunos de los rasgos de conducta que ahora le reprocho. Es verdad; y admito avergonzado que ningún derecho ampara mis querellas. Yo acepté amarla tal como es. Perdón, tal como creía que era. Como todos los desengañados, maldigo el día en que uní mi vida a su destino cinematográfico. Y conste que la acepté toda opaca y principiante, cuando nadie la conocía y le dieron aquel papelito de trotacalles con las medias chuecas y los tacones carcomidos, papel que ninguna mujer decente habría sido capaz de aceptar. Y sin embargo, yo la perdoné, y en aquella sala indiferente y llena de mugre saludé la aparición de una estrella. Yo fui su descubridor, el único que supo asomarse a su alma, entonces inmaculada, pese a su bolsa arruinada y a vueltas de carnero. Por lo que mas quiera en la vida, perdóneme este brusco arrebato.

Se le cayó la máscara, señorita. Me he dado cuenta de la vileza de su engaño. Usted no es la criatura de delicias, la paloma frágil y tierna a la que yo estaba acostumbrado, la golondrina de inocentes revuelos, el rostro perdido entre gorgueras de encaje que yo soñé, sino una mala mujer hecha y derecha, un despojo de la humanidad, novelera en el peor sentido de la palabra. De ahora en adelante, muy estimada señorita, usted irá por su camino y yo por el mío. Ande, ande usted, siga trotando por las calles, que yo ya me caí como una rata en una alcantarilla. Y conste que lo de señorita se lo digo porque a pesar de los golpes que me ha dado la vida sigo siendo un caballero. Mi viejita santa me inculcó en lo más hondo el guardar siempre las apariencias. Las imágenes se detienen y mi vida también. Así es que . . . señorita. Tómelo usted, si quiere, como una despedida irónica.

Yo la había visto prodigar besos y recibir caricias en cientos de películas, pero antes, usted no alojaba a su dichoso compañero en el espíritu. Besaba usted sencillamente como todas las buenas actrices: como se besa a un muñeco de cartón. Porque, sépalo usted de una vez por todas, la única sensualidad que vale la pena es la que se nos da envuelta en alma, porque el alma envuelve entonces nuestro cuerpo, como la piel de la uva comprime la pulpa, la corteza guarda el zumo. Antes, sus escenas de amor no me alteraban, porque siempre había en usted un rasgo de dignidad profanada, porque percibía siempre un íntimo rechazo, una falla en el último momento que rescataba mi angustia y consolaba mi lamento. Pero en *La rabia en el cuerpo* con los ojos húmedos de amor, usted volvió hacia mí su rostro verdadero, ese que no quiero ver nunca más. Confiéselo de una vez: usted está realmente enamorada de ese malvado, de ese comiquillo de segunda, ¿no es cierto? ¿Se atrevía a negarlo impunemente? Por lo menos todas las palabras, todas las promesas que le hizo eran auténticas, y cada uno de sus gestos, estaban respaldados en la firme decisión de un espíritu entregado. ¿Por qué ha jugado conmigo como juegan todas? ¿Por qué me ha engañado usted como engañan todas las mujeres, a base de máscaras sucesivas y distintas? ¿Por qué no me enseñó desde el principio, de una vez, el rostro desatado que ahora me atormenta?

Mi drama es casi metafísico y no le encuentro posible desenlace. Estoy solo en la noche de mi desvarío. Bueno, debo confesar que mi esposa todo lo comprende y que a veces comparte mi consternación. Estábamos gozando aún de los deliquios y la dulzura propia de los recién casados cuando acudimos inermes a su primera película. ¿Todavía la guarda usted en su memoria? Aquella del buzo atlético y estúpido que se fue al fondo del mar, por culpa suya, con todo y escafandra. Yo salí del cine completamente trastornado, y habría sido una vana pretensión el ocultárselo a mi mujer. Ella, por lo demás, estuvo completamente de mi parte; y hubo de admitir que sus deshabillés son realmente espléndidos. No tuvo inconveniente en acompañarme otras seis veces, creyendo de buena fe que la rutina rompería el encanto. Pero ¡ay! las cosas fueron empeorando a medida que se estrenaban sus películas. Nuestro presupuesto hogareño tuvo que sufrir importantes modificaciones a fin de permitirnos frecuentar las pantallas unas tres veces por semana. Está por demás decir que después de cada sesión cinematográfica pasábamos el resto de la noche discutiendo. Sin embargo, mi compañera no se inmutaba. Al fin y al cabo usted no era más que una sombra indefensa, una silueta de dos dimensiones, sujeta a las deficiencias de la luz. Y mi mujer aceptó buenamente tener como rival a un fantasma cuyas apariciones podían controlarse a voluntad, pero no desaprovechaba la oportunidad de reírse a costo de usted y de mí. Recuerdo su regocijo aquella noche fatal en que, debido a un desajuste fotoeléctrico usted habló durante diez minutos con voz inhumana, de robot casi, que iba del falsete al bajo profundo. . . A propósito de su voz, sepa usted que me puse a estudiar el francés porque no podía conformarme con el resumen de los títulos en español, aberrantes e incoloros. Aprendí a descifrar el sonido melodioso de su voz, y con ello vino el flagelo de entender a fuerza mía algunas frases vulgares, la comprensión de ciertas palabras atroces que puestas en sus labios o aplicadas a usted me resultaron intolerables. Deploré aquellos tiempos en que llegaban a mí, atenuadas por pudibundas traducciones; ahora, las recibo como bofetadas.

Lo más grave del caso es que mi mujer está dando inquietantes muestras de mal humor. Las alusiones a usted y su conducta en la pantalla, son cada vez más frecuentes y feroces. Ultimamente ha concentrado sus ataques en la ropa interior y dice que estoy hablándole en balde a una mujer sin fondo. Y hablando sinceramente, aquí entre nosotros, ¿a qué viene toda esa profusión de infames transparencias, ese derroche de íntimas prendas de tenebroso acetato? Si yo lo único que quiero hallar en usted es esa chispita triste amarga que ayer había en sus ojos. . . Pero volvamos a mi mujer. Hace visajes[3] y la imita. Me arremeda[4] a mí también. Repite burlona algunas de mis quejas más lastimeras. "Los besos que me duelen en *Qué me duras,* me están ardiendo como quemaduras." Dondequiera que estemos se complace en recordarla, dice que debemos afrontar este problema desde un ángulo puramente racional, con todos los adelantos de la ciencia y echa mano de argumentos absurdos pero contundentes. Alega, nada menos, que usted es irreal y que ella es una mujer concreta. Y a fuerza de demostrármelo está acabando una por una con mis ilusiones. No sé qué va a ser de mí si resulta cierto lo que aquí se rumora, que usted va a venir a filmar una película y honrará a nuestro país con su visita. Por amor de Dios, por lo más sagrado, quédese en su patria, señorita.

Sí, no quiero volver a verla, porque cada vez que la música cede poco a poco y los hechos se van borrando en la pantalla, yo soy un hombre anonadado. Me refiero a la barrera mortal de esas tres letras crueles que ponen fin a la modesta felicidad de mis noches de amor, a dos pesos la luneta. He ido desechando poco a poco el deseo de quedarme a vivir con usted en la película y ya no muero de pena cuando tengo que salir del cine remolcado por mi mujer que tiene la mala costumbre de ponerse de pie al primer síntoma de que el último rollo se está acabando.

Señorita, la dejo. No le pido siquiera un autógrafo, porque si llegara a

3. Makes faces.
4. Mimics me mockingly.

enviármelo yo sería capaz de olvidar su traición imperdonable. Reciba esta carta como el homenaje final de un espíritu arruinado y perdóneme por haberla incluido entre mis sueños. Sí, he soñado con usted más de una noche, y nada tengo que envidiar a esos galanes de ocasión que cobran un sueldo por estrecharla en sus brazos y que la seducen con palabras prestadas.

Créame sinceramente su servidor.

P.D.

Olvidaba decirle que escribo tras las rejas de la cárcel. Esta carta no habría llegado nunca a sus manos si yo no tuviera el temor de que el mundo le diera noticias erróneas acerca de mí. Porque los periódicos, que siempre falsean los hechos, están abusando aquí de este suceso ridículo: "Ayer por la noche, un desconocido, tal vez en estado de ebriedad o perturbado de sus facultades mentales, interrumpió la proyección de *Esclavas del deseo* en su punto más emocionante, cuando desgarró la pantalla del Cine Prado al clavar un cuchillo en el pecho de Françoise Arnoul. A pesar de la oscuridad, tres espectadoras vieron cómo el maniático corría hacia la actriz con el cuchillo en alto y se pusieron de pie para examinarlo de cerca y poder reconocerlo a la hora de la consignación. Fue fácil porque el individuo se desplomó una vez consumado el acto."

Sé que es imposible, pero daría lo que no tengo con tal de que usted conservara para siempre en su pecho, el recuerdo de esa certera puñalada.

Luisa Valenzuela

1938 - ARGENTINA

Luisa Valenzuela nació en Buenos Aires. Su madre era escritora y por su casa desfilaron varios literatos de renombre como Jorge Luis Borges y Ernesto Sábato. A los dieciocho años, Luisa publicó un cuento que luego formó parte de *Los heréticos* (1967).

Luisa ha vivido en París, México, Barcelona, Nueva York y actualmente comparte su residencia entre Buenos Aires, México y Nueva York, donde enseña en las universidades de Columbia y Nueva York.

Ha tenido mucho éxito como periodista y literata publicando en prestigiosos diarios como *New York Times* entre muchos. Ella vive lo que escribe y lleva años como miembro activo en Amnesty International. Combate la represión y la censura ya sea política, sexual o artística.

Los temas que más trata son la política, el lenguaje y la mujer. Arma su escritura con juegos lingüísticos diseñados para demostrar cómo el poder usa la lengua para oprimir a otros, tanto a nivel personal como político. En *Cambio de armas* (1982), como en gran parte de su obra, Valenzuela explora el abuso del poder y muestra que la tiranía es el macrocosmos de la opresión que existe en las relaciones interpersonales, especialmente entre el hombre y la mujer. La literatura de Valenzuela no es para el lector despistado, apático o superficial pues plantea un desafío en el cual es necesario meterse y contribuir intelectual y emocionalmente.

Cola de lagartija (1983) es considerada la novela más imaginativa de Valenzuela. En ésta emplea gran número de metáforas y símbolos para criticar la corrupción política y la misoginia. Usa imágenes de animales como gatos que pueden simbolizar la muerte pero que también tienen muchas connotaciones sexuales. La escalera puede simbolizar el irracional sistema social, totalitarista y misógino.

En 1979 obtuvo una beca Fulbright y en 1983 una Guggenheim. Todas sus novelas han sido traducidas al inglés y sus publicaciones incluyen: *Hay que sonreír* (1966); *El gato eficaz* (1972); *Aquí pasan cosas raras* (1976); *Como en la guerra* (1977); *Libro que no muerde* (1980); *Donde viven las águilas* (1983).

BIBLIOGRAFÍA CRÍTICA

Araújo, Helena. "Valenzuela's *Other Weapons.*" *Review of Contemporary Fiction* 6 (1986): 78–81.

Cortázar, Julio. "Luisa Valenzuela." *Review* 24 (1979): 44.

Magnarelli, Sharon. *Reflections/Refractions: Reading Luisa Valenzuela.* Nueva York: Peter Lang, 1988.

Morello-Frosch, Marta. "'Other Weapons': When Metaphors Become Real." *Review of Contemporary Fiction* 6 (1986): 82–87.

Ponzano, Pablo G. "El mundo mágico de Luisa Valenzuela." *Córdoba,* 16 julio 1977.

Sheppard, R. Z. "Where the Fiction Is 'Fantástica.'" *Time,* 7 marzo 1983.

Zoología fantástica

Un peludo, un sapo, una boca de lobo. Lejos, muy lejos, aullaba el pampero para anunciar la salamanca. Aquí, en la ciudad, él pidió otro sapo de cerveza y se lo negaron:

—No te servimos más, con el peludo que traés te basta y sobra...

El se ofendió porque lo llamaron borracho y dejó la cervecería. Afuera, noche oscura como boca de lobo. Sus ojos de lince le hicieron una mala jugada y no vio el coche que lo atropelló de anca. ¡Caracoles! El conductor se hizo el oso. En el hospital, cama como jaula, papagayo. Desde remotas zonas tropicales llegaban a sus oídos los rugidos de las fieras. Estaba solo como un perro y se hizo la del mono para consolarse. ¡pobre gato! Manso como un cordero pero torpe como un topo. Había sido un pez en el agua, un lirón durmiendo, fumando era un murciélago. De costumbres gregarias, se llamaba León pero los muchachos de la barra le decían Carpincho.

El exceso de alpiste fue su ruina. Murió como un pajarito.

Escaleran

¿Acaso no necesita usted alquilar una escalera? Hay que nivelar hacia arriba, nos dijeron, y no hay duda de que todos aspiramos a llegar más alto pero no siempre poseemos medios propios para alcanzar la cima, por eso a veces nos vemos necesitados de una escalera idónea. Nuestra fábrica le ofrece todo tipo de escaleras, desde la humilde escalera de pintor hasta la fastuosa escalera real hecha de un mismo palo. Un palo muy bien tallado, claro, palo de rosa por ejemplo o palo de amasar (¡de amasar!) para esposas autoritarias como la mía. Aunque el autoritarismo no está permitido en nuestras plantas donde impera, eso sí, la tan mentada verticalidad. Desde un punto de vista práctico no sabemos muy bien qué significa esa palabra, pero en lo que a escaleras respecta, la verticalidad es la norma. Cuando quisimos fabricar escaleras horizontales para nivelar a nivel, los obreros se sublevaron e hicieron huelga alegando trabajo insalubre y distanciamiento del dogma. No hicimos demasiados esfuerzos para ganarlos a nuestra causa porque nos dimos cuenta de que las escaleras horizontales no tenían mucha salida en los comercios del ramo, ni aún tratándose de escaleras alquiladas que no significan una erogación excesiva. Según parece, todos aspiran a trepar, escalar, ascender, y no quieren saber nada con eso de avanzar prudentemente a una misma altura.

La primera escalera horizontal que fabricamos se la llevé de regalo a mi señora, pero ella no quiso ni enterarse de su uso específico y la convirtió en portamacetas. Mi señora siempre me desalienta en las empresas más osadas. No siempre tiene razón, como cuando se opuso terminantemente a la fabricación de escaleras de bajar. Dijo que nadie iba a comprarlas porque requerían una fosa y pocos son los que tienen fosas en sus domicilios particulares. La pobre carece de imaginación: no supo darse cuenta de que la plaza está colmada de contreras que pretenden bajar cuando el gobierno insiste en que se suba. Mientras duró la modalidad de las escaleras de bajar la fábrica prosperó mucho y pudimos abrir la nueva rama: escaleras giratorias. Son las más costosas porque funcionan con motor pero resultan ideales para deshacerse de huéspedes no deseados. Se los invita a una ascensión, y la fuerza centrífuga hace el resto. Con estas escaleras giratorias logramos desembarazarnos de muchos acreedores pero mi señora, siempre tan ahorrativa, erradicó las escaleras giratorias de nuestro hogar y también de la fábrica alegando que consumían demasiada electricidad.

Todavía nos llegan algunos pedidos del interior. Les mandamos en cambio escaleras plegadizas que caben en un sobre grande. Pero por desgracia he de admitir mi derrota y, aunque todo esto lo narre en presente, son cosas del pasado. Mi señora acabó sintiendo celos por las escaleras de todo tipo y por eso confieso que escal/eran. Ya no son más.

Nihil obstat

Como es de suponer, yo ando en busca de la absolución total de mis pecados. Y esto no es cosa nueva, no; me viene de chico, desde aquella vez a los once en que le robé la gorra llena de monedas al ciego ese que pedía limosna. Fue para comprarme una medallita, claro, y había hecho bien mis cálculos: la medalla tenía de un lado al Sagrado Corazón y del otro una leyenda que ofrecía 900 días de indulgencia a todo el que rezase un padrenuestro ante la imagen. Si mis cuentas eran buenas, bastaba con cuatro padrenuestros para que el cielo me perdonase el robo. El resto resultaba beneficio neto: 900 días por vez no serán una eternidad pero puestos unos detrás de otros suman unas vacaciones en el Paraíso que da gusto imaginar.

Y no sólo existe la posibilidad de pasárselas bien despúes de muerto; no me diga que no es una broma eso de tener que andar por estas tierras del Señor cargando sobre los hombros molestos pecados menores, sentimientos de culpa que pesan y de los que uno se puede liberar con tanta facilidad, después de todo.

También pensé en la cuestión de las hostias, que fue regia mientras duró. Le diré que yo, Juan Lucas, con nombre de dos evangelistas como corresponde, iba a misa de seis todos los días y a comulgar. Con un poco de cuidado, y tratando de portarme más o menos bien, una única confesión me duraba toda la semana con sólo cambiar de iglesia. Siete días de levantarme al alba que me dejaban la buena cosecha de seis hostias consagradas para guardar de reserva en previsión de días peores. Las metía todas en una caja de madera tallada sobre la que había pegado una estampita de Santa Inés y que yo mismo purifiqué con agua bendita de la que tengo varias botellas llenas. Lo más peligroso era el momento en que tenía que sacarme la hostia de la boca después de la comunión. Pero con elegir el banco más oscuro de la iglesia listo el pollo. Hasta las viejas beatas que van a farfullar sus rezos están medio dormidas a esa hora. Con decirle que ni siquiera se daban cuenta de que tenían un santo, allí, al alcance de la mano, y que ese santo era yo que me negaba a asumir el más pequeño de mis más deleitosos pecados...

Generalmente el stock de hostias consagradas se me agotaba durante las vacaciones, entre la tentación de los lugares de veraneo con chicas en traje de baño y una que otra que vendía a algún amigo para redimirlo de una buena vez. Ya ve, he sembrado el bien hasta entre mis amistades, algunas de las cuales ni se lo merecen...

La de mi autocomunión era una ceremonia sencillita pero muy devota: por la noche, después de alguna farra, yo mismo volvía a bendecir la hostia y me la administraba alabando mi propia pureza. Era la absolución perfecta sin necesidad de pasar por todos los engorros de la Iglesia que le hacen perder a uno tantas buenas horas de playa. Además, eso de irme a dormir con la conciencia sucia me costaba mucho... como si no me hubiera lavado los dientes, ¿a usted no le pasa lo mismo?

Fue el año pasado cuando lo conocí a Matías. Yo, honestamente, soy un muchacho sano y alegre, como usted ve, aunque siempre en paz con el Creador. Matías, en cambio, era de los trágicos: sombrío y siempre vestido de negro y con el ceño fruncido. Pensé que la salvación estaba quizá por ese lado y empecé a imitarlo, a vestirme de negro como él, a dejar de reír. Por las noches caminábamos por las calles oscuras y él me decía:

—La senda de Dios sólo es para los elegidos. De nada vale que te tortures si no eres uno de los nuestros... Arrodíllate, vil gusano, y reza.

Por mi manera de rezar, de arrodillarme y de vil gusano, se dio cuenta de que yo también era uno de ellos.

—Mañana empieza la gran penitencia —me dijo una vez—. Ayunaremos durante tres días, tan sólo agua y galletas, y permaneceremos en el más absoluto silencio y en la más densa oscuridad.

Para mí la cosa empezaba a ponerse fea, pero hice de tripas corazón y le pregunté:

—¿Y cuántos días de indulgencia te parece a vos que se ganan con todo ese sacrificio?

—No hay duda que eres un gusano. Lo sabía. Un perfecto venal, un interesado. Y lo peor es que no andas tras los bienes de este mundo sino tras los del otro, que es mucho más grave. Ya sabes cómo castiga Dios la codicia y la soberbia.

Se quedó mirándome con asco un buen tiempo y después agregó:

—Pero yo he de salvar tu alma. He de salvarte porque sí, para tu bien, y no para encontrar en ti mi propia salvación, como harías en mi lugar.

Se arremangó entonces la sotana que usaba de entrecasa, cuando no podían verlo los que sabían que era empleado de banco y no cura, y gritó:

—¡Te voy a arrancar esa codicia de eternidad aunque tengas que salir con la piel hecha jirones!

Tomó el rebenque que tenía colgado en lo que él llamaba su rinconcito criollo y empezó a azotarme con furia. Supongo que lo hizo por mi bien, como había dicho, pero le aseguro que me alegré de que no se le diera además por usar las espuelas o el fierro de marcar. La espalda me quedó toda morada y él sólo paró cuando se le hubo cansado bien el brazo. No veo por qué la medida de mi penitencia tiene que estar en relación directa con el aguante de sus bíceps. . . Es injusto, hay días en que él está aguantador y yo apenas tengo que expiar alguna pequeña falta. Y los golpes, como usted bien se imagina, no se pueden acumular como las hostias.

¿El ayuno? Ah, sí. Claro que lo hicimos. Aunque la oscuridad sólo era densa y total desde la una de la madrugada hasta el alba, desde que se apagaban los colorinches del letrero luminoso de afuera hasta los primeros rayos del sol que se colaban por entre las persianas. Usted ya sabe lo que son estos departamentos modernos, todo se le mete a uno adentro: ruidos, olores, luces. Los rojos y verdes intermitentes del letrero de neón le daban a Matías una cara de diablo que se hinchaba y deshinchaba masticando galletas marineras. Yo personalmente no me calenté demasiado; no creo que se pueda llegar así a la santidad. A mí me gustan las cosas más sencillas, más profundas. Las cosas benditas. Al menos con los latigazos uno sentía dolor y podía pensar que estaba pasando algo. . . Pero no comer, y estar en la penumbra, y casi no hablar, eso no puede redimir a nadie: es demasiado aburrido.

—Tenemos que dormir en un solo catre para que la incomodidad nos alcance hasta en el sueño —decía Matías. Y yo:

—Podemos dormir en el suelo que es bien incómodo y duro y al menos no tenemos que estar apretujados con este calor. . .

—No. Es necesario estar el uno contra el otro, bien apretados para que no se nos escape nuestra fuerza vital, para unir nuestras almas. Debemos conservar la prana que se volatiliza con tanta facilidad cuando se está débil. Abrázame, hermano.

Lo que es a mí no me agarran más para eso del ayuno. Matías hizo lo que pudo, claro. Si hasta quería besarme en la boca para infundirme un poco de su santidad. . . Pero a mí no me sirvió de nada tanto sacrificio de su parte. En el libro en que llevo la cuenta del tiempo de perdón ganado apenas pude anotar tres años más: uno por cada día que pasamos encerrados. Y tres años de Paraíso en toda una eternidad, se imagina usted que no es gran cosa.

Fue justo para esa época cuando apareció Adela. Una muchacha espléndida, pero tan terrenal, tan diferente de Matías. Nunca quiso venir conmigo a misa, ni siquiera para confesarse. Hasta se reía cuando trataba de hacerle tragar una de mis hostias. Pero venía a menudo a casa, se quedaba un rato ¡zas! cometíamos el pecado de la carne. Tenía la piel suave y era tibia, siempre tan tibia y como vibrando. Yo se lo trataba de explicar a Matías y le decía que cuando la tenía en mi cama, tan rubia y con ojos tan claros, bien podía imaginarme que era un ángel. Sin embargo Matías contestaba:

—¡Qué ángel, si es un demonio! Debes abandonar a esa hembra que es la encarnación de Satanás, la serpiente que a cada rato pone la manzana en tus manos y que no va a detenerse hasta no verte arrastrándote por todos los infiernos.

—No —la defendía yo—. Adela es una buena piba. No podés hablar así de ella que no hace mal a nadie y que a mí me hace tan feliz.

—¡La concupiscencia! —bramaba él, hasta que por fin me di cuenta de que tenía razón y no pude menos de hacer lo que hice, aunque a veces pienso que está mal. Sobre todo cuando ella viene a golpear a la puerta del departamento de Matías y a llamarme como loco. En esos momentos Matías se pone fuerte para defenderme, la echa a arañazos y después viene al dormitorio a tranquilizarme y a decirme que no me preocupe. Pero me preocupo, padre, y por eso quiero que usted me diga cuánto tiempo de Paraíso puedo agregarme en el libro por haberla abandonado a Adela tan a pesar mío.

Rosario Ferré

1942⁻ PUERTO RICO

Rosario Ferré nació en Ponce, Puerto Rico, de familia adinerada. Su obra literaria es, en gran parte, su historia personal y la de su familia, ya que ésta tiene que ver también con un contexto histórico más amplio. Su familia paterna se relaciona con el francés Ferdinand-Marie de Lesseps, que vino a América para construir el canal de Panamá. Cuando fracasó en dicha empresa, se radicó en Cuba, donde vivió con su segunda familia, pues la primera había quedado en Francia. Luego esta familia prosperó económicamente y se trasladó a Puerto Rico donde se incorporó a la sociedad de la isla y los hombres se casaron con mujeres de la aristocracia terrateniente. El padre de Rosario llegó a ser gobernador de Puerto Rico.

La joven Ferré se especializó en literatura inglesa y latinoamericana en Wellesley College y obtuvo el doctorado en la Universidad de Maryland. Ha sido ganadora en varios concursos de cuentos y su obra se ha publicado en diferentes revistas del continente. Fue fundadora y directora de una de las revistas literarias más importantes de su país y de América Latina: *Zona de carga y descarga*.

En la literatura puertorriqueña, la presencia de narradoras se marca a partir de la década del setenta, pues antes no se inscriben dentro de una continuidad. Las mujeres habían estado ausentes del discurso narrativo y la pequeña nómina de escritoras se encontraban en los géneros de la poesía y el ensayo. En un contexto cultural más amplio esta carencia de narradoras es un rasgo de la literatura antillana.

En Puerto Rico empezaron a surgir narradoras en décadas recientes.

Aunque su número es aún exiguo, marcan la posibilidad de establecer una tradición.

Rosario Ferré comenzó a publicar cuentos y poemas a comienzos de los años setenta. Su primer libro, *Papeles de Pandora*, inscribe en el título la connotación del mito de Pandora. Esta antigua creencia griega trata de la primera mujer, creada por Hefestos. Atenea, la diosa de la sabiduría, dotó a Pandora de todas las gracias y talentos. Zeus le regaló una caja donde estaban todos los bienes y los males humanos y la mandó a la tierra, junto con Epimetio, el primer hombre. El abrió la caja y su contenido se esparció por todo el mundo. Lo único que quedó en la caja fue la Esperanza.

Esta obra es muy significativa, ya que el abrir la caja implica exponer y revelar, a través de la forma literaria ("papeles"), los males y los bienes de la humanidad. *Papeles de Pandora* viene a renovar en nuestro siglo y en nuestro idioma la verdad de ese mito: los catorce cuentos y los seis poemas narrativos que forman este volumen muestran no sólo la diversidad lingüística y su poder concentrado en toda la amplitud de nuestro continente, sino también la perversidad del hacer y pensar humano, la pasión deslumbrante y sórdida de las clases sociales, de todos los puertorriqueños, de todos los latinoamericanos y del género humano. *Papeles de Pandora* esparce en nuestra lectura todos los bienes y los males imaginables bajo la forma de una pasión avasallante.

Ferré ha sido una crítica fuerte de las clases adineradas y su aceptación pasiva de los males sociales que el sistema feudal engendra. Uno de sus temas más constantes es la decadencia y corrupción de la burguesía. Retrata a la mujer de clase alta como una muñeca que está amarrada por las convenciones y que se casa, no por amor, sino por razones sociales y económicas. Otro tema que Ferré aborda es el problema de la identidad de la mujer como tal y como escritora. Ella adopta una posición francamente antimachista, y protesta por la situación femenina y la opresión perpetuada por el hombre.

Rosario Ferré ha integrado a la ficción su plenitud metafórica y su imaginación barroca en cuentos, poesía y novelas cortas que ya han recibido considerable atención. En 1976 se publicó *El medio pollito,* que es una serie de cuentos para niños. También ha publicado *Los cuentos de Juan Bobo* (1981) y *La mona que le pisaron la cola* (1981). En *Sitio a Eros* (1980) Ferré ha recogido trece ensayos dedicados a literatas, artistas femeninas y cuestiones feministas. *Fábulas de la garza desangrada* (1982) es una colección poética sobre la condición de la mujer.

La temática del cuento "La muñeca menor" gira alrededor del mundo de la burguesía, clase social a la que ella pertenece. También trata la descomposición moral de una sociedad desprovista de valores espirituales, que rinden culto al dinero y a las apariencias sociales. En ese ambiente, el único objetivo de la mujer es casarse.

El cuento está inspirado en una historia que le contó una tía cuando Rosario era niña. En la realidad, una prima suya fue abusada por su marido y obligada a vivir con parientes. La joven se dedicó a hacer muñecas, y se enamoró de un médico quien la explotó y le robó su fortuna mientras le trataba una extraña enfermedad en la pierna.

Es un cuento simbólico y metafórico, en el que se mezclan elementos realistas con fantásticos y maravillosos. "La muñeca menor" se presta a múltiples interpretaciones. Puede simbolizar la situación de la mujer atrapada en un matrimonio opresivo en el cual ella es sólo un adorno, sin permitírsele libertad ni autonomía. Por su condición femenina, está excluida de toda participación en la estructura patriarcal.

El símbolo más obvio es el de la muñeca, que es un juguete o un elemento decorativo y pertenece al mundo infantil femenino. Es una metáfora de la mujer, reforzada por la metonimia: muñeca, menor.

La muñeca, como signo cultural, es un objeto híbrido, que oscila entre lo vivo y lo inerte; como tal, sirve de apoyo a los temas relacionados con la metamorfosis y la ambigüedad. Su bipolaridad esencial ha hecho de ella un elemento fundamental en los ritos de diversas culturas, en especial asociada a ciertos rituales de iniciación. La muñeca se anima a través de la consagración, y se convierte en un signo de poder espiritual.

La mujer como icono, cosificado —estatua/maniquí, conecta la primitiva relación espiritual de los ancestros, con la imagen humana. También la doble y polarizada visión mitológica femenina contiene la vertiente doble de sacralización y desacralización, pasividad/actividad, marido/esposa. En el cuento, la tía y la sobrina van unidas en el icono de la muñeca.

Hasta en la economía, la mujer juega un papel en las relaciones entre producción y reproducción. Después de "la luna de miel," la pérdida de la castidad y la virginidad, el marido despoja a la muñeca de los diamantes, dejándola sin ojos. La violencia o violación del acto conlleva la desaparición de la muñeca y la falta de identidad de la protagonista. Para la muñeca, la pérdida de los ojos provee la posibilidad de otro tipo de visión. Los ojos se cierran al mundo pero se abren a un mundo interior que se concreta en la presencia de "las chágaras."

La crítica social es tácita, y se ve la decadencia de la burguesía que añora el pasado. La hija menor es en conjunto el final de la estirpe. El padre e hijo ejercen la medicina, que debiera sanar a la gente, pero contradictoriamente, son los violadores del mundo inmóvil y en decadencia.

Hay muchas referencias al agua, símbolo de purificación. La tía la escucha en el momento que siente la picada de la chágara. Cuando el doctor escucha el corazón con el estetoscopio, oye "un lejano rumor de agua."

La crítica social aparece yuxtapuesta a elementos fantásticos y grotescos, creando un ambiente surreal. La tensión comienza con el parásito incrustado en la pierna de la tía, semejante a la pasividad forzada de la mujer, que la condena a una esterilidad en la que sólo puede producir muñecas. El castigo final es la transformación de la sobrina en un objeto grotesco como venganza al esposo.

El lenguaje contribuye al mensaje subversivo que desmitifica la estructura social. Es una especie de guerrilla lingüística que trastorna el orden establecido. Este cuento expone el mito de la "natural" pasividad femenina y su masoquismo. Algunos críticos comentan sobre el lenguaje atrevido, pero para Ferré, éste es una herramienta para desafiar los tabúes impuestos a la mujer por el patriarcado.

BIBLIOGRAFÍA CRÍTICA

Chaves, María José. "La alegoría como método en los cuentos y ensayos de Rosario Ferré." *Third Woman* (1984): 64–76.

Davis, Lisa E. "La protagonista dócil y rebelde en los cuentos de Rosario Ferré." *Sin Nombre* 4 (1979): 82–88.

Franco, Jean. "Self-destructing Heroines." *Minnesota Review* 22 (1984): 105–15.

López Jiménez, Ivette. "'La muñeca menor': Ceremonias y transformaciones en un cuento de Rosario Ferré." *Explicación de Textos Literarios* 1 (1982): 49–58.

Solá, María. "Habla femenina e ideología feminista en *Papeles de Pandora* de Rosario Ferré." *Alero* 1 (1982): 19–26.

Umpierre-Herrera, Luz María. "Los cuentos ¿infantiles? de Rosario Ferré: Estrategias subversivas." En *Nuevas aproximaciones críticas a la literatura puertorriqueña contemporánea*. San Juan: Editorial Cultura, 1983.

———. "Un manifiesto literario: *Papeles de Pandora* de Rosario Ferré." *Bilingual Review* 2 (1982): 120–26.

Vélez, Diana L. "Power and the Text: Rebellion in Rosario Ferré's *Papeles de Pandora*." *Journal of the Midwest Modern Language Association* (Iowa City) 17 (1984): 70–80.

La muñeca menor

La tía vieja había sacado desde muy temprano el sillón al balcón que daba al cañaveral como hacía siempre que se despertaba con ganas de hacer una muñeca. De joven se bañaba a menudo en el río, pero un día en que la lluvia había recrecido la corriente en cola de dragón había sentido en el tuétano de los huesos una mullida sensación de nieve. La cabeza metida en el reverbero negro de las rocas, había creído escuchar, revolcados con el sonido del agua, los estallidos del salitre sobre la playa y pensó que sus cabellos habían llegado por fin a desembocar en el mar. En ese preciso momento sintió una mordida terrible en la pantorrilla. La sacaron del agua gritando y se la llevaron a la casa en parihuelas[1] retorciéndose de dolor.

El médico que la examinó aseguró que no era nada, probablemente había sido mordida por una chágara[2] viciosa. Sin embargo pasaron los días y la llaga no cerraba. Al cabo de un mes el médico había llegado a la conclusión de que la chágara se había introducido dentro de la carne blanda de la pantorrilla, donde había evidentemente comenzado a engordar. Indicó que le aplicaran un sinapismo[3] para que el calor la obligara a salir. La tía estuvo una semana con la pierna rígida, cubierta de mostaza desde el tobillo hasta el muslo, pero al finalizar el tratamiento se descubrió que la llaga se había abultado aún más, recubriéndose de una substancia pétrea[4] y limosa que era imposible tratar de remover sin que peligrara toda la pierna. Entonces se resignó a vivir para siempre con la chágara enroscada dentro de la gruta de su pantorrilla.

Había sido muy hermosa, pero la chágara que escondía bajo los largos pliegues de gasa de sus faldas la había despojado de toda vanidad. Se había encerrado en la casa rehusando a todos sus pretendientes. Al principio se había dedicado a la crianza de las hijas de su hermana, arrastrando por toda la casa la pierna monstruosa con bastante agilidad. Por aquella época la familia vivía rodeada de un pasado que dejaba desintegrar a su alrededor con la misma impasible musicalidad con que la lámpara de cristal del comedor se desgranaba a pedazos sobre el mantel raído de la mesa. Las niñas adoraban a la tía. Ella las peinaba, las bañaba y les daba de comer. Cuando les leía cuentos se sentaban a su alrededor y levantaban con

1. On a stretcher.
2. River prawn.
3. Mustard plaster.
4. Stonelike.

disimulo el volante almidonado de su falda para oler el perfume de guanábana[5] madura que supuraba la pierna en estado de quietud.

Cuando las niñas fueron creciendo la tía se dedicó a hacerles muñecas para jugar. Al principio eran sólo muñecas comunes, con carne de guata[6] de higuera[7] y ojos de botones perdidos. Pero con el pasar del tiempo fue refinando su arte hasta ganarse el respeto y la reverencia de toda la familia. El nacimiento de una muñeca era siempre motivo de regocijo sagrado, lo cual explicaba el que jamás se les hubiese ocurrido vender una de ellas, ni siquiera cuando las niñas eran ya grandes y la familia comenzaba a pasar necesidad. La tía había ido agrandando el tamaño de las muñecas de manera que correspondieran a la estatura y a las medidas de cada una de las niñas. Como eran nueve y la tía hacía una muñeca de cada niña por año, hubo que separar una pieza de la casa para que la habitasen exclusivamente las muñecas. Cuando la mayor cumplió diez y ocho años había ciento veintiséis muñecas de todas las edades en la habitación. Al abrir la puerta, daba la sensación de entrar en un palomar, o en el cuarto de muñecas del palacio de las tzarinas, o en un almacén donde alguien había puesto a madurar una larga hilera de hojas de tabaco. Sin embargo, la tía no entraba en la habitación por ninguno de estos placeres, sino que echaba el pestillo a la puerta e iba levantando amorosamente cada una de las muñecas canturreándoles mientras las mecía: Así eras cuando tenías un año, así cuando tenías dos, así cuando tenías tres, reviviendo la vida de cada una de ellas por la dimensión del hueco que le dejaban entre los brazos.

El día que la mayor de las niñas cumplió diez años la tía se sentó en el sillón frente al cañaveral y no se volvió a levantar jamás. Se balconeaba días enteros observando los cambios de agua de las cañas y sólo salía de su sopor cuando la venía a visitar el doctor o cuando se despertaba con ganas de hacer una muñeca. Comenzaba entonces a clamar para que todos los habitantes de la casa viniesen a ayudarla. Podía verse ese día a los peones de la hacienda haciendo constantes relevos al pueblo como alegres mensajeros incas, a comprar cera, a comprar barro de porcelana, encajes, agujas, carretes de hilos de todos los colores. Mientras se llevaban a cabo estas diligencias, la tía llamaba a su habitación a la niña con la que había soñado esa noche y le tomaba las medidas. Luego le hacía una mascarilla de cera que cubría de yeso por ambos lados como una cara viva dentro de

---

5. Soursop, a tropical fruit.
6. Paunch, belly.
7. Cottonlike stuffing.

dos caras muertas; luego hacía salir un hilillo rubio interminable por un hoyito en la barbilla. La porcelana de las manos era siempre translúcida; tenía un ligero tinte marfileño que contrastaba con la blancura granulada de las caras de biscuit. Para hacer el cuerpo, la tía enviaba al jardín por veinte higueras relucientes. Las cogía con una mano y con un movimiento experto de la cuchilla las iba rebanando una a una en cráneos relucientes de cuero verde. Luego las inclinaba en hilera contra la pared del balcón, para que el sol y el aire secaran los cerebros algodonosos de guano[8] gris. Al cabo de algunos días raspaba el contenido con una cuchara y lo iba introduciendo con infinita paciencia por la boca de la muñeca.

Lo único que la tía transigía en utilizar en la creación de las muñecas sin que estuviese hecho por ella, eran las bolas de los ojos. Se los enviaban por correo desde Europa en todos los colores, pero la tía los consideraba inservibles hasta no haberlos dejado sumergidos durante un número de días en el fondo de la quebrada para que aprendiesen a reconocer el más leve movimiento de las antenas de las chágaras. Sólo entonces los lavaba con agua de amoniaco y los guardaba, relucientes como gemas, colocados sobre camas de algodón, en el fondo de una lata de galletas holandesas. El vestido de las muñecas no variaba nunca, a pesar de que las niñas iban creciendo. Vestía siempre a las más pequeñas de tira bordada y a las mayores de broderí,[9] colocando en la cabeza de cada una el mismo lazo abullonado y trémulo de pecho de paloma.

Las niñas empezaron a casarse y a abandonar la casa. El día de la boda la tía les regalaba a cada una la última muñeca dándoles un beso en la frente y diciéndoles con una sonrisa: "Aquí tienes tu Pascua de Resurrección." A los novios los tranquilizaba asegurándoles que la muñeca era sólo una decoración sentimental que solía colocarse sentada, en las casas de antes, sobre la cola del piano. Desde lo alto del balcón la tía observaba a las niñas bajar por última vez las escaleras de la casa sosteniendo en una mano la modesta maleta a cuadros de cartón y pasando el otro brazo alrededor de la cintura de aquella exuberante muñeca hecha a su imagen y semejanza, calzada con zapatillas de ante, faldas de bordados nevados y pantaletas de valenciennes.[10] Las manos y la cara de estas muñecas, sin embargo, se notaban menos transparentes, tenían la consistencia de la leche cortada. Esta diferencia encubría otra más sutil: la muñeca de boda no estaba jamás rellena de guata, sino de miel.

8. Seabird manure.
9. Silk guipure.
10. Lace from Valencia.

Ya se habían casado todas las niñas y en la casa quedaba sólo la más joven cuando el doctor hizo a la tía la visita mensual acompañado de su hijo que acababa de regresar de sus estudios de medicina en el norte. El joven levantó el volante de la falda almidonado y se quedó mirando aquella inmensa vejiga abotagada que manaba una esperma perfumada por la punta de sus escamas verdes. Sacó su estetoscopio y la auscultó[11] cuidadosamente. La tía pensó que auscultaba la respiración de la chágara para verificar si todavía estaba viva, y cogiéndole la mano con cariño se la puso sobre un lugar determinado para que palpara el movimiento constante de las antenas. El joven dejó caer la falda y miró fijamente al padre. Usted hubiese podido haber curado esto en sus comienzos, le dijo. Es cierto, contestó el padre, pero yo sólo quería que vinieras a ver la chágara que te había pagado los estudios durante veinte años.

En adelante fue el joven médico quien visitó mensualmente a la tía vieja. Era evidente su interés por la menor y la tía pudo comenzar su última muñeca con amplia anticipación. Se presentaba siempre con el cuello almidonado, los zapatos brillantes y el ostentoso alfiler de corbata oriental del que no tiene donde caerse muerto. Luego de examinar a la tía se sentaba en la sala recostando su silueta de papel dentro de un marco ovalado, a la vez que le entregaba a la menor el mismo ramo de siemprevivas moradas. Ella le ofrecía galletitas de jengibre[12] y cogía el ramo quisquillosamente con la punta de los dedos como quien coge el estómago de un erizo vuelto al revés. Decidió casarse con él porque le intrigaba su perfil dormido, y porque ya tenía ganas de saber cómo era por dentro la carne de delfín.

El día de la boda la menor se sorprendió al coger la muñeca por la cintura y encontrarla tibia, pero lo olvidó en seguida, asombrada ante su excelencia artística. Las manos y la cara estaban confeccionadas con delicadísima porcelana de Mikado. Reconoció en la sonrisa entreabierta y un poco triste la colección completa de sus dientes de leche. Había, además, otro detalle particular: la tía había incrustado en el fondo de las pupilas de los ojos sus dormilonas de brillantes.

El joven médico se la llevó a vivir al pueblo, a una casa encuadrada dentro de un bloque de cemento. La obligaba todos los días a sentarse en el balcón, para que los que pasaban por la calle supiesen que él se había casado en sociedad. Inmóvil dentro de su cubo de calor, la menor comenzó a sospechar que su marido no sólo tenía el perfil de silueta de papel sino también

11. Examined.
12. Ginger.

el alma. Confirmó sus sospechas al poco tiempo. Un día él sacó los ojos a la muñeca con la punta del bisturí y los empeñó por un lujoso reloj de cebolla[13] con una larga leontina.[14] Desde entonces la muñeca siguió sentada sobre la cola del piano, pero con los ojos bajos.

A los pocos meses el joven médico notó la ausencia de la muñeca y le preguntó a la menor qué había hecho con ella. Una cofradía de señoras piadosas le había ofrecido una buena suma por la cara y las manos de porcelana para hacerle un retablo a la Verónica en la próxima procesión de Cuaresma. La menor le contestó que las hormigas habían descubierto por fin que la muñeca estaba rellena de miel y en una sola noche se la habían devorado. "Como las manos y la cara eran de porcelana de Mikado, dijo, seguramente las hormigas las creyeron hechas de azúcar, y en este preciso momento deben de estar quebrándose los dientes, royendo con furia dedos y párpados en alguna cueva subterránea." Esa noche el médico cavó toda la tierra alrededor de la casa sin encontrar nada.

Pasaron los años y el médico se hizo millonario. Se había quedado con toda la clientela del pueblo, a quienes no les importaba pagar honorarios exorbitantes para poder ver de cerca a un miembro legítimo de la extinta aristocracia cañera.[15] La menor seguía sentada en el balcón, inmóvil dentro de sus gasas y encajes, siempre con los ojos bajos. Cuando los pacientes de su marido, colgados de collares, plumachos y bastones, se acomodaban cerca de ella removiendo los rollos de sus carnes satisfechas con un alboroto de monedas, percibían a su alrededor un perfume particular que les hacía recordar involuntariamente la lenta supuración de una guanábana. Entonces les entraban a todos unas ganas irresistibles de restregarse las manos como si fueran patas.

Una sola cosa perturbaba la felicidad del médico. Notaba que mientras él se iba poniendo viejo, la menor guardaba la misma piel aporcelanada y dura que tenía cuando la iba a visitar a la casa del cañaveral. Una noche decidió entrar en su habitación para observarla durmiendo. Notó que su pecho no se movía. Colocó delicadamente el estetoscopio sobre su corazón y oyó un lejano rumor de agua. Entonces la muñeca levantó los párpados y por las cuencas vacías de los ojos comenzaron a salir las antenas furibundas de las chágaras.

Papeles de Pandora (1976)

---

13. Pocket watch.
14. Watch chain.
15. Sugarcane aristocracy.

Eva María

desnuda germinaba hojas por mi cuerpo de paraíso
sabía cuando tú inocente
la manzana gustada ya en mi mano
me acerqué y te la ofrecí
para después yo misma estrangularla
o padre o patria o tierra del padre
eva fortunata amaranta maría
cuerpo jardín sellado
cuerpo huerto prometido
grávido[16] de cabezas y de lenguas y de ojos que reposan esperando
mi madre tu madre sentada en el centro de la tierra
enmadejando lo que tú desenmadejas enmadejando
con los hilos de su carne
por eso parturienta con gusto partida
por eso cabeza de niño y grito entre las piernas
por eso del paraíso salida
para entrar con los ojos abiertos por las puertas del infierno

he tratado de ser como querías
buena sorda muda ciega
tomando viña 25 el día de las madres
con mi corsage puesto y mis dormilonas de diamantes
pero no he podido
los antepasados no me dejan
sobreponen en mí sus pensamientos
pieles de cebolla
se empeñan en contemplar el mar si lo contemplo
se empeñan en hacer el amor bajo la luna
cuentan todos los días las toronjas en los árboles

tocan el moriviví con la punta de los dedos
se remueven puñetean protestan
abren bocas en mis brazos y en mis manos
gritan que me arranque ya el pendejo cinturón de espuma
que me desgarre las guajanas del manto

16. Pregnant.

quieren hacer saltar los rainstones de mi corona marabú
quieren desprender mi cara de niña
muñeca biscuit del siglo XIX que no debe pensar
con un hueco en la cabeza para poner flores
y me dejan la boca sangrienta de puños
cada vez que le canto a la patria

los supermercados se desbordan de comida
las petroleras las atuneras las cementeras se desbordan
los magnates desbordan yates
las joyas se desbordan de las mujeres de los magnates
que desbordan yates
el caño coño cañón se desborda de cloacas por la playa de ponce
desde hace cincuenta años
y machuelito árbol de navidad colgado de neveras y televisores
desbordando risas cucarachas ratones niños hambrientos luces de
colores

escogeré entre el sombrero de flores
y los hilos de sangre
entre los guantes blancos
y la tierra entre las manos
aunque me fusilen las manos
entre el mustang banda blanca con tapalodo colorado
y el tiranosauro dorado
pariré un hijo macho frente al dragón que me acecha
y después del parto
estrangularé el dragón con mi propia placenta
lo atravesaré de costado a costado
con mi hijo vara de acero
vestida de sol por las crines enmarañadas de mi pelo
me pararé con pies de gárgola sobre la luna
me coseré una a una las estrellas de los ojos
con hilo rojo
para celebrar mi victoria

Papeles de Pandora (1976)

Angeles Mastretta

1949- MÉXICO

Angeles Mastretta nació en Puebla. Estudió periodismo en la Universidad Nacional Autónoma de México. En 1985 ganó el premio Mazatlán por su novela *Arráncame la vida*. Esta obra ha tenido gran éxito y está traducida a más de diez idiomas. Angeles continúa trabajando como periodista y literata. Su última obra, *Mujeres de ojos negros,* es ya un "bestseller."

BIBLIOGRAFÍA CRÍTICA

Anderson, Danny. "Displacement: Strategies of Transformation in *Arráncame la vida* by Angeles Mastretta," *Journal of the Midwest Modern Language Association* (Iowa City) 21 (1988): 15–27.

Gold, Janet. "*Arráncame la vida*: Textual Complicity and the Boundaries of Rebellion." *Chasqui: Revista de Literatura Latinoamericana* (Provo, Utah) 17 (1988): 35–40.

López González, Aralia. "Dos tendencias en la evolución de la narrativa contemporánea de escritoras mexicanas." En tomo 1 de *Mujer y literatura mexicana y chicana,* ed. Aralia López González. México: Colegio de México, 1990.

Mujeres de ojos grandes

(Fragmento)

No era bonita la tía Cristina Martínez, pero algo tenía en sus piernas flacas y su voz atropellada que la hacía interesante. Por desgracia, los hombres de Puebla no andaban buscando mujeres interesantes para casarse con ellas y la tía Cristina cumplió veinte años sin que nadie le hubiera propuesto ni siquiera un noviazgo de buen nivel. Cuando cumplió veintiuno, sus cuatro hermanas estaban casadas para bien o para mal y ella pasaba el día entero con la humillación de estarse quedando para vestir santos. En poco tiempo, sus sobrinos la llamarían quedada y ella no estaba segura de poder soportar ese golpe. Fue después de aquel cumpleaños, que terminó con las lágrimas de su madre a la hora en que ella sopló las velas del pastel, cuando apareció en el horizonte el señor Arqueros.

Cristina volvió una mañana del centro, a donde fue para comprar unos botones de concha y un metro de encaje, contando que había conocido a un español de buena clase en la joyería La Princesa. Los brillantes del aparador la habían hecho entrar para saber cuánto costaba un anillo de compromiso que era la ilusión de su vida. Cuando le dijeron el precio le pareció correcto y lamentó no ser un hombre para comprarlo en ese instante con el propósito de ponérselo algún día.

—Ellos pueden tener el anillo antes que la novia, hasta pueden elegir una novia que le haga juego al anillo. En cambio, nosotras sólo tenemos que esperar. Hay quienes esperan durante toda su vida, y quienes cargan para siempre con un anillo que les disgusta, ¿no crees? —le preguntó a su madre durante la comida.

—Ya no te pelees con los hombres, Cristina —dijo su madre—. ¿Quién va a ver por ti cuando me muera?

—Yo, mamá, no te preocupes. Yo voy a ver por mí.

En la tarde, un mensajero de la joyería se presentó en la casa con el anillo que la tía Cristina se había probado extendiendo la mano para mirarlo por todos lados mientras decía un montón de cosas parecidas a las que le repetía a su madre en el comedor. Llevaba también un sobre lacrado con el nombre y los apellidos de Cristina.

Ambas cosas las enviaba el señor Arqueros, con su devoción, sus respetos y la pena de no llevarlos él mismo porque su barco salía a Veracruz al día siguiente y en él viajó parte de ese día y toda la noche para llegar a tiempo. El mensaje le proponía matrimonio: "Sus conceptos sobre la vida, las mujeres y los hombres, su deliciosa voz y la libertad con que camina me deslumbraron. No volveré a México en varios años, pero le propongo que me alcance en España. Mi amigo Emilio Suárez se presentará ante sus padres dentro de poco. Dejo en él mi confianza y en usted mi esperanza."

Emilio Suárez era el hombre de los sueños adolescentes de Cristina. Le llevaba doce años y seguía soltero cuando ella tenía veintiuno. Era rico como la selva en las lluvias y arisco como los montes en enero. Le habían hecho la búsqueda todas las mujeres de la ciudad y las más afortunadas sólo obtuvieron el trofeo de una nieve en los portales. Sin embargo, se presentó en casa de Cristina para pedir, en nombre de su amigo, un matrimonio por poder en el que con mucho gusto sería su representante.

La mamá de la tía Cristina se negaba a creerle que sólo una vez hubiera visto al español, y en cuanto Suárez desapareció con la respuesta de que iban a pensarlo, la acusó de mil pirujerías. Pero era tal el gesto de asombro de su hija, que terminó pidiéndole perdón a ella y permiso al cielo en que estaba su marido para cometer la barbaridad de casarla con un extraño.

Cuando salió de la angustia propia de las sorpresas, la tía Cristina miró su anillo y empezó a llorar por sus hermanas, por su madre, por sus amigas, por su barrio, por la catedral, por el zócalo, por los volcanes, por el cielo, por el mole, por las chalupas, por el himno nacional, por la carretera a México, por Cholula, por Cuetzálan, por los aromados huesos de su papá, por las cazuelas, por los chocolates rasposos, por la música, por el olor de las tortillas, por el río San Francisco, por el rancho de su amiga Elena y los potreros de su tío Abelardo, por la luna de octubre y la de marzo, por el sol de febrero, por su arrogante soltería, por Emilio Suárez que en toda la vida de mirarla nunca oyó su voz ni se fijó en cómo carambas caminaba.

Al día siguiente salió a la calle con la noticia y su anillo brillándole. Seis meses después se casó con el señor Arqueros frente a un cura, un notario y los ojos de Suárez. Hubo misa, banquete, baile y despedidas. Todo con el mismo entusiasmo que si el novio estuviera de este lado del mar. Dicen que no se vio novia más radiante en mucho tiempo.

Dos días después Cristina salió de Veracruz hacia el puerto donde el señor Arqueros con toda su caballerosidad la recogería para llevarla a vivir entre sus tías de Valladolid.

De ahí, mandó su primera carta diciendo cuánto extrañaba y cuán feliz era. Dedicaba poco espacio a describir el paisaje apretujado de casitas y sembradíos, pero le mandaba a su mamá la receta de una carne con vino tinto que era el platillo de la región, y a sus hermanas dos poemas de un señor García Lorca que la habían vuelto al revés. Su marido resultó un hombre cuidadoso y trabajador, que vivía riéndose con el modo de hablar español y las historias de aparecidos de su mujer, con su ruborizarse cada vez que oía un "coño" y su terror porque ahí todo el mundo se cagaba en Dios por cualquier motivo y juraba por la hostia sin ningún miramiento.

Un año de cartas fue y vino antes de aquella en que la tía Cristina refirió a sus papás la muerte inesperada del señor Arqueros. Era una carta breve que parecía no tener sentimientos. "Así de mal estará la pobre," dijo su hermana, la segunda, que sabía de sus veleidades sentimentales y sus desaforadas pasiones. Todas quedaron con la pena de su pena y esperando que en cuanto se recuperara de la conmoción les escribiera con un poco más de claridad sobre su futuro. De eso hablaban un domingo después de la comida cuando la vieron aparecer en la sala.

Llevaba regalos para todos y los sobrinos no la soltaron hasta que terminó de repartirlos. Las piernas le habían engordado y las tenía subidas en unos tacones altísimos, negros como las medias, la falda, la blusa, el saco, el sombrero y el velo que no tuvo tiempo de quitarse de la cara. Cuando acabó la repartición se lo arrancó junto con el sombrero y sonrió.

—Pues ya regresé —dijo.

Desde entonces fue la viuda de Arqueros. No cayeron sobre ella las penas de ser una solterona y espantó las otras con su piano desafinado y su voz ardiente. No había que rogarle para que fuera hasta el piano y se acompañara cualquier canción. Tenía en su repertorio toda clase de valses, polkas, corridos, arias y pasos dobles. Les puso letra a unos preludios de Chopin y los cantaba evocando romances que nunca se le conocieron. Al terminar su concierto dejaba que todos le aplaudieran y tras levantarse del banquito para hacer una profunda caravana, extendía los brazos, mostraba su anillo y luego, señalándose a sí misma con sus manos envejecidas y hermosas, decía contundente: "Y enterrada en Puebla."

Cuentan las malas lenguas que el señor Arqueros no existió nunca. Que Emilio Suárez dijo la única mentira de su vida, convencido por quién sabe cuál arte de la tía Cristina. Y que el dinero que llamaba su herencia, lo había sacado de un contrabando cargado en las maletas del ajuar nupcial.

Quién sabe. Lo cierto es que Emilio Suárez y Cristina Martínez fueron amigos hasta el último de sus días. Cosa que nadie les perdonó jamás, porque la amistad entre hombres y mujeres es un bien imperdonable.

Cristina Pacheco

Nació en Guanajuato, de una familia dedicada a la agricultura y a la pequeña ganadería. Por razones económicas, la familia abandonó el campo y se mudó a San Luis Potosí y más tarde a la ciudad de México. En la gran ciudad Cristina hizo sus estudios primarios y secundarios, y se especializó en letras españolas en la Universidad Nacional Autónoma de México.

Las perspectivas de la vida urbana y el aprendizaje nunca la alejaron de su pueblo ni del campo. Su padre sentía gran apego, amor y nostalgia por la tierra. Esta emoción marcó a Cristina para siempre. El campo para ella es su último refugio. La ciudad de México le dio la oportunidad del empleo que ella siempre deseaba: escribir. Es periodista en diarios, revistas, radio y televisión. Su profesión le ha permitido viajar ampliamente por el país. Así ella ha escuchado las historias del pueblo, ha visto su lucha heroica e ignorada, ha sido testigo de su opresión, de su marginación y de su eterna esperanza.

Los relatos de Pacheco se basan, precisamente, en esas historias, mezcladas con sus propias experiencias. Su imaginación pretende ser una manifestación de solidaridad con el pueblo al que pertenece, un testimonio de estos años difíciles y también un medio para captar los estilos de vida, los símbolos, las hablas populares, los últimos reductos de los mexicanos y mexicanas que, cada vez, están más despojados de medios económicos;

ahora ya sólo pueden alimentarse con la tradicional *Sopita de fideo*. Este es el título del libro que contiene las selecciones de esta antología.

Cristina Pacheco es una de las novísimas escritoras latinoamericanas sobre la cual no hay bibliografía todavía.

Padre, he aquí a tu hijo

Julián, ¿no vas a entrar a despedirte de tu padre? Ya no tardan en llevárselo.

Julián oye claramente la voz de Aurora, pero no le responde. Sigue disparando piedritas contra los botes de cerveza que forman un blanco a mitad de la calle. Cuando logra derribar el más lejano suelta una carcajada, aplaude, se frota el pecho y las axilas imitando la danza de un simio. Ríen los niños que lo observan desde lejos.

—¿Estás borracho, verdá? —pregunta Aurora, tomándolo del brazo.

—No tanto. Medio pedillo nomás.

—Conmigo no tienes por qué ser tan majadero y tan cínico.

—Boinas ¿y qué quieres: que te me cuadre cuando me hablas?

Julián intenta adoptar una actitud marcial, tambaleándose levanta su mano a la altura del pecho y grita: —Un, dos; un, dos; saludo a la generala. . .

—Tan siquiera hoy no hagas tus desfiguros. Están velando a tu padre, ¿qué ni eso te importa? —En la voz de Aurora hay temblor de llanto.

—Ujule, qué generala tan chillona. . .

—Hombre, Julián pero ¿cómo no voy a llorar de ver que ni siquiera has querido rezarle una Magnífica a tu padre? Al menos hoy, compórtate. Ya mañana tú sabrás lo que haces de tu vida. Yo no pienso meterme en nada.

Julián se siente conmovido por las palabras de Aurora, la mujer que durante los últimos años acompañó a su padre. Se le acerca, le echa un brazo al hombro y le dice:

—Voy a entrar, pero que conste qu'es por ti, por las veces que me defendiste del viejo. —Julián mira a los vecinos que desde la puerta de la vivienda los observan y les dice: —Esta vieja, ahí donde la ven chaparra y jodidona, es la que siempre me defendió de mi padre. Si él no me mató fue gracias a ella.

—Julián ¿qué fuerza es que la gente sepa tus cosas? Además, Liborio ya está muerto. Dios ya lo juzgó. Ojalá lo haya perdonado.

Aurora se persigna. Los vecinos repiten el movimiento. Julián levanta los brazos:

—Me cai qu'estás en el cielo, cómo carajos no. Pero a mí me vale, a mí no m'engañas nomás porque te confesaste y comulgaste. —Julián remata la frase con un gesto obsceno.

—Julián, entra conmigo, ¿qué va a decir la gente?

—Lo que siempre ha dicho: que soy un cábula, un mariguano, un ladrón, un mal hijo.

—Si hablan mal de ti es por tu culpa. Mira cómo te pones. Andale, ven.

—Charros, no más no me jales. Voy a entrar, ya te lo dije, pero antes déjame darle un lleguecito a mi pacha. —De la bolsa de su pantalón extrae una botella de tequila, bebe el último trago y después la estrella contra el piso. El estruendo alarma a los vecinos, que se asoman a las ventanas y las puertas.—Aquí se rompió una taza. . . Nomás que ahora no puedes madrearme, viejo, ¿sabes por qué? Porque estás bien muerto. Aunque quieras, ya no puedes tallarme los vidrios en los brazos como aquella vez que te rompí tu jarrita de pulque. ¿No te acuerdas? Pues yo sí. Me decías: "Si chillas o te rajas con alguien, te mato. Y me aguanté las ganas de llorar; pero ahora, porque no quiero.—Julián se levanta la manga de la camisa. Sus lágrimas humedecen sus cicatrices.

—No te acuerdes de esas cosas. Andale, vamos entrando —suplica Aurora, presionándolo suavemente rumbo a la casa.

I I

El comedorcito sirve de velatorio. Una colcha tapa el espejo del trinchador.

Imágenes sagradas cuelgan de los clavos donde antes estuvieron retratos, calendarios, recuerdos familiares. Los cuatro cirios ahuman. Su olor se mezcla al de los alhelíes, puestos en dos cubetas de plástico que alguien forró con papel de china.

Julián está inmóvil, pero su corazón late de prisa. Sabe que su padre está muerto y sin embargo tiembla en su presencia. Una mujer enlutada abre la ventanilla del ataúd y le ordena:

—Ven a decirle adiós. . .

Julián camina con pasos muy cortos. Siente pánico. Se vuelve hacia la puerta. Los vecinos la obstruyen. Aunque quisiera no podría huir. Recuerda la cantidad de veces que esa puerta se cerró para que su padre pudiera golpearlo, insultarlo, recriminarle el abandono en que los dejó su madre: "Y tú eres igualito a ella y un día vas a dejarme y no te voy a importar ni un carajo." En la memoria de su cuerpo reviven el dolor, la sensación de ebriedad, de somnolencia que le producía aspirar el cemento o el tíner que algunas veces le ofrecía su padre.

—El me enseñó, él me hizo así. . . —La inesperada frase de Julián impone silencio entre las rezadoras. El muchacho toma un manojito de alhelíes. Sus tallos escurren gotas de agua turbia. Julián levanta las flores y sigue hablando. —Es mi padre. El muerto es mi padre y tengo derecho de hablarle. Sí, ya sé que estoy borracho, pero no olvido las cosas que vivimos juntos. Cuando mi madre se fue cumplí ocho años. Me puse tan triste que ni hambre me daba y por eso, porque me resistía a comer, él me pegaba con todas sus fuerzas, con todo el coraje de verse abandonado. Nadie me defendió entonces. "Lo está educando. Con los muchachos hay que ser duro."

—Julián, ¿no dijiste que íbamos a rezar? —interviene Aurora.

—Estoy rezando, estoy hablando con mi corazón. ¿Saben qué era lo peor? Las noches. Tomaba y no quería que me durmiera. Al rato de estar viéndome le daba por decirme: "Te pareces mucho a ella, infeliz." Siempre acababa golpeándome en la cara. En cuanto me veía sangrar me pedía perdón y dizque para que estuviéramos contentos me daba una cerveza, un carrujo, su lata de cemento. "Con esto se me pasa el coraje, se me va la tristeza. Entrale para que se te salga el odio que sientes por mí." Esas eran las cosas que mi padre me hacía para educarme.

—Estás levantando falsos. El nunca te obligó —dice la enlutada.

—Me obligó, claro que sí. Mírenme, vean lo que hizo de mí mi propio padre. Tuve que aguantarlo, oírlo; pero nunca pude decirle que lo quería. Una vez cuando quise besarlo, me botó, me dijo: "Sácate, maricón, déjame en paz. Eres como tu madre, de ladino y arrastrado. . ." Siempre quise hablarle, decirle cosas: que fuéramos a buscar a mi madre, por ejemplo. Borracho ni me oía. Cuando estaba en sus cinco sentidos jamás me contestó, nunca me habló. Todo puro silencio, igual que ahora.

Julián deja las flores sobre el féretro y comienza a golpearlo con los puños cerrados:

—Padre, soy yo, tu hijo. Padre, contéstame. . . —Así permanece algún tiempo, llorando. Luego levanta la cabeza y dice:— Ya ven cómo no miento: él nunca me contesta.

La muerte de Don Juan

"El Jairo" vivió toda su vida para darse gusto. Años y años de purito placer. Esas cosas se pagan, no cabe duda: la prueba está en que sus últimos minutos fueron nomás de dolor. Desde que Gabriel lo agarró de los cabellos para separarlo de su esposa —que de seguro se quedó tirada, desnuda, mucho muy ofendida— hasta que se lo llevó al callejón, todo fue sufrimiento para él. Una cosa horrible. En lo angostito de ese lugar rebotaban sus chillidos, sus gritos —"Suéltame, Gabriel. Déjame explicarte. No es lo que te imaginas"—. Lo sé porque desde aquí, junto a la ventana, todo se oye como si lo estuviera diciendo en mi propia casa.

Los más alborotados eran los perros; ladraban como si olieran el muerto. En eso los animales nos ganan: presienten la muerte y los temblores. En seguidita ya estaba toda la gente en la boca del callejón. Primero nomás viendo, gritando. Ya después fue distinto. Y de nada sirve que ahora todos anden haciéndose los inocentes y los mustios. . . Desde aquí vi cómo le llovían al "Jairo" los golpes en la espalda, en la cabeza, en sus partes.

Por un ratito todo fue como en cualquier pleito callejero. De repente no sé quién rompió una botella. En los cachos de vidrio se chispó la mañana, se deshizo el temor a Dios y luego también la propia vida del "Jairo."

Porque los filos se le clavaron bien feo en la cara, en el estómago, en el cuello. De allí le saltó un chorro de sangre larguísimo. Eso me llamó la atención y pensé: "Aunque somos bien distintos, todos tenemos la sangre igual de colorada."

I I

Cuando lo vi tan quieto, tirado a media calle, no lo podía creer. El, siempre tan animado, tan ganoso, ya no se movía. Qué cambio. Quien lo haya conocido sabe también de su fama: abusador de mujeres. Y es que su cuerpo era así: de que se le antojaba alguna la seguía y la seguía, hasta que era suya. Después, si te vi no me acuerdo. Lo malo es que todas se fueron aguantando a no decir nada, a no contarle a nadie su vergüenza. Los hombres —hermanos, padres, maridos, amigos de las mujeres violadas— tampoco hablaron, creo que por miedo a las burlas. Si cuando no pasa nada la gente se anda riendo de una, ora imagínese cuando hay motivo. . . Y conste que yo sé de eso. . .

No porque el "Jairo" está muerto voy a hablar mal de él. De que era un cabrón, lo era; pero conmigo fue lindo. Siempre me saludaba: "Crucita, ¿cómo estás, cómo amaneciste?" Si estrenaba una camisa, un suéter, me los chuleaba. Verlo me daba gusto. Sí, encontrarlo en la calle me alegraba. A veces que iba con su bola de amigos me gritaba desde lejos: "Adiós, Crucita." Y como los pelados empezaban a hacer sus burlas él les decía bien enojado: "Orale, órale, con mi novia no se metan. . ." El "Jairo" me quería porque, según él, yo era la única mujer capaz de traerle buena suerte. . .

I I I

Cuando vino la policía a preguntar: ¿cómo estuvo la cosa? ¿quién fue? ¿usté conocía al sujeto?, me hice la tonta y no dije ni media palabra. Pero claro que lo vi todo y a él lo conocía puede que mejor que nadie. Esa mañana lo vi pasar, como siempre, muy bañado. Se me hizo raro: iba tan de prisa que ni siquiera se detuvo a saludarme. Desde lejos, me gritó: "Adiós, Crucita, luego nos vemos." Claro, como que iba a lo suyo. Se lo noté, le vi las intenciones. Lo malo fue su prisa, porque si se hubiera acercado y me hubiera dicho: "Crucita, ¿qué hago con la mujer de Gabriel?" yo le habría aconsejado: "Allí no te metas, 'Jairo' te va a ir mal, yo sé lo que te digo. . ."

Por esa simple cosa pasó lo que pasó, lo que ya le conté: los gritos, los ladridos, los golpes y la maldita botella. Y yo aquí, sin fuerzas para moverme, viéndolo todo. Pude haber cerrado las cortinas, pero me pareció feo. Yo tenía que acompañar al "Jairo" en sus últimos minutos. Cómo no, si fue tan gente conmigo. "Ojos bonitos," me decía. Lo que más me gustaba era que me dijera: "Tú me das buena suerte, jorobadita. . ."

Nunca se propasó, nunca ni siquiera hizo el intento de tocarme el cuello, el pecho. Me respetó siempre y yo por eso me quedé aquí, viéndolo todo, aguantando los golpes, las heridas que le hicieron. Ya que esa mañana no le di la suerte, al menos le entregué mi compañía.

Guadalupe Loaeza

MÉXICO

Guadalupe Loaeza nació en la ciudad de México. Participó en el taller de narrativa de Elena Poniatowska. Comenzó a publicar desde 1982 y llamó la atención desde el principio por la naturaleza de los temas, la originalidad de su estilo y la habilidad de poner al desnudo a la burguesía mexicana con ánimo sonriente. Publica artículos semanalmente en *La Jornada*.

Loaeza no pontifica ni sermonea: simplemente retrata y reproduce lo que percibe en el entorno político. Pero sus textos no son ingenuos. Están cargados de intención. A veces en forma de diálogo con apariencia amable; a veces de forma más directa, como si fuera una denuncia y presenta instituciones, funcionarios políticos y ciudadanos reales. Sus escritos hacen sonreír al lector pero también lo hacen cavilar.

Como en el caso de Cristina Pacheco, todavía no hay bibliografía sobre esta talentosa escritora.

"¿Y mis amigos que parecen delincuentes?" pensé de inmediato cuando leí las declaraciones del general José Domingo Ramírez Garrido Abreu en el sentido de que premiaría al policía que asesine a un delincuente con cien mil pesos, una medalla y un diploma. A todos les llamé enseguida para prevenirlos. Unos se ofendieron y otros me lo agradecieron.

Ese mismo día también leí aterrada, que de enero a diciembre, cada 90 minutos se habrán producido un asesinato y ocho robos, cuatro a mano armada. "Y a partir de ahora, ¿cuántos delincuentes morirán por policías?" me pregunté. "¿Cómo los reconocerán?" Les preguntarán: "¿Eres o no eres delincuente?" Pero tengo entendido que los delincuentes nunca dicen la verdad. "¿Y dónde llevarán tanto cadáver? ¿Entonces se harán mucho más ricos los que tengan agencias funerarias? Y los policías que entreguen delincuentes vivos, ¿nada más recibirán 50 mil pesos? ¿De cuánto será la recompensa si los entregan heridos? Y los que maten cinco delincuentes de un golpe, ¿recibirán 500 mil pesos? Y entonces se harán millonarios si los invierten a más de cien por ciento de intereses por un año. Y cuando sus nietos le pregunten: '¿Cómo hiciste tu fortuna, abuelito?' el policía contestará orgulloso: 'Pues mira, muchacho, primero empecé matando a cinco delincuentes allá por los años ochenta. Luego ese dinero lo invertí en Cetes y a partir de allá, fui comprando algunos terrenitos y construyendo algunos edificios.' Por otro lado, seguramente habrá policías que encuentren esta recompensa pobre: 'Pero, mi general, si apenas son 120 dólares. Y eso de matar delincuentes, es cosa seria. ¿Por qué no le sube a 200?' le habrán preguntado muchos entre broma y broma. ¿Y de cuánto será el premio por echarse al plato a los viejos delincuentes, o bien a los jefes de banda? Y un delincuente extranjero, ¿se pagará en moneda extranjera? Y si de tanto pagar recompensas, ¿la Secretaría General de Protección y Vialidad quiebra por completo? Sería muy triste que el general Ramírez Garrido Abreu comenzara a rogar a los policías: '¡Ya por favor, no maten tantos delincuentes, que ya no tenemos dinero!' ¿Y si un delincuente rico (que hay muchísimos) le ofrece de mordida al policía 125 mil pesos por dejarlo vivo? Y si los delincuentes ahora muertos pero de miedo con estas declaraciones, les proponen a las otras bandas, recompensarlos con 150 mil pesos por cada policía que maten, ¿tendrá que subir la tarifa del general? Y si dentro de los policías existieran miles de delincuentes, ¿cómo podrán distinguirlos?; y si se encuentran dos policías delincuentes uno frente al otro y terminan por matarse, ¿a quién se le dará la recompensa? ¿A José

Domingo Ramírez Garrido Abreu? ¿Y si en lugar de pagar tanta recompensa, mejor les sube los sueldos a los policías, mejora las patrullas, les cambia los uniformes y les da un buen aguinaldo?"

¿Y si mejor cambian al general José Domingo Ramírez Abreu, le dan sus cien mil pesos en efectivo, su medalla y su diploma por el otro general que no tenga permiso para matar?

¿Y si mejor yo no le sigo? No vaya a creer mi general que soy una chava[1] banda que quiere "tomar la ciudad."

1. Cheap gangster.

ENSAYO

Isabel Allende

1942- CHILE

Después de conocer a Isabel Allende, se entiende la conexión que existe entre su vida y obra. Para comprender su inquietud vivencial, es mejor que ella misma nos cuente los hechos más sobresalientes de su vida:

> Nací en Lima—cuenta Isabel—por casualidad, pues soy chilena. Tuve un padre como el conde de Satigny, que desapareció sin dejar recuerdos. Esto determinó que mi madre fuera con sus hijos a vivir en el hogar de los abuelos, que marcó mi infancia.
>
> Allí crecí entretenida en juegos solitarios y excursiones al sótano, misterioso depósito donde se amontonaban los trastos inservibles. Ese lugar fue mi caja de Pandora. Contenía el pasado, prisionero en viejas cartas de amor, diarios de viajes y retratos de obispos, de doncellas y de exploradores con un pie sobre un tigre de Bengala. Mi fantasía fue alimentada por todo aquello y también por los libros. La herencia que recibí de mi padre fueron novelas de Jack London, Julio Verne, Emilio Salgarí, El Tesoro de la Juventud y los clásicos de todos los tiempos.
>
> Vivían con nosotros dos tíos solterones y extravagantes, uno de los cuales poseía tantos libros que no se podían contar y el otro repetía constantemente los 999 nombres de Dios, meditaba y hacía yoga. Así es como a los diez años lloraba con las tragedias

de Shakespeare, intentaba descifrar a Freud y me confundía con las obras del Marqués de Sade. Envidiaba a quienes podían escribir y llenaba cuadernos de relatos imposibles.

Mi abuelo era un patriarca, un hombre fuerte, intolerable, sacudido por incontrolables pasiones, que murió cerca de los cien años, en plena posesión de sus facultades mentales, cojo y gastado, pero sin arrugas. Tuve una abuela extraordinaria que murió demasiado pronto, pero cuyo espíritu todavía me acompaña, y cargo su fotografía conmigo por todas partes.

Mi madre fue el norte de mi infancia. Tal vez por eso me resulta más fácil escribir sobre las mujeres. Ella me dio un cuadro de Chagal y una pared de mi cuarto para que pintara allí las cosas que deseaba tener. Posteriormente se casó con un hombre extraordinario quien, con el tiempo, llegó a ser el mejor padre para mí. Era diplomático, así que dimos muchas vueltas por el mundo.

Durante los años que deambulé deseaba recuperar la estabilidad de la infancia. Por eso cuando por fin regresé a Chile, aspiré el aire de mi país, miré sus cumbres nevadas y me dispuse a echar raíces. Tenía yo quince años. Creo que ya entonces deseaba convertirme en escritora. No imaginaba lo arduo que resultaba escribir.

Conocí el amor, tuve hijos, trabajé como periodista, que es una manera solapada de aproximarse a la literatura.

Amando, trabajando y acumulando historias, pasó el tiempo y amaneció un martes fatídico, el 11 de septiembre de 1973. Ese día un golpe militar derrocó el gobierno constitucional de Chile. Un terrible lamento recorrió mi patria. Gracias a mi trabajo de periodista supe exactamente lo que sucedía, lo viví de cerca. Los últimos capítulos de *La casa de los espíritus* relatan esos acontecimientos.

Para quienes conocen y aman la libertad, es imposible adaptarse a una dictadura. Muchos a nuestro alrededor fueron presos, muertos, exiliados o vivían en la clandestinidad. Había llegado el momento de irme. Mi marido extendió un mapa del mundo y buscamos un sitio adonde ir. Así llegamos a Venezuela. Atrás quedaron los baúles encantados de mis tíos, los libros del sótano, los retratos de familia.

En enero de 1981 desperté una mañana con una idea extravagante. Pensé que si escribía lo que pensaba rescatar del olvido, podría reconstruir el mundo perdido. Ya nadie me lo podría quitar. Escribí por una ineludible obligación. Debemos asumir el compromiso de servir a la causa de la libertad y la justicia. Hay que emplear las letras al servicio del hombre. El peor enemigo de la barbarie son las ideas.[1]

Así nació *La casa de los espíritus* (1982), una de las grandes novelas contemporáneas de la literatura latinoamericana y universal. Su obra se une al coro de voces mudas de millones de seres que por primera vez son escuchados en todo el planeta.

Isabel tuvo grandes dificultades tratando de publicar su novela, porque según las casas editoriales, esta obra era "demasiado larga." El hecho de que era escrita por una mujer tampoco ayudaba. Finalmente, Plaza & Janés de Barcelona tomó el riesgo. *La casa de los espíritus* se convirtió en un "best-seller," no sólo en España sino también en Alemania, los Estados Unidos y varios países latinoamericanos. En Chile fue prohibida durante la dictadura del general Augusto Pinochet, pero entró clandestinamente.

Su primer gran éxito literario le permitió entregarse de lleno a la literatura y entre sus obras se cuentan: *De amor y de sombra* (1984), *Eva Luna* (1987), *Cuentos de Eva Luna* (1989), *Plano infinito* (1992) y *Paula* (1995). Para mí, la mayor contribución de Isabel Allende, además de su indiscutible talento artístico, es el elemento humano que describe; su obra está impregnada de humor, amor, comprensión y sorpresas. Isabel nos mantiene viva la idea de cooperación humana y la responsabilidad moral que tenemos los unos con los otros.

A finales de los años ochenta, Isabel se divorció de su esposo. Ahora está casada con un abogado y reside en los Estados Unidos.

NOTA

1. Isabel Allende, "Los libros tienen sus propios espíritus" (Congreso de Literatura Hispanoamericana, Montclair State College, Nueva Jersey, marzo 1988), 34–36.

BIBLIOGRAFÍA CRÍTICA

Agosín, Marjorie. "Entrevista a Isabel Allende / Interview with Isabel Allende." Traducción de Cola Franzen. *Imagine* 1 (1984): 42–56.

———. "Isabel Allende: 'La casa de los espíritus.'" En *Silencio e imaginación (Metáfora de la escritura femenina)*. México: Editorial Katún, 1986.

———. "Whispers and Triumphs: Latin American Women Writers Today." *Women's Studies International* 9 (1986): 427–33.

Allende, Isabel. "La magia de las palabras." *Revista Iberoamericana* 51 (1985): 447–52.

Bautista Schwartz, Gloria. "De *Cien años de soledad* a *La casa de los espíritus*: Del realismo mágico al post-boom." Dis. doctoral, State University of New York, Albany, 1988. *Dissertation Abstracts International* 48 (1988): 2072.

Coddou, Marcelo. "Para leer a Isabel Allende. Su vida en su obra." *Araucaria de Chile* 38 (1987): 125–36.

Moody, Michael. "Isabel Allende and the Testimonial Novel." *Confluencia* 2 (1986): 39–43.

Mora, Gabriela. "Las novelas de Isabel Allende y el papel de la mujer como ciudadana." *Ideologies and Literature* 2 (1987): 53–61.

Valente, Ignacio. "El lenguaje narrativo de Isabel Allende." *El Mercurio*, 23 agosto 1983.

Mis líos con el sexo

Mi vida sexual comenzó temprano, más o menos a los cinco años en el kindergarten de las monjas ursulinas, en Santiago de Chile. Supongo que hasta entonces había permanecido en el limbo de la inocencia, pero no tengo recuerdos de aquella prístina edad anterior al sexo. Mi primera experiencia consistió en tragarme casualmente una pequeña muñeca de plástico.

—Te crecerá dentro. Te pondrás redonda y, después, te nacerá un bebé —me explicó mi mejor amiga, que acababa de tener un hermanito.

¡Un hijo! Era lo último que deseaba. Siguieron días terribles, me dio fiebre, perdí el apetito, vomitaba. Mi amiga confirmó que los síntomas eran iguales a los de su mamá. Por fin, una monja me obligó a confesar la verdad.

—Estoy embarazada —admití, hipando.

Me vi cogida de un brazo y llevada por el aire hasta la oficina de la madre superiora. Así comenzó mi horror por las muñecas y mi curiosidad por ese asunto misterioso cuyo sólo nombre era impronunciable: sexo. Las niñas de mi generación carecíamos de instinto sexual; eso lo inventaron Masters y Johnson mucho después. Sólo los varones padecían de ese mal que podía conducirlos al infierno y que hacía de ellos unos faunos en potencia durante todas sus vidas. Cuando una hacía alguna pregunta escabrosa, había dos tipos de respuesta, según la madre que nos tocara en suerte. La explicación tradicional era la cigüeña que venía de París y la moderna era sobre flores y abejas. Mi madre era moderna, pero la relación entre el polen y la muñeca en mi barriga me resultaba poco clara.

A los siete años me prepararon para la primera comunión. Antes de recibir la hostia había que confesarse. Me llevaron a la iglesia, me arrodillé detrás de una cortina de felpa negra y traté de recordar mi lista de pecados, pero se me olvidaron todos. En medio de la oscuridad y el olor a incienso escuché una voz con acento de Galicia:

—¿Te has tocado el cuerpo con las manos?

—Sí, padre.

—¿A menudo, hija?

—Todos los días. . .

—¡Todos los días! Esa es una ofensa gravísima a los ojos de Dios: la pureza es la mayor virtud de una niña. Debes prometer que no lo harás más.

Prometí, claro, aunque no imaginaba cómo podría lavarme la cara o cepillarme los dientes sin tocarme el cuerpo con las manos.

Nací al sur del mundo, durante la II Guerra Mundial, en el seno de una familia emancipada e intelectual en algunos aspectos y casi paleolítica en otros. Me crié en el hogar de mis abuelos, una casa estrafalaria donde deambulaban los fantasmas invocados por mi abuela con su mesa de tres patas. Vivían allá dos tíos solteros, un poco excéntricos como casi todos los miembros de mi familia. Uno de ellos había viajado a la India y le quedó el gusto por los asuntos de los faquires, andaba apenas cubierto por un taparrabos recitando los 999 nombres de Dios en sánscrito. El otro era un personaje adorable, peinado como Carlos Gardel y amante apasionado de la lectura.

La casa estaba llena de libros: se amontonaban por todas partes, crecían como una flora indomable, se reproducían ante nuestros ojos. Nadie censuraba o guiaba mis lecturas y, así, leí al marqués de Sade, pero creo que era un texto muy avanzado para mi edad: el autor daba por sabidas cosas que yo ignoraba por completo, me faltaban referencias elementales. El único hombre que había visto desnudo era mi tío el faquir, sentado en el patio contemplando la luna, y me sentí algo defraudada por ese pequeño apéndice que cabía holgadamente en mi estuche de lápices de colores. ¿Tanto alboroto por eso?

A los once años yo vivía en Bolivia. Mi madre se había casado con un diplomático, hombre de ideas avanzadas, que me puso en un colegio mixto. Tardé meses en acostumbrarme a convivir con varones, andaba siempre con las orejas rojas y me enamoraba todos los días de uno diferente. Los muchachos eran unos salvajes cuyas actividades se limitaban al fútbol y las peleas del recreo, pero mis compañeras estaban en la edad de medirse el contorno del busto y anotar en una libreta los besos que recibían. Había que especificar detalles: quién, dónde, cómo. Había algunas afortunadas que podían escribir: "Felipe, en el baño, con lengua." Yo fingía que esas cosas no me interesaban, me vestía de hombre y trepaba a los árboles para disimular que era casi enana y menos sexy que un pollo. En la clase de biología nos enseñaban algo de anatomía y el proceso de fabricación de los bebés, pero era muy difícil imaginarlo. Lo más atrevido que llegamos a ver en una ilustración fue una madre amamantando a un recién nacido. De lo demás no sabíamos nada y nunca nos mencionaron el placer, así es que el meollo del asunto se nos escapaba. ¿Por qué los adultos hacían esa cochinada? La erección era un secreto bien guardado por los muchachos, tal como la menstruación lo era por las niñas.

La literatura me parecía evasiva y yo no iba al cine, pero dudo que allí se pudiera ver algo erótico en esa época. Las relaciones con los muchachos consistían en empujones, manotazos y recados de las amigas: "Dice Keenan que quiere darte un beso." "Dile que sí, pero con los ojos cerrados."

"Dice que ahora ya no tiene ganas." "Dile que es un estúpido." "Dice que más estúpida eres tú." Y así nos pasábamos todo el año escolar. La máxima intimidad consistía en masticar por turnos el mismo chicle. Una vez pude luchar cuerpo a cuerpo con el famoso Keenan, un pelirrojo a quien todas las niñas amábamos en secreto. Me sacó sangre de narices, pero esa mole pecosa y jadeante aplastándome contra las piedras del patio es uno de los recuerdos más excitantes de mi vida.

En otra ocasión me invitó a bailar en una fiesta. A La Paz no había llegado el impacto del rock que empezaba a sacudir al mundo, todavía nos arrullaban Nat King Cole y Bing Crosby —¡oh, Dios!, ¿era eso la pre-historia?—. Se bailaba abrazados, a veces chic-to-chic, pero yo era tan diminuta que mi mejilla apenas alcanzaba la hebilla del cinturón de cualquier joven normal. Keenan me apretó un poco y sentí algo duro a la altura del bolsillo de su pantalón y de mis costillas. Le di unos golpecitos con las puntas de los dedos y le pedí que se quitara las llaves, porque me hacían daño. Salió corriendo y no regresó a la fiesta. Ahora que conozco un poco más de la naturaleza humana, la única explicación que se me ocurre para su comportamiento es que tal vez no eran las llaves.

En 1956 mi familia se había trasladado a Líbano y yo había vuelto a un colegio de señoritas, esta vez a una escuela inglesa cuáquera donde el sexo simplemente no existía: había sido suprimido del universo por la flema británica y el celo de los predicadores. Beirut era la perla del Medio Oriente. En esa ciudad se depositaban las fortunas de los jeques, había sucursales de las tiendas de los más famosos modistos y joyeros de Europa, los Cadillac con ribetes de oro puro circulaban en las calles junto a camellos y mulas. Muchas mujeres ya no usaban velo y algunas estudiantes se ponían pantalones, pero todavía existía esa firme línea fronteriza que durante milenios separó a los sexos. La sensualidad impregnaba el aire, flotaba como el olor a manteca de cordero, el calor del mediodía y el canto del muecín convocando a la oración desde el alminar. El deseo, la lujuria, lo prohibido. . . Las niñas no salían solas y los niños también debían cuidarse. En el recreo del colegio pasaban de mano en mano fotonovelas editadas en la India con traducción al francés, una versión muy manoseada de *El amante de lady Chaterly* y pocket-books sobre orgías de Calígula. Mi padrastro tenía *Las mil y una noches* bajo llave en su armario, pero yo descubrí la manera de abrir el mueble y leer a escondidas trozos de esos magníficos libros de cuero rojo con letras de oro. Me zambullí en el mundo sin retorno de la fantasía, guiada por huríes de piel de leche, genios que habitaban en las botellas y príncipes dotados de un inagotable entu-siasmo para hacer el amor. Todo lo que había a mi alrededor invitaba a la sensualidad y mis hormonas estaban a punto de estallar como granadas, pero en Beirut vivía prácticamente encerrada. Las niñas decentes no hablaban siquiera con muchachos, a pesar de lo cual tuve un amigo, hijo de un mercader de alfombras, que me visitaba para tomar Coca-Cola en la terraza. Era tan rico que tenía motoneta con chofer. Entre la vigilancia de mi madre y la de su chofer, nunca tuvimos ocasión de estar solos.

Yo era plana. Ahora no tiene importancia, pero en los cincuenta eso era una tragedia pues los senos eran considerados la esencia de la feminidad. La moda se encargaba de resaltarlos: suéter ceñido, cinturón ancho de elástico, faldas infladas con vuelos almidonados. Una mujer pechugona tenía el futuro asegurado. Los modelos eran Jane Mansfield, Gina Lollobrigida, Sofía Loren. ¿Qué podía hacer una chica sin pechos? Ponerse rellenos. Eran dos medias esferas de goma que a la menor presión se hundían sin que una lo percibiera. Se volvían súbitamente cóncavas, hasta que de pronto se escuchaba un terrible blop-blop y las gomas volvían a su posición original, paralizando al pretendiente que estuviera cerca y sumiendo a la usuaria en atroz humillación. También se desplazaban, y podía quedar una sobre el esternón y la otra bajo el brazo o ambas flotando en la alberca detrás de la nadadora.

En 1958 Líbano estaba amenazado por la guerra civil. El presidente Camile Chamoun pidió ayuda a Eisenhower y en julio desembarcó la VI Flota norteamericana. De los portaaviones desembarcaron cientos de marinos bien nutridos y ávidos de sexo. Los padres redoblaron la vigilancia de sus hijas, pero era imposible evitar que los jóvenes se encontraran. Me escapé del colegio para ir a bailar con los yanquis. Experimenté la borrachera del pecado y del rock and roll. Por primera vez mi escaso tamaño resultaba ventajoso, porque con una sola mano los fornidos marinos podían lanzarme por el aire, darme dos vueltas sobre sus cabezas rapadas y arrastrarme por el suelo al ritmo de la guitarra frenética de Elvis Presley. Entre dos volteretas recibí el primer beso de mi carrera, y su sabor a cerveza y a ketchup me duró dos años.

Los disturbios en Líbano obligaron a mi padrastro a enviar a los niños de regreso a Chile. Otra vez viví en la casa de mi abuelo. A los 15 años, cuando planeaba meterme a monja para disimular que me quedaría solterona, un joven me distinguió por allá abajo, sobre el dibujo de la alfombra, y me sonrió. Creo que le divertía mi aspecto. Me colgué de su cintura y no lo solté hasta cinco años después, cuando por fin aceptó casarse conmigo.

La píldora anticonceptiva ya se había inventado, pero en Chile todavía se hablaba de ella en susurros. Se suponía que el sexo era para los hombres y el romance para las mujeres; ellos debían seducirnos para que les diéramos la prueba de amor y nosotras debíamos resistir para llegar puras al matrimonio, aunque dudo que muchas lo lograran. No sé exactamente cómo tuve dos hijos.

Y entonces sucedió lo que todos esperábamos desde hacía varios años. La ola de liberación de los sesenta recorrió América del Sur y llegó hasta ese rincón al final del continente donde yo vivía. Arte pop, minifalda, droga, sexo, biquini y los Beatles. Todas imitábamos a Brigitte Bardot, despeinada, con los labios hinchados y una blusita miserable a punto de reventar bajo la presión de su feminidad. De pronto un revés inesperado y se acabaron las exuberantes divas francesas o italianas: la moda impuso a la modelo inglesa Twiggy, una especie de hermafrodita famélico. Para entonces a mí me habían salido pechugas, así es que de nuevo me encontré al lado opuesto del estereotipo. Se hablaba de orgías, intercambio de parejas, pornografía. Sólo se hablaba, yo nunca las vi. Los homosexuales salieron de la oscuridad: sin embargo, yo cumplí 28 años sin imaginar cómo lo hacen. Surgieron los movimientos feministas y tres o cuatro mujeres nos sacamos el sostén, lo ensartamos en un palo de escoba y salimos a desfilar, pero, como nadie nos siguió, regresamos abochornadas a nuestras casas. Florecieron los hippies y durante varios años anduve vestida con harapos y abalorios de la India. Intenté fumar marihuana, pero después de aspirar seis cigarros sin volar ni un poco comprendí que era un esfuerzo inútil. Paz y amor. Sobre todo amor libre, aunque para mí llegaba tarde porque estaba irremisiblemente casada.

Mi primer reportaje en la revista donde trabajaba fue un escándalo. Durante una cena en casa de un renombrado político, alguien me felicitó por un artículo de humor que había publicado y me preguntó si no pensaba escribir algo en serio. Respondí lo primero que me vino a la mente: "Sí, me gustaría entrevistar a una mujer infiel." Hubo un silencio gélido en la mesa y luego la conversación derivó hacia la comida. Pero a la hora del café la dueña de la casa —38 años, delgada, ejecutiva en una oficina gubernamental, traje Chanel— me llevó aparte y me dijo que si le juraba guardar el secreto de su identidad ella aceptaba ser entrevistada. Al día siguiente me presenté en su oficina con una grabadora. Me contó que era infiel porque disponía de tiempo libre después del almuerzo, porque el sexo era bueno para el ánimo, la salud y la propia estima y porque los hombres no estaban tan mal, después de todo. Es decir, por las mismas razones de tantos maridos infieles, posiblemente el suyo entre ellos. No estaba enamorada, no sufría ninguna culpa, mantenía una discreta garçoniere que compartía con dos amigas tan liberadas como ella. Mi conclusión, después de un simple cálculo matemático, fue que las mujeres son tan infieles como los hombres, porque, si no, ¿con quién lo hacen ellos? No puede ser sólo entre ellos o todos siempre con el mismo puñado de voluntarias. Nadie perdonó el reportaje, como tal vez lo hubieran hecho si la entrevistada tuviera un marido en silla de ruedas y un amante desesperado. El placer sin culpa ni excusas resultaba inaceptable en una mujer. A la revista llegaron cientos de cartas insultándonos. Aterrada, la directora me ordenó escribir un artículo sobre la mujer fiel. Todavía estoy buscando una que lo sea por buenas razones.

Eran tiempos de desconcierto y confusión para las mujeres de mi edad. Leíamos el Informe Kinsey, el Kamasutra y los libros de las feministas norteamericanas, pero no lográbamos sacudirnos la moralina en que nos habían criado. Los hombres todavía exigían lo que no estaban dispuestos a ofrecer, es decir, que sus novias fueran vírgenes y sus esposas castas. Las parejas entraron en crisis, casi todas mis amistades se separaron. Yo tenía un buen matrimonio y drenaba la mayor parte de mis inquietudes en mi trabajo. Mientras en la casa actuaba como madre y esposa abnegada, en la revista y en mi programa de televisión aprovechaba cualquier excusa para hacer en público lo que no me atrevía a hacer en privado, por ejemplo disfrazarme de corista, con plumas de avestruz en el trasero y una esmeralda de vidrio pegada en el ombligo.

En 1975 mi familia y yo abandonamos Chile porque no podíamos seguir viviendo bajo la dictadura del general Pinochet. El apogeo de la liberación sexual nos sorprendió en Venezuela, un país cálido donde la sensualidad se expresa sin subterfugios. En las playas se ven machos bigotudos con unos biquinis diseñados para resaltar lo que contienen. Las mujeres más hermosas del mundo (ganan todos los concursos de belleza) caminan por la calle buscando guerra, al son de una música secreta que llevan en las caderas.

En la primera mitad de los ochenta no se podía ver ninguna película, excepto las de Walt Disney, sin que aparecieran por lo menos dos criaturas copulando. Hasta en los documentales científicos había amebas o pingüinos que lo hacían. Fui con mi madre a ver *El imperio de los sentidos* y no se inmutó. Mi padrastro les prestaba sus famosos libros eróticos a los nietos, porque resultaban de una ingenuidad conmovedora comparados con cualquier revista que podían comprar en los quioscos. Había que estudiar mucho para salir airosa de las preguntas de los hijos —"mamá, ¿qué es pedofilia?"—y fingir naturalidad cuando las criaturas inflaban condones y los colgaban como globos en las fiestas de cumpleaños. Ordenando el closet de mi hijo adolescente encontré un libro forrado en papel marrón y, con mi larga experiencia, adiviné el contenido antes de abrirlo. No me equivoqué: era uno de esos modernos manuales que se cambian en el colegio por estampas de futbolistas. Al ver a dos amantes frotándose con mousse de salmón me di cuenta de todo lo que me había perdido en la vida. ¡Tantos años cocinando y desconocía los múltiples usos del salmón! ¿En qué habíamos estado mi marido y yo durante todo ese tiempo? Ni siquiera teníamos un espejo en el techo del dormitorio. Decidimos ponernos al día, pero después de algunas contorsiones muy peligrosas— como comprobamos más tarde en las radiografías de columna— amanecimos echándonos linimento en las articulaciones en vez de mousse en el punto G.

Cuando mi hija Paula terminó el colegio entró a estudiar psicología con especialización en sexualidad humana. Le advertí que era una imprudencia, que su vocación no sería bien comprendida, que no estábamos en Suecia. Pero ella insistió. Paula tenía un novio siciliano cuyos planes eran casarse por la Iglesia y engendrar muchos hijos, una vez que ella aprendiera a cocinar pasta. Físicamente mi hija engaña a cualquiera: parece una Virgen de Murillo, grácil, dulce, de pelo largo y ojos lánguidos: nadie imaginaría que es experta en esas cosas. En medio del seminario de sexualidad, yo hice un viaje a Holanda y ella me llamó por teléfono para pedirme que le trajera cierto material de estudio: tuve que ir con una lista en la mano a una tienda en Amsterdam y comprar unos artefactos de foma rosada en forma de plátanos. Eso no fue lo más bochornoso. Lo peor fue cuando en la aduana de Caracas me abrieron la maleta y tuve que explicar que no eran para mí, sino para mi hija. . . Paula empezó a circular por todas partes con una maleta de juguetes pornográficos y el siciliano perdió la paciencia. Su argumento me pareció razonable: no estaba dispuesto a soportar que su novia anduviera midiéndoles los orgasmos a otras personas. Mientras duraron los cursos, en casa vimos videos con todas las combinaciones posibles: mujeres con burros, parapléjicos con sordomudas, tres chinas y un anciano, etcétera. Venían a tomar el té transexuales, lesbianas, necrofílicos, onanistas, y mientras la Virgen de Murillo ofrecía pastelitos yo aprendía cómo los cirujanos convierten a un hombre en mujer mediante un trozo de tripa.

La verdad es que llevo años preparándome para cuando nazcan mis nietos. Compré botas con tacones de estilete, látigos de siete puntas, muñecas infladas con orificios practicables y bálsamos afrodisiacos; aprendí de memoria las posiciones sagradas del erotismo indio y cuando empezaba a entrenar al perro para fotos artísticas apareció el SIDA y la liberación sexual se fue al diablo. En menos de un año todo cambió. Mi hijo Nicolás se cortó los mechones verdes que coronaban su cabeza, se quitó los catorce alfileres de las orejas y decidió que es más sano vivir en pareja monógama. Paula abandonó la sexología, porque parece que ya no es rentable, y, en cambio, está haciendo una maestría en educación cognoscitiva. Está aprendiendo a cocinar pasta y tal vez encuentre otro novio. Yo compré ositos de peluche para los futuros nietos, me comí la mousse de salmón y ahora cuido mis flores y mis abejas.

El País, 27 julio 1988

TEATRO

Griselda Gámbaro

1928– ARGENTINA

Griselda Gámbaro nació en Buenos Aires. Sus padres eran italianos. Después de graduarse de bachiller fue a trabajar en una editorial donde empezó su carrera literaria. Se casó con el escultor Juan Carlos Distéfano y tiene una hija y un hijo. Griselda ha vivido en España, Italia y los Estados Unidos, pero aún reside en la Argentina.

Gámbaro ha cultivado el cuento y la novela, pero lo que más le ha dado reconocimiento internacional ha sido su teatro. *Madrigal en ciudad* fue su primera obra en 1963. Ha ganado muchos premios inclusive el de Guggenheim en 1982. La mayoría de su producción literaria es política y fue prohibida por la junta militar que gobernó la Argentina en los años setenta y ochenta. Ella y su familia vivieron en España por tres años, temiendo represalias de la dictadura.

Griselda ha tenido que luchar contra su condición de mujer, ya que ella es una de las pocas dramaturgas en círculos históricamente masculinos. Ella cree que su escritura no es necesariamente "femenina," sino que, como en el caso de muchas otras escritoras, un artista no puede escapar su género ni su posición social. Estos son factores determinantes en la producción literaria.

A partir de 1970, Griselda se ha inclinado más al tratamiento de temas sobre la situación de la mujer en una sociedad patriarcal. Su temática incluye la incomunicación, la subyugación, el poder, el marginamiento y los abusos de la autoridad.

La habilidad gambariana de emplear imágenes y escenas con lenguaje no retórico, integrado con gestos y manipulación del espacio en el escenario, la ha catalogado como una dramaturga del teatro de lo absurdo o de la crueldad. Emplea kafkianamente el idioma como instrumento de degradación y humillación. El opresor, bajo el pretexto de protección, se aprovecha de la pasividad del oprimido para aislarlo y depravarlo de su identidad y libertad. El victimario, fría y calculadamente, mutila física y psicológicamente a su víctima. Esta técnica toca en lo más profundo la injusticia de los poderosos sobre los indefensos.

En el teatro de Griselda, los personajes no parecen entender lo que les está pasando, pues viven en un mundo absurdo sin reglas ni significado. Gámbaro expone la victimización de unos contra otros y al final todos pierden. El escenario reforza la idea de una pesadilla, más que la vida real. Los personajes van claramente delineados. En *Decir sí* lo que se espera de los personajes termina en una violenta frustración y lo inesperado abre paso a un mundo espantoso. La inversión de los papeles es desconcertante, desembocando en una irrealidad inexplicablemente amenazadora.

Entre sus obras más reconocidas están *Los siameses, Nada que ver con otra historia, El campo, Dios no nos quiere contentos* e *Información para extranjeros.*

BIBLIOGRAFÍA CRÍTICA

Araújo, Helena. *La Scherezada criolla: Ensayos sobre escritura femenina latinoamericana.* Bogotá: Universidad Nacional de Colombia, 1989.

———. "El tema de la violación en Armonía Somers y Griselda Gámbaro." *Plural* 15 (1976): 21–23.

Blanco Amores de Pagella, Angela. "Manifestaciones del teatro absurdo en Argentina." *Latin American Theatre Review* 8 (1974): 21–24.

Campra, Rosalba. "Participación de la mujer en el teatro." *Revista de la Universidad Nacional de Córdoba* 10 (1969): 427–57.

Carballido, Emilio. "Griselda Gámbaro o modos de hacernos pensar en la manzana." *Revista Iberoamericana* 73 (1970): 629–34.

Cypess, Sandra Messinger. "La dinámica del monstruo en las obras dramáticas de Griselda Gámbaro." En *En busca de una imagen: Ensayos sobre el teatro de Griselda Gámbaro y José Triana.* Ottawa: Girol, 1989.

———. "The Plays of Griselda Gámbaro." En George W. Woodyard y Leon F. Lyday, eds. *Dramatists in Revolt: The New Latin American Theatre.* Austin: University of Texas Press, 1976.

Feitlowitz, Marguerite. "Crisis, Terror, Disappearance: The Theater of Griselda Gámbaro." *Theater* (New Haven) 21 (1990): 34–38.

Holzapfel, Tamara. "Griselda Gámbaro's Theatre of the Absurd." *Latin American Theatre Review* 4 (1970): 5–12.

Kiss, Marilyn Frances. "The Labyrinth of Cruelty: A Study of Selected Works of Griselda Gámbaro." Dis. doctoral, Rutgers University, 1981. *Dissertation Abstracts International* 43 (1982): 1160.

Woodyard, George W. "The Theatre of the Absurd in Spanish America." *Comparative Drama* 3 (1969): 183–92.

Zalacaín, Daniel. "El personaje 'fuera del fuego' en el teatro de Griselda Gámbaro." *Revista de Estudios Hispánicos* 14 (1979): 59–71.

Decir Sí

PERSONAJES:

HOMBRE
PELUQUERO

Interior de una peluquería. Una ventana y una puerta de entrada. Un sillón giratorio de PELUQUERO, *una silla, una mesita con tijeras, peine, utensilios para afeitar. Un paño blanco, grande, y unos trapos sucios. Dos tachos en el suelo, uno grande, uno chico, con tapas. Una escoba y una pala. Un espejo movible de pie. En el suelo, a los pies del sillón, una gran cantidad de pelo cortado. El* PELUQUERO *espera su último cliente del día, hojea una revista sentado en el sillón. Es un hombre grande, taciturno, de gestos lentos. Tiene una mirada cargada, pero inescrutable. No saber lo que hay detrás de esta mirada es lo que desconcierta. No levanta nunca la voz, que es triste, arrastrada. Entra* HOMBRE, *es de aspecto muy tímido e inseguro.*

HOMBRE: Buenas tardes.
PELUQUERO: (*Levanta los ojos de la revista, lo mira. Después de un rato.*) . . . tardes. . . (*No se mueve.*)
HOMBRE: (*Intenta una sonrisa, que no obtiene la menor respuesta. Mira su reloj furtivamente. Espera. El* PELUQUERO *arroja la revista sobre la mesa, se levanta, como con furia contenida. Pero en lugar de ocuparse de su cliente, se acerca a la ventana y dándole la espalda, mira hacia afuera.* HOMBRE, *conciliador.*) Se nubló. (*Espera. Una pausa.*) Hace calor. (*Ninguna respuesta. Se afloja el nudo de la corbata, levemente nervioso. El* PELUQUERO *se vuelve, lo mira, adusto. El* HOMBRE *pierde seguridad.*) No tanto. . . (*Sin acercarse, estira el cuello hasta la ventana.*) Está despejando. Mm . . . mejor. Me equivoqué. (*El* PELUQUERO *lo mira, inescrutable, inmóvil.*) Quería. . . (*Una pausa. Se lleva la mano a la cabeza con un gesto desvaído.*) Sí . . . si no es tarde. . . (*El* PELUQUERO *lo mira sin contestar. Luego le da la espalda y mira otra vez por la ventana.*)
HOMBRE, (*ansioso.*) ¿Se nubló?
PELUQUERO: (*Un segundo inmóvil. Luego se vuelve. Bruscamente.*) ¿Barba?
HOMBRE: (*Rápido.*) No, barba, no. (*Mirada inescrutable.*) Bueno . . . no sé. Yo . . . yo me afeito. Solo. (*Silencio del* PELUQUERO.) Sé que no es cómodo, pero. . . Bueno, tal vez me haga la barba. Sí, sí,

también barba. (*Se acerca al sillón. Pone el pie en el posapié. Mira al* PELUQUERO *esperando el ofrecimiento. Leve gesto oscuro del* PELUQUERO. HOMBRE *no se atreve a sentarse. Saca el pie. Toca el sillón tímidamente*.) Es fuerte este sillón, sólido. De . . . de madera. Antiguo. (*El* PELUQUERO *no contesta. Inclina la cabeza y mira fijamente el asiento del sillón.* HOMBRE *sigue la mirada del* PELUQUERO. *Ve pelos cortados sobre el asiento. Impulsivamente los saca, los sostiene en la mano. Mira al suelo*. . .) ¿Puedo?. . . (*Espera. Lentamente, el* PELUQUERO *niega con la cabeza.* HOMBRE *conciliador*.) Claro, es una porquería. (*Se da cuenta de que el suelo está lleno de cabellos cortados. Sonríe confuso. Mira el pelo en su mano, el suelo, opta por guardar los pelos en su bolsillo. El* PELUQUERO, *instantánea y bruscamente, sonríe.* HOMBRE *aliviado.*) Bueno . . . pelo y . . . barba, sí barba. (*El* PELUQUERO *se inclina y observa el respaldo, adusto.* HOMBRE *lo mira, sigue luego la dirección de la mirada. Con otro rapto, impulsivo, limpia el respaldo. Contento.*) Ya está. A mí no me molesta. . . (*El* PELUQUERO *lo mira, inescrutable. Se desconcierta.*) dar una mano. . . Para eso estamos, ¿no? Hoy me toca a mí, mañana a vos. ¡No lo estoy tuteando! Es un dicho que . . . anda por ahí. (*Espera. Silencio e inmovilidad del* PELUQUERO.) Usted . . . debe estar cansado. ¿Muchos clientes?

PELUQUERO: (*Parco.*) Bastantes.

HOMBRE: (*Tímido.*) Mm. . . ¿me siento? (*El* PELUQUERO *niega con la cabeza, lentamente.*) En resumidas cuentas, no es . . . necesario. Quizás usted corte de parado. No es lo mismo, claro, pero uno está más firme. ¡Si tiene buenas piernas! (*Ríe. Se interrumpe.*) No todos. . . ¡Usted sí! (*El* PELUQUERO *no lo atiende. Observa fijamente el suelo.* HOMBRE *sigue su mirada. El* PELUQUERO *lo mira, como esperando determinada actitud.* HOMBRE *recoge rápidamente la alusión. Toma la escoba y barre. Amontona los pelos cortados. Mira al* PELUQUERO, *contento. El* PELUQUERO *vuelve la cabeza hacia la pala, apenas si señala un gesto de la mano. El* HOMBRE *reacciona velozmente. Toma la pala, recoge el cabello del suelo, se ayuda con la mano. Sopla para barrer los últimos, pero desparrama los de la pala. Turbado, mira a su alrededor, ve los tachos, abre el más grande. Contento.*) ¿Los tiro aquí? (*El* PELUQUERO *niega con la cabeza.* HOMBRE *abre el más pequeño.*) ¿Aquí? (*El* PELUQUERO *asiente con la cabeza.* HOMBRE, *animado.*) Listo. (*Gran sonrisa.*) Ya está. Más limpio. Porque si se amontona la mugre es un asco. (*El* PELUQUERO *lo mira, oscuro.* HOMBRE *pierde seguridad.*) No. . . No quise decir que estuviera sucio. Tanto cliente, tanto pelo. Tanta cortada de pelo, y habrá pelo de barba también, y entonces se mezcla que. . . ¡Cómo crece el pelo! ¿eh? ¡Mejor para usted! (*Lanza una risa estúpida.*) Digo, porque. . . Si fuéramos calvos, usted se rascaría. (*Se interrumpe. Rápidamente.*) No quise decir esto. Tendría otro trabajo.

PELUQUERO: (*Neutro.*) Podría ser médico.

HOMBRE: (*Aliviado.*) ¡Ah! ¿A usted le gustaría ser médico? Operar, curar. Lástima que la gente se muere ¿no? (*Risueño.*) ¡Siempre se le muere la gente a los médicos! Tarde o temprano. . . (*Ríe y termina con un gesto. Rostro muy oscuro del* PELUQUERO. HOMBRE *se asusta.*) ¡No, a usted no se le morirá! Tendría clientes, pacientes, de mucha edad, (*Mirada inescrutable.*) longevos. (*Sigue la mirada.*) ¡Seríamos inmortales! Con usted de médico, ¡seríamos inmortales!

PELUQUERO: (*Bajo y triste.*) Idioteces. (*Se acerca al espejo, se mira. Se acerca y se aleja, como si no se viera bien. Mira después al* HOMBRE, *como si éste fuera culpable.*)

HOMBRE: No se ve. (*Impulsivamente, toma el trapo con el que limpió el sillón y limpia el espejo. El* PELUQUERO *le saca el trapo de las manos y le da otro más chico.*) Gracias. (*Limpia empeñosamente el espejo. Lo escupe. Refriega. Contento.*) Mírese. Estaba cagado de moscas.

PELUQUERO: (*Lúgubre.*) ¿Moscas?

HOMBRE: No, no. Polvo.

PELUQUERO: (*Idem.*) ¿Polvo?

HOMBRE: No, no. Empañado. Empañado por el aliento. (*Rápido.*) ¡Mío! (*Limpia.*) Son buenos espejos. Los de ahora nos hacen caras de. . .

PELUQUERO: (*Mortecino.*) Marmotas. . .[1]

HOMBRE: (*Seguro.*) ¡Sí, de marmotas! (*El* PELUQUERO, *como si efectuara una comprobación, se mira en el espejo, y luego mira al* HOMBRE. HOMBRE, *rectifica velozmente.*) ¡No a todos! ¡A los que son marmotas! ¡A mí! ¡Más marmota de lo que soy!

PELUQUERO: (*Triste y mortecino.*) Imposible. (*Se mira en el espejo. Se pasa la mano por las mejillas, apreciando si tiene barba. Se toca el pelo, que lleva largo, se estira los mechones*).[2]

HOMBRE: Y a usted, ¿quién le corta el pelo? ¿Usted? Qué problema. Como el dentista. La idea de un dentista abriéndole la boca a otro dentista, me causa gracia. (*El* PELUQUERO *lo mira. Pierde seguridad.*) Abrir la boca y sacarse uno mismo una muela. . . No se puede. . . Aunque un peluquero sí, con un espejo. . . (*Mueve los dedos en tijeras sobre su*

---

1. Groundhogs.
2. Locks of hair.

nuca.) A mí, qué quiere, meter la cabeza en la trompa[3] de los otros, me da asco. No es como el pelo. Mejor ser peluquero que dentista. Es más . . . higiénico. Ahora la gente no tiene. . . piojos. Un poco de caspa, seborrea. (*El* PELUQUERO *se abre los mechones sobre el cráneo, mira al* HOMBRE.) No, usted no. ¡Qué va! ¡Yo! (*Rectifica.*) Yo tampoco. . . Conmigo puede estar tranquilo. (*El* PELUQUERO *se sienta en el sillón. Señala los objetos para afeitar.* HOMBRE *mira los utensilios y luego al* PELUQUERO. *Recibe la precisa insinuación. Retrocede.*) Yo . . . yo no sé. Nunca. . .

PELUQUERO: (*Mortecino.*) Anímese. (*Se anuda el paño blanco bajo el cuello, espera pacíficamente.*)

HOMBRE: (*Decidido.*) Dígame, ¿usted hace con todos así?

PELUQUERO: (*Muy triste.*) ¿Qué hago? (*Se aplasta[4] sobre el asiento.*)

HOMBRE: No, ¡porque no tiene tantas caras! (*Ríe sin convicción.*) Una vez que lo afeitó uno, los otros ya. . . ¿Qué van a encontrar? (*El* PELUQUERO *señala los utensilios.*) Bueno, si usted quiere, ¿por qué no? Una vez, de chico, todos cruzaban un charco, un charco maloliente,[5] verde, y yo no quise. ¡Yo no!, dije. ¡Que lo crucen los imbéciles!

PELUQUERO: (*Triste.*) ¿Se cayó?

HOMBRE: ¿Yo? No. . . Me tiraron, porque. . . (*Se encoge de hombros.*) les dio . . . bronca que yo no quisiera . . . arriesgarme. (*Se reanima.*) Que. . . ¿por qué no? Cruzar el charco o . . . después de todo, afeitar, ¿eh? ¿Qué habilidad se necesita? ¡Hasta los imbéciles se afeitan! Ninguna habilidad especial. ¡Hay cada animal que es pelu. . . ! (*Se interrumpe. El* PELUQUERO *lo mira, tétrico.*)[6] Pero no. Hay que tener pulso, mano firme, mirada penetran . . . te para ver . . . los pelos. . . Los que se enroscan,[7] me los saco con una pincita. (*El* PELUQUERO *suspira profundamente.*) ¡Voy, voy! No sea impaciente. (*Le enjabona la cara.*) Así. Nunca vi a un tipo tan impaciente como usted. Es reventante.[8] (*Se da cuenta de lo que ha dicho, rectifica.*) No, usted es un reventante dinámico. Reventante para los demás. A mí no. . . No me afecta. Yo lo comprendo. La acción es la sal de la vida y la vida es acción y . . . (*Le tiembla la mano, le mete la brocha enjabonada en la boca. Lentamente, el* PELUQUERO *toma un extremo del paño y se limpia. Lo mira.*) Disculpe. (*Le acerca la*

---

3. Snout.
4. He slumps down.
5. Smelly.
6. Gloomy, sullen.
7. Those that coil inward (i.e., the ingrown hairs).
8. Irritating.

navaja a la cara. Inmoviliza el gesto, observa la navaja que es vieja u oxidada. Con un hilo de voz.) Está mellada.[9]

PELUQUERO: *(Lúgubre.)* Impecable.

HOMBRE: Impecable está. *(En un arranque desesperado.)* Vieja, oxidada y sin filo, ¡pero impecable! *(Ríe histérico.)* ¡No diga más! Le creo, no me va a asegurar una cosa por otra. ¿Con qué interés, no? Es su cara. *(Bruscamente.)* ¿No tiene una correa, una piedra de afilar? *(El PELUQUERO bufa tristemente, HOMBRE desanimado.)* ¿Un . . . cuchillo? *(Gesto de afilar.)* Bueno, tengo mi carácter y. . . ¡adelante! Me hacen así, *(Gesto de empujar con un dedo.)* ¡y yo ya! ¡Vuelo![10] *(Afeita. Se detiene.)* ¿Lo corto? *(El PELUQUERO niega lúgubremente con la cabeza. HOMBRE, animado, afeita.)* ¡Ay! *(Lo seca apresuradamente con el paño.)* No se asuste. *(Desorbitado.)* ¡Sangre! ¡No, un rasguño! Soy . . . muy nervioso. Yo me pongo una telita de cebolla. ¿Tiene . . . cebollas? *(El PELUQUERO lo mira, oscuro.)* ¡Espere! *(Revuelve ansiosamente en sus bolsillos. Contento, saca una curita. . .)* Yo . . . yo llevo siempre. Por si me duelen los pies, camino mucho con el calor . . . una ampolla[11] acá, y otra . . . allá. *(Le pone la curita.)* ¡Perfecto! ¡Ni que hubiera sido profesional! *(El PELUQUERO se saca el resto del jabón de la cara, da por concluida la afeitada. Sin levantarse del sillón, adelanta la cara hacia el espejo, se mira, se arranca la curita, la arroja al suelo. El HOMBRE la recoge, trata de alisarla, se la pone en el bolsillo.)* La guardo . . . está casi nueva. . . Sirve para otra . . . afeitada. . .

PELUQUERO: *(Señala un frasco, mortecino.)* Colonia.

HOMBRE: ¡Oh, sí! Colonia. *(Destapa el frasco, lo huele.)* ¡Qué fragancia! *(Se atora con el olor nauseabundo. Con asco, vierte un poco de colonia en sus manos y se las pasa al PELUQUERO por la cara. Se sacude las manos para alejar el olor. Se acerca una mano a la nariz para comprobar si desapareció el olor, la aparta rápidamente a punto de vomitar.)*

PELUQUERO: *(Se tira un mechón. Mortecino.)* Pelo.

HOMBRE: ¿También el pelo? Yo . . . yo no sé. Esto sí que no.[12]

PELUQUERO: *(Idem.)* Pelo.

HOMBRE: Mire, señor. Yo vine aquí a cortarme el pelo. ¡Yo vine a cortarme el pelo! Jamás afronté una situación así . . . tan extraordinaria.

---

9. Nicked, chipped.

10. Now, here we go!

11. Blister.

12. This will not do.

Insólita . . . pero si usted quiere . . . yo. . . (*Toma la tijera, la mira con repugnancia.*) yo . . . soy hombre decidido . . . a todo. ¡A todo! . . . Porque . . . mi mamá me enseñó que . . . y la vida. . .

PELUQUERO: (*Tétrico.*) Charla. (*Suspira.*) ¿Por qué no se concentra?

HOMBRE: ¿Para qué? ¿Y quién me prohibe charlar? (*Agita las tijeras.*) ¿Quién se atreve? ¡A mí los que se atrevan! (*Mirada oscura del* PELUQUERO.) ¿Tengo que callarme? Como quiera. ¡Usted! ¡Usted será el responsable! ¡No me acuse si. . . ¡no hay nada de lo que no me sienta capaz!

PELUQUERO: Pelo.

HOMBRE: (*Tierno y persuasivo.*) Por favor, con el pelo no, mejor no meterse con el pelo. . . ¿para qué? Le queda lindo largo . . . moderno. Se usa. . .

PELUQUERO: (*Lúgubre e inexorable.*) Pelo.

HOMBRE: ¿Ah, sí? ¿Con que pelo? ¡Vamos pues! ¡Usted es duro de mollera,¹³ ¿eh?, pero yo, ¡soy más duro! (*Se señala la cabeza.*) Una piedra tengo acá. (*Ríe como un condenado a muerte.*) ¡No es fácil convencerse! ¡No, señor! Los que lo intentaron, no le cuento. ¡No hace falta! Y cuando algo me gusta, nadie me aparta de mi camino, ¡nadie! Y le aseguro que. . . No hay nada que me divierta más que. . . ¡cortar el pelo! ¡Me! . . . me enloquece. (*Con animación, bruscamente.*) ¡Tengo una ampolla en la mano! ¡No puedo cortárselo! (*Deja la tijera, contento.*) Me duele.

PELUQUERO: Pe-lo.

HOMBRE: (*Empuña las tijeras, vencido.*) Usted manda.

PELUQUERO: Cante.

HOMBRE: ¿Que yo cante? (*Ríe estúpidamente.*) Esto sí que no. . . ¡Nunca! (*El* PELUQUERO *se incorpora a medias en su asiento, lo mira.* HOMBRE, *con un hilo de voz.*) Cante, ¿qué? (*Como respuesta, el* PELUQUERO *se encoge tristemente de hombros. Se reclina nuevamente sobre el asiento. El* HOMBRE *canta con un hilo de voz.*) ¡Fígaro!. . . ¡Fígaro qua . . ., fígaro lá . . .!¹⁴ (*Empieza a cortar.*)

PELUQUERO: (*Mortecino, con fatiga.*) Cante mejor. No me gusta.

HOMBRE: ¡Fígaro! (*Aumenta el volumen.*) ¡Fígaro, Fígaro! (*Lanza un gallo¹⁵ tremendo.*)

PELUQUERO: (*Idem.*) Cállese.

---

13. Hardheaded, thick.

14. Figaro: the character in Beaumarchais's *The Barber of Seville* and in Rossini's opera based on it.

15. Squawk.

HOMBRE: Usted manda. ¡El cliente siempre manda! Aunque el cliente... soy... (*Mirada del* PELUQUERO.) es usted... (*Corta espantosamente. Quiere arreglar el asunto, pero lo empeora, cada vez más nervioso.*) Si no canto, me concentro... mejor. (*Con los dientes apretados.*) Sólo pienso en esto, en cortar, (*Corta.*) y... (*Con odio.*) ¡Atajá ésta! (*Corta un gran mechón. Se asusta de lo que ha hecho. Se separa unos pasos, el mechón en la mano. Luego se lo quiere pegar en la cabeza al* PELUQUERO. *Moja el mechón con saliva. Insiste. No puede. Sonríe, falsamente risueño.*) No, no, no. No se asuste. Corté un mechoncito largo, pero... ¡no se arruinó nada! El pelo es mi especialidad. Rebajo y emparejo.[16] (*Subrepticiamente, deja caer el mechón, lo aleja con el pie. Corta.*) ¡Muy bien! (*Como el* PELUQUERO *se mira en el espejo.*) ¡La cabecita para abajo! (*Quiere bajarle la cabeza, el* PELUQUERO *la levanta.*) ¿No quiere? (*Insiste.*) Vaya, vaya, es caprichoso... El espejo está empañado, ¿eh?, (*Trata de empañarlo con el aliento.*) no crea que muestra la verdad. (*Mira al* PELUQUERO, *se le petrifica el aire risueño, pero insiste.*) Cuando las chicas lo vean... dirán, ¿quién le cortó el pelo a este señor? (*Corta apenas, por encima. Sin convicción.*) Un peluquero... francés... (*Desolado.*) Y no. Fui yo...

PELUQUERO: (*Alza la mano lentamente. Triste.*) Suficiente. (*Se va acercando al espejo, se da cuenta que es un mamarracho,[17] pero no revela una furia ostensible.*)

HOMBRE: Puedo seguir. (*El* PELUQUERO *se sigue mirando.*) ¡Déme otra oportunidad! ¡No terminé! Le rebajo un poco acá, y las patillas, ¡me faltan las patillas! Y el bigote. No tiene. ¿Por qué no se deja el bigote? Yo también me dejo el bigote, y así, ¡como hermanos! (*Ríe angustiosamente. El* PELUQUERO *se achata[18] el pelo sobre las sienes.* HOMBRE, *se reanima.*) Sí, sí, aplastadito le queda bien, ni pintado. Me gusta. (*El* PELUQUERO *se levanta del sillón,* HOMBRE *retrocede.*) Fue... una experiencia interesante. ¿Cuánto le debo? No, usted me debería a mí, ¿no? Digo, normalmente. Tampoco es una situación anormal. Es... divertida. Eso: divertida. (*Desorbitado.*) ¡Ja— ja— ja—! (*Humilde.*) No, tan divertido no es. Le... ¿le gusta cómo... (*El* PELUQUERO *lo mira, inescrutable.*) le corté? Por ser... novato... (*El* PELUQUERO *se estira las mechas de la nuca.*) Podríamos ser socios... ¡No, no! ¡No me quiero meter en sus negocios! ¡Yo sé que tiene muchos clientes, no se los quiero robar! ¡Son

16. I take it off and then even it up.
17. Scarecrow, clown.
18. Flattens, squashes.

todos suyos! ¡Le pertenecen! ¡Todo pelito que anda por ahí es suyo! No piense mal. Podría trabajar gratis. ¡Yo! ¡Por favor! (*Casi llorando.*) ¡Yo le dije que no sabía! ¡Usted me arrastró! ¡No puedo negarme cuando me piden las cosas . . . bondadosamente! ¿Y qué importa? ¡No le corté un brazo! Sin un brazo, hubiera podido quejarse. ¡Sin una pierna! ¡Pero fijarse en el pelo! ¡Qué idiota! ¡No! ¡Idiota, no! ¡El pelo crece! En una semana, usted, ¡puf!, hasta el suelo! (*El PELUQUERO le señala el sillón. El HOMBRE recibe el ofrecimiento incrédulo, se le iluminan los ojos.*) ¿Me toca a mí? (*Mira hacia atrás buscando a alguien.*) ¡Bueno, bueno! ¡Por fin nos entendimos! ¡Hay que tener paciencia y todo llega! (*Se sienta, ordena, feliz.*) ¡Barba y pelo! (*El PELUQUERO anuda el paño bajo el cuello. Hace girar el sillón. Toma la navaja, sonríe. El HOMBRE levanta la cabeza.*) Córteme bien. Parejito.

El PELUQUERO *le hunde la navaja. Un gran alarido. Gira nuevamente el sillón. El paño blanco está empapado en sangre que escurre hacia el piso. Toma el paño chico y seca delicadamente. Suspira larga, bondadosamente, cansado. Renuncia. Toma la revista y se sienta. Se lleva la mano a la cabeza, tira y es una peluca lo que se saca. La arroja sobre la cabeza del HOMBRE. Abre la revista, comienza a silbar dulcemente.*

Telón

Lucía Quintero

PUERTO RICO

Lucía Quintero nació en San Juan de Puerto Rico de padres venezolanos. Cursó sus primeros estudios en los Estados Unidos; reside actualmente en Venezuela. Como escritora, es conocida principalmente por su variada y singular producción dramática que ella ha denominado "teatro oblicuo." Efectivamente, en dicho teatro nada es convencional o directo. Las piezas son breves y giran en torno a una sola idea que se repite continuamente en el diálogo.

El teatro de Quintero se caracteriza por su ambigüedad, ya que no hay conclusión en ninguna de sus obras. La acción se desarrolla en ambientes que varían desde una humilde tienda de una ciega hasta un misterioso convento o, según se ve en el drama seleccionado para esta antología, un manicomio. El lenguaje empleado por Quintero es muy particular y de intenso poder comunicativo. A través de este lenguaje, tan espontáneo e irracional como los personajes que lo usan, la escritora expresa, con una especie de humor negro, su visión absurda y trágica de la vida. Entre sus obras publicadas figuran *La brea y las plumas* (1963), *Viejo con corbata colorada* (1963), y *Verde angustiario* (1968).

Como Lucía Quintero es una novísima escritora latinoamericana, todavía no hay bibliografía sobre ella.

1 X 1 = 1, PERO 1 + 1 = 2

PERSONAJES:

UN HOMBRE
UNA MUJER
ENFERMERA
DOCTOR

ESCENA I

Dividida por un tabique, que separa celdas contiguas de un sanatorio. Hay puertas con cerrojos; y ventanas altas con tela metálica. El mobiliario de las celdas es idéntico: camita de hierro, mesita, y bacinilla. En una celda está un HOMBRE *joven tocando la obertura de Guillermo Tell con los dedos sobre la mesita. La tararea con alegría. La* MUJER *entra cabizbaja con la* ENFERMERA. *Al oír el cerrojo, el* HOMBRE *deja de tocar y se arrima a la pared para oír lo que dicen.*

ENFERMERA: (*Abriendo la puerta.*) Espero que esté cómoda aquí en su cuarto. Está elaborado para su comodidad y para la seguridad personal y comunal de los pacientes. Permanecerá cerrada hasta que se decida su estado de gravedad. Si algo necesita, me grita.

MUJER: ¿Gritar? ¡Qué primitivo!

ENFERMERA: No importa lo que le parezca. Es la costumbre.

MUJER: ¿Llaman cuarto a esta celda? (*Busca agua.*) ¡Ni hay agua! ¿Grito cuando tenga sed? Y ¿lo mismo para ir al baño? ¿Qué hago si usted está ocupada y no llega a tiempo?

ENFERMERA: Tiene una bacinilla. (*Se la muestra.*) Es la costumbre.

MUJER: Una barbaridad. Nada de esto me dijo el Doctor. Quiero hablarle. (*Va hacia la puerta y la* ENFERMERA *le impide.*)

ENFERMERA: Le aconsejo que si quiere estar bien, no se queje. Si quiere ir al baño, la llevaré ahora. Pero hay horas fijas para todo. Ya se acostumbrará. Usted está en reposo dirigido y hasta comida se le servirá aquí. ¿Quiere ir al baño o no?

MUJER: ¡No! Quiero salir de aquí.

ENFERMERA: Por ahora no puede. Pórtese bien y bien pronto saldrá. Los demás van al comedor y pasean y hacen sus vidas. (*Sale.*) ¡Hasta que me necesite!

MUJER: (*Se sienta en la camita, agotada.*) ¡Encarcelada! ¡Como me han engañado!

HOMBRE: (*Se acerca a la pared y silba la obertura.*) Espero que esté cómoda aquí porque aquí permanecerá hasta que se decida su estado de gravedad, si me necesita grite ¡y demás Blah! (*En tono jovial.*) ¡Bienvenida! Me alegra tener su compañía otra vez. Hacía meses. . .

MUJER: (*Se levanta, asustada.*) ¡Enfermera! ¡Enfermera!

HOMBRE: No se asuste. Soy yo.

MUJER: ¿Quién es ese yo? Parece que estuviera en el cuarto, digo celda.

HOMBRE: Soy un vecino de la celda contigua. (*Silba.*)

MUJER: ¿Para qué silba?

HOMBRE: Para no aburrirme. También canto. (*Le canta.*)

MUJER: ¡Enfermera!

HOMBRE: No llame a esa burra. Va a creer que está usted peor de lo que está.

MUJER: ¿Qué sabe usted como estoy yo?

HOMBRE: Se le nota que está asustada; eso es todo. No vaya a dudar de sí misma. Yo le ayudaré.

MUJER: ¿En qué puede usted ayudarme?

HOMBRE: En divertirla. La ayudaré a pasar el tiempo alegre.

MUJER: ¿Cómo es posible estar alegre en esto? Estará usted loco. . . Creía este era un sanatorio de mujeres. . .

HOMBRE: Es mixto; pero separan sexos. Sólo estas dos celdas están contiguas.

MUJER: (*Toca la pared que los separa.*) Pero la división es frágil, de cartón piedra. . . ¡tenía que tocarme a mí! ¿Es verdad que usted no grita?

HOMBRE: Hace bien en dudar. Dude de todo, menos de sí misma porque la pondrán en prueba. Todo es una hipocresía.

MUJER: Me doy cuenta que la celda no está de acuerdo con la entrada y el recibo lujoso. . .

HOMBRE: Para engañar a los familiares a quienes se les prohibe la entrada a los llamados cuartos.

MUJER: ¡Ojalá usted fuera prohibido también!

HOMBRE: Estamos muy separados. Golpearé la pared para que se dé cuenta que no es tan frágil. Yo la llamo mi lienzo fuerte. Oiga. (*Da unos golpes fuertes con los puños.*)

MUJER: Se va a lastimar las manos.

HOMBRE: Ya no hay nada que me lastime.

MUJER: Me ha convencido. La pared no es frágil. Pero nuestra separación sí lo es. Me va a fastidiar usted con esta. . . intimidad.

HOMBRE: Una vez intenté derribar la pared. . .

MUJER: ¿Con los puños? (*Asustada.*) ¿Le dan rabias a usted?

HOMBRE: Me dio esa vez por el tratamiento que suministraban a su predecesora . . . estaba enamorado de ella. . .

MUJER: Si estuviera usted cuerdo, no le darían rabietas.

HOMBRE: Cuando doy golpes es porque estoy fastidiado. El fastidio produce reacciones curiosas . . . ya verá. Prefiero conversar. . .

MUJER: La conversación cansa. Yo vine aquí y que a descansar.

HOMBRE: Con ese pretexto, nos encarcelan a todos.

MUJER: ¿Hay muchos?

HOMBRE: No los he contado.

MUJER: Estoy cansada de hablar.

HOMBRE: No tiene que contestarme. Al principio, todos preferimos estar solos con nuestros pensamientos. Queremos disfrutar del uno por uno. . .

MUJER: ¿El uno por uno?

HOMBRE: El aislamiento total . . . después es insoportable. También dibujo. . .

MUJER: ¿Con qué? Parece que se distrae. . .

HOMBRE: ¿No quería descansar? No tiene que contestarme. Estoy acostumbrado a hablar solo. . .

MUJER: A hablar solo. . . ¿Con qué dibuja? ¿Lo permiten?

HOMBRE: Ni se dan cuenta. Lo único que limpian es el piso. Tengo un carboncillo escondido. Lo encontré en la cocina.

MUJER: ¿Cuándo le dejaron entrar en la cocina?

HOMBRE: Yo ya tengo derecho a paseos y a comer afuera.

MUJER: ¿Cuándo le dan ese derecho?

HOMBRE: Después de las dos semanas del encerramiento inicial.

MUJER: ¿Dos semanas de esto con usted a mi costado?

HOMBRE: Es el reglamento del sanatorio que debe servir (*En tono burlón*) de medida para ajustar las acciones y los pensamientos del paciente. . .

MUJER: ¡Se burla usted de ellos!

HOMBRE: ¡Detesto la ineptitud e hipocresía encubierta!

MUJER: (*Reflexionando.*) Las celdas y cerrojos no se usan en la práctica moderna. . .

HOMBRE: ¿Quién le dijo a usted que estábamos en ambiente moderno? ¡El que salga cuerdo después de este encerramiento, bien cuerdo está!

MUJER: ¡Calle! Si no me asusta con sus acciones, lo hará con sus palabras.

(*Callan los dos y se apartan de la pared.*)

(*Después de una pausa silenciosa, la* MUJER *habla.*)

MUJER: Hay que hacer ruido para sentirse uno vivo. . . (*El* HOMBRE *permanece silencioso, tarareando.*)

MUJER: ¡Dije que hay que hacer ruido para sentirse uno vivo! (*En voz alta.*) Que hay que hacer ruido. . .

HOMBRE: (*Sin dejar la tonada.*) ¡Ya la oí!

MUJER: ¿Por qué no me contestaba?

HOMBRE: ¿No quería sentirse sola?

MUJER: ¡No se burle de mí . . . nunca he estado en una celda sola!

HOMBRE: Ya se acostumbrará. ¿Qué más puede hacer uno?

MUJER: No quiero llegar a silbar y a cantar. . . ¿Cuánto tiempo hace que está usted aquí?

HOMBRE: Un año cumplido.

MUJER: ¡Qué horror! Un año en una celda como ésta. ¿Es igual?

HOMBRE: Igual. Y la prefiero al pelotón. Dejan la luz encendida toda la noche . . . entre luz, quejas y gritos no se puede dormir. Me trajeron por insomnio. . .

MUJER: ¿Lo trajeron?

HOMBRE: Mi familia quería deshacerse de mi presencia noctambular.

MUJER: Lo dice sin rencor.

HOMBRE: Superé la etapa. La dibujaré si me describe sus rasgos. (*Dibuja largos trazos en la pared.*) Imaginar es alucinante. Quiero saber cómo es. . .

MUJER: ¿Cómo es que no se dan cuenta de sus dibujos? Eso de dibujar en paredes es anormal. . .

HOMBRE: Yo mismo borro lo que dibujo. Además es terapia. . .

MUJER: ¡Qué asco! Si mi ventana no estuviera tan alta, diría que está cubierta de vómitos. . .

HOMBRE: La celda la han ocupado algunas desenfrenadas. Cuando no les gustaba la comida, la tiraban. Fíjese en los golpes en la pared, y en la puerta. . .

MUJER: ¿Usted me ve por alguna rendija? ¿O está acostumbrado a seguirle los pasos a uno? ¡Qué inconveniente!

HOMBRE: No se preocupe. Uno oye lo que quiere y nada más. Ni las voces se oyen si uno no habla en voz alta. ¿No se ha dado cuenta de que hemos estado hablando en voz alta?

MUJER: (*En voz más baja.*) ¿Me oye ahora? He perdido todo el derecho a la vida privada . . . me siento acorralada . . . usted medirá mis pasos. . .

HOMBRE: Quítese los zapatos. ¿Le desagrada mi voz?

MUJER: Francamente no; es agradable; es . . . bueno, ¿qué importa?

HOMBRE: ¿Y sus rasgos? Por su voz, diría es encantadora. Me alegro que haya venido.

MUJER: ¡Pues yo no! ¿Cómo es usted?

HOMBRE: Soy joven, alto, delgado, rubio, de facciones finas.

MUJER: Ajá, así soy yo.

HOMBRE: (*Deja de dibujar.*) ¡Mentira! Su voz es de morena.

MUJER: Me aburre su deseo de intimidad. ¿No puede respetar nuestra división?

HOMBRE: Yo la respeté. Estábamos callados. Uno por uno; usted allá y yo acá . . . y usted me habló.

MUJER: Si le hablo no me doy tanta cuenta del ambiente. Me agrada más sumar el uno y uno porque la suma es dos . . . dos seres distintos y separados.

HOMBRE: Al aburrirse, no existe la distinción entre suma y multiplicación. . . (*Canta una canción disparatada.*)

MUJER: ¿Por qué canta? ¿Me dijo que hacía ruido cuando estaba aburrido. (*Canta al mismo son.*)

HOMBRE: ¡Qué voz más bella! (*Pausa en silencio.*)

MUJER: ¿Por qué el silencio repentino?

HOMBRE: ¿No lo dijo usted antes, que cansaba el hablar?

MUJER: Si deja de hablar, creo está haciendo algo. . .

HOMBRE: ¿Malo? Estoy dibujándola. . .

MUJER: Si no me ha visto. . .

HOMBRE: Tengo que imaginármela. . .

MUJER: Soy alta, esbelta, de piernas y brazos largos —de adolescente— como para inspirar una caricatura. ¿De veras que dibuja?

HOMBRE: ¿Por qué lo duda? ¿Y las facciones son regulares?

MUJER: Boca larga y nariz no tan larga; ojos largos y cejas. . .

HOMBRE: Largas también, sin duda. (*Murmura.*) ¿No quedó el dibujo que la pincelada oscura de tu ceja escribió velozmente en la pared con su punto decisivo?

MUJER: ¿Qué murmura? ¿No me cree?

HOMBRE: Murmuro unas palabras del poeta alemán. ¿No lo conoce?

MUJER: Sí, y me gusta mucho. ¿Puede recitar algo de él?

HOMBRE: Ahora no. Prefiero delinear su retrato.

MUJER: ¡Me imagino la pared llena de borrones y una gran línea!

HOMBRE: ¡La ceja larga!

(*Ríen los dos.*)

(*La* ENFERMERA *entra, cuaderno en mano.*)

ENFERMERA: Estoy de guardia. Al pasar, me pareció que la oí hablando y cantando. ¿Acostumbra hablar sola? (*Sin esperar contestación.*) Mala señal. (*Escribe en el cuaderno.*) Habla y canta a sola.

MUJER: Hablaba con el vecino uno por uno.

ENFERMERA: (*La mira con angustia.*) Con él... (*Escribe.*) Se imagina que tiene compañía en el cuarto...

MUJER: Escriba celda, no cuarto.

ENFERMERA: (*Dice en voz alta y escribe.*) Se imagina que está en una cárcel... no se ha dado cuenta en dónde está...

MUJER: ¡Yo no he dicho eso!

HOMBRE: (*En voz baja.*) No pierda su voz explicándole a la Enfermera; la atormentará... es una (*en voz alta*) ¡burra!

ENFERMERA: (*A la* MUJER.) ¿A quién ha llamado burra?

MUJER: Al vecino.

ENFERMERA: Su vecino es hombre, burr-o, por consiguiente; y yo oí que me llamaba burr-a. ¿Desde cuándo habla usted sola?

MUJER: (*Impaciente.*) Hablo con el vecino.

ENFERMERA: Nada me gustan esos ademanes conmigo, señorita. (*Untuosa con superioridad.*) Algunos se imaginan personas, otros animales... alucinaciones comunes (*escribe*)... Lo suyo es una burra en femenino de vecino masculino...

MUJER: ¡Usted si que está equivocada!

ENFERMERA: (*Oficiosa.*) Es común creerse que es la otra persona quien anda mal. Procure calmarse. Le traeré la receta que le dejó el Doctor... por si acaso...

HOMBRE: (*En voz alta y fuerte.*) ... ¡por si acaso no está uno tieso y mudo que es lo normal aquí! ¡Burra!

ENFERMERA: No crea me va a asustar con esa voz de hombre...

MUJER: Soy ventrílocua.

ENFERMERA: (*Escribiendo.*) Tengo que darle un reporte completo al Doctor... dice usted que lo quieren a uno mudo y tieso...

MUJER: Y le piden a uno que grite para llamar...

HOMBRE: (*Ríe divertido.*) Nada tiene sentido. ¡Es una abstracción de lo absurdo o un absurdo de abstracción!

ENFERMERA: ¿Cuántas voces tiene usted? Y se ríe como... La cosa se pone fea; ya le noto la agresividad.

MUJER: (*Agresiva.*) ¿Qué agresividad?

HOMBRE: (*En tono más bajo.*) Hay que disimular toda emoción. . .

ENFERMERA: La palabra emoción la oí perfectamente. Su emoción es excitación que puede resultar en depresión con síntomas de agresividad peligrosa. Voy por la receta, hay que calmarla.

HOMBRE: ¡Aunque la maten para hacerlo. . . La van a desesperar!

ENFERMERA: Me dice en una de sus voces que cree que la van a matar, que está desesperada. . .

MUJER: (*A la pared.*) Cállese para que esta mujer no crea que soy ventrílocua de veras . . . cree que estoy desesperada. . .

ENFERMERA: Desesperación y depresión son la misma cosa. . . ¡qué mal está! ¡Hablándole a la pared . . . se dará golpes contra ella!

MUJER: (*Se calma.*) Mire, apelo a su sentido común . . . soy actriz y me gusta cambiar de voz cuando ensayo . . . cambiar de voz no tiene nada de particular para una actriz, ¿Comprende?

HOMBRE: ¿De veras que es actriz? Por eso tiene la voz . . . no le explique nada a la burra. . .

MUJER: ¡Por favor, cállese!

ENFERMERA: Si no he dicho palabra. . . voy a buscar al Doctor. (*Sale de prisa.*)

ESCENA IV

(*La MUJER se dirige a la pared.*)

MUJER: Le ruego, que no hable cuando regrese con el Doctor. Ya me ha comprometido como para no salirme de este lío. Ojalá tenga más sentido común. . . ¡Yo no quiero estar aquí un año junto a usted!

HOMBRE: ¡Seríamos tan felices!

MUJER: ¡Qué locura!

HOMBRE: ¡Una actriz! ¡Cómo nos divertiremos!

(*Entran la ENFERMERA y el DOCTOR abriendo y cerrando el cerrojo.*)

ENFERMERA: (*Excitada.*) Ya ve, Doctor, está agresiva, excitada y depresiva.

DOCTOR: No le noto ningún síntoma. Exagera usted.

ENFERMERA: Doctor, ¿me desautoriza usted ante la enfermo, enferma? Ya no sé lo que digo. . .

DOCTOR: Me parece que usted es la excitada. Hablaremos afuera.

HOMBRE: (*Entonando.*) La burra se excitó, la burra. . .

ENFERMERA: ¿Oye eso, Doctor? Me llama burra en otra voz y dice que es ventrílocua. . . cambia de voz para insultarme. . . ¿y usted no llama a eso excitación?

DOCTOR: (*Atento.*) Efectivamente. Oí otra voz . . . puede ser. . . (*a la* MUJER.) ¿Es o no es usted ventrílocua?

MUJER: (*Ríe.*) No lo soy.

ENFERMERA: Miente. Me lo dijo . . . y esas voces . . . usted mismo oyó el cambio cuando me llamó burra. . .

DOCTOR: (*A la* ENFERMERA.) Le dije que hablaríamos fuera.

HOMBRE: (*En voz más baja.*) ¿Está usted junto a la pared? ¿Se da cuenta por qué la quería derribar una vez? Son unos burros. . .

(*La* MUJER *ríe, el* HOMBRE *también.*)

DOCTOR: Oí claramente la palabra burros . . . y una doble risa. . . ?

ENFERMERA: Doctor, traigo la inyectadora?

DOCTOR: (*A la* MUJER.) ¿Entonces es usted ventrílocua?

MUJER: (*Disimulando.*) Estaba bromeando . . . será el eco.

DOCTOR: El eco (*sonreído*) no va a decir cosas diferentes. Tenga la bondad de darme una demostración . . . en su caso es importante. . .

HOMBRE: ¿Por qué es importante en su caso?

MUJER: ¡Cállese!

DOCTOR: ¿Me dice que me calle? Um-m, esto es interesante.

HOMBRE: Interesante es ella. . .

DOCTOR: (*Fascinado.*) Sumamente interesante. . . Lo que no comprendo es cómo puede emitir sonidos de la pared . . . parecen golpes . . . y no la ha tocado . . . podría ser. . .

HOMBRE: ¡Soy yo, burro, yo golpeo la pared!

ENFERMERA: Otra vez con el burro y la burra. ¿No oye, Doctor?

DOCTOR: (*Ignorando a la* ENFERMERA.) Ese yo a quien usted se refiere es su id, su ego. ¿Quién representa para usted?

HOMBRE: ¿Qué va a saber ella?

ENFERMERA: Me dice que no sé nada, doctor. . . ¿Supongo que ya ha oído lo suficiente para darse cuenta que se trata de un caso de agresión perturbadora!

HOMBRE: ¡Perturbadora!

MUJER: ¡Cállese!

DOCTOR: (*A la* ENFERMERA.) ¡Cállese!

ENFERMERA: Doctor, ¿me manda a callar? ¡Es el colmo de los colmos! Ya no soporto más. . . (*Sale y deja la puerta abierta.*)

MUJER: (*Se asoma.*) Hay un pasillo muy largo. . .

HOMBRE: ¿Esperaba encontrar salida?

DOCTOR: ¿Esperaba encontrar salida? Ahora me tiene usted repitiendo. . . Interesante su poder.

HOMBRE: (*Fingiendo agresividad.*) ¡Voy a derribar la pared! (*Da golpes.*)

DOCTOR: ¿Es su íntimo deseo derribar la pared? ¿Qué espera encontrar al otro lado?

HOMBRE: ¡A mí!

DOCTOR: Está buscando su alter ego . . . quizás tenía razón la Enfermera . . . es un caso . . . curioso . . . en dos semanas, ya veremos. . .

MUJER: (*A la pared furiosa.*) ¡Es su culpa! ¡Dos semanas en esta celda asquerosa!

HOMBRE: (*Silba la obertura y se acompaña con ritmo tamboril.*) No se desespere, tenemos confundido al doctor. . .

DOCTOR: Señorita, yo no estoy confundido, estoy intrigado.

(*Entra la* ENFERMERA *con una inyectadora.*)

ENFERMERA: ¿Se ha decidido, Doctor? Supongo que ya no le queden dudas.

DOCTOR: (*A la* ENFERMERA.) No me apresure . . . que usted está más excitada que la paciente.

ENFERMERA: ¿Yo excitada? (*Ríe exageradamente.*)

DOCTOR: (*Reflexionando.*) Estoy sospechando . . . es mucha ventriloquia cantar, silbar, hablar en doble voz y producir sonidos en la pared. . .¡Vaya a ver (*a la* ENFERMERA) si el paciente del 545 está en su cuarto ahora mismo!

ENFERMERA: Eso le toca a un enfermero . . . yo no entro sola al cuarto de ese loco. . .

DOCTOR: ¡Ya le he dicho que esa apelación no se usa! Los pacientes son enfermos, no locos. . . ¡Vaya en seguida y traiga aquí al señor Márquez! (*Se acerca a la pared.*) Señor Márquez, ¿me oye?

ENFERMERA: ¡Ahora sí que he visto y oído todo! Ya no se sabe quién está enfermo o enferma. . . ¡Me voy a buscar al director! (*Sale.*)

DOCTOR: (*A la* MUJER.) Tengo que seguirla. Creo está peor que usted . . . de paso, le abriré al señor Márquez —sospecho que la ventriloquia es un entredós— (*Sale y deja la puerta abierta. Se oye el cerrojo de otra celda.*)

HOMBRE: Va a darse cuenta de todo. . .

MUJER: Dejó la puerta abierta.

HOMBRE: No se entusiasme, que el pasillo conduce al consultorio del director. Ciérrelo aquí conmigo, y no le hable en absoluto . . . todavía podemos vencerlo.

MUJER: (*Sale al pasillo y cierra la puerta del* HOMBRE.) ¡Que se diviertan!

DOCTOR: Señorita, ¿me oye? Abra la puerta, o le irá muy mal.

(*La* MUJER *no contesta.*)

HOMBRE: ¿A qué debo su visita, Doctor?

DOCTOR: Quería comprobar si ha estado usted hablando con la paciente del 546 . . . si nos han estado engañando. ¿Y ese dibujo en la pared? Bonita mujer . . . se parece a su vecina. ¿La ha visto usted ya?

HOMBRE: Jamás.

DOCTOR: ¿Y no la conoce?

HOMBRE: No.

DOCTOR: Es impresionante el parecido. Llámela usted, a ver si contesta. . .

HOMBRE: (*A la pared.*) Señorita. . . ¡Señorita!

(*La* MUJER *no contesta y sale por el pasillo.*)

DOCTOR: Entonces, ¿no se puede oír a través de la pared?

HOMBRE: Yo no sé, doctor.

DOCTOR: ¿Quién habrá cerrado este cuarto? Me parece que al salir del 546, pasé el cerrojo, ¿sería la burra de Enfermera? Ahora hay que esperar.

Telón

NOVELA

Teresa de la Parra

1890–1936   VENEZUELA

Ana Teresa Parra Sanojo nació en París de opulentos padres venezolanos. Su niñez transcurrió en la hacienda Tazón de caña de azúcar, que años más tarde sería el escenario de su segunda novela, *Memorias de Mamá Blanca*. A los ocho años muere su madre y Teresa es enviada a España con su abuela quien la educa bajo fuerte disciplina religiosa, en el colegio de El Sagrado Corazón en Valencia.

Doce años después regresa a Venezuela donde finalmente tiene contacto con el mundo y la sociedad. Aquí deslumbró por su belleza, inteligencia y finura. El choque de la joven en sus atentos de liberación en una sociedad patriarcal es el tema de su primera novela *Ifigenia* en la que explora cuestiones de identificación sexual y social. La novela recibe gran aclamación y fue premiada en París. Desde 1923 Teresa se va a vivir a Francia.

Por su encanto y talento desarrolla fama internacional. No dejó de viajar a Latinoamérica donde tuvo gran interés por su historia. En 1927 visitó La Habana y trabó estrecha amistad con Lydia Cabrera. Desafortunadamente, Teresa desarrolla una enfermedad pulmonar que la obliga a establecerse en Madrid por su clima seco y soleado. En la capital española entabla un fuerte trato con Gabriela Mistral. En España batalla la tuberculosis a la que sucumbe en 1936. A la hora de la muerte la acompañaron sólo mujeres: su hermana María y su gran amiga Lydia Cabrera.

Teresa escribe sobre su vida, sus experiencias, sus amigos, parientes, amores y odios. *Ifigenia* es como una larga carta donde narra hechos reales disfrazados de ficticios. *Memorias de Mamá Blanca* es una continuación de su historia. La protagonista vive su vejez en una plantación cerca de

Caracas. Los personajes poseen una nitidez impresionante. Teresa, fruto del trópico, se deja penetrar por las exquisiteses parisinas. Ella yuxtapone alegrías y tristezas. Se confiesa sin desnudarse. Con coquetería y elegancia escribe para sus adoradores lectores con sencillez. Hasta en su prematura muerte se vió rodeada de amor, amistad y admiración.

Teresa de la Parra nos legó la vida de una mujer rebelde en su época. Nos deja las limitaciones que encontraban las jóvenes en un sistema patriarcal. *Las Memorias de Mamá Blanca* (1927), publicada en plena dictadura gomecista,[1] fue exaltada y combatida. La novela narra la amistad de una niña, Blanca Nieves, la protagonista, con una anciana, Mamá Blanca, que al morir le deja un manuscrito clandestino. Esta anciana, en la vida real era Emilia Barrios. Los hechos narrados tienen lugar en la finca Tazón, durante un período de dos años. La hacienda es como un paraíso antes del pecado original. Se vive una pacífica e inocente existencia. Desafortunadamente la expulsión del edén se da cuando la familia se tiene que mudar a Caracas.

El ambiente es femenino, ya que casi todos los personajes son mujeres, pero todas giran alrededor del ser supremo, el padre. El se mantiene en su despacho o montando a caballo. La novela está empapada de humor. Blanca Nieves es, en realidad, lo contrario: es morena, con ojos y pelo oscuros. La disonancia entre su nombre y su físico implican el conflicto de identidad que sufre la niña. Tiene el pelo completamente liso, pero la moda y tradición exigen que lo mantenga rizado, por eso tiene que someterse a esta tortura todos los días. Su madre, para entretenerla, le cuenta cuentos mientras la peina. En el enjambre de hermanas, Blanca Nieves tiene que moldearse y conformarse.

La novela tiene tres niveles: El de las seis niñas y su íntima visión infantil, el severo marco familiar de una burguesía rural, las preocupaciones mercantiles del padre don Juan Manuel y las de la madre centradas en darle a su esposo el anhelado hijo varón. La visión infantil marca un hito en la literatura latinoamericana y representa un período histórico y de una clase social que está desapareciendo. El libro no marca el ascenso del pueblo pero sí el descenso de la burguesía. El símbolo del espejo es persistente en su búsqueda de identidad y también como premonición del futuro que el burgués no quiere encarar.

La novela, al ser narrada en primera persona deja la sensación de ser un testimonio histórico. Teresa Parra describe, idílicamente, el estrecho medio campesino, paradójico con la realidad, donde el campesino vivía una situación económica limitante y oprimente. Esto crea una tensión que refuerza la íntima frustración, rebeldía y tristeza que sentía Teresa por las injusticias sociales.

El hecho de que la narradora es una niña resulta en una prosa tierna, melancólica y vivaz, pero madura y sólida. Los recuerdos infantiles son ingenuos, llenos de simpatía humana, sensibilidad y encanto.

NOTA

1. Juan Vicente Gómez (1875–1935) was president and dictator of Venezuela from 1908 to 1915, from 1922 to 1929, and from 1931 to 1935. He executed a military takeover of the government, and his regime became notorious for its cruelty and repression.

BIBLIOGRAFÍA CRÍTICA

Ayala, Francisco. *Los ensayos*. Madrid: Editorial Aguilar, 1971.

Baralis, Marta. "Un libro americano casi desconocido: *Las memorias de Mamá Blanca*." *Universidad: Revista de la Universidad Nacional del Litoral* 52 (1962): 91–98.

Barnola, Pedro Pablo. "Teresa de la Parra. Una gran novela venezolana: 'Memorias de Mamá Blanca.'" En *Estudios Críticos Literarios*. Caracas: Librería y Tipografía La Torre, 1953.

Bosch, Velia. *Esta pobre lengua viva. Relectura de la obra de Teresa de la Parra: A medio siglo de "Las memorias de Mamá Blanca."* Caracas: Ediciones de la Presidencia de la República, 1979.

Correa, Luis. "Teresa de la Parra." *Boletín de la Academia Nacional de Historia* 19 (1936): 491–513.

Díaz Sánchez, Ramón. *Teresa de la Parra: Claves para una interpretación*. Caracas: Ediciones Garrido, 1954.

Fuenmayor Ruiz, Víctor. *El inmenso llamado: Las voces en la escritura de Teresa de la Parra*. Caracas: Universidad Central de Venezuela, 1974.

Jiménez, Juan Ramón. "Teresa de la Parra." *El Sol* 35 (1936): 268–77.

Mistral, Gabriela. "Dos recados sobre Teresa de la Parra." *Sur* 25 (1936): 3–4.

Olza, Jesús. "El humor en 'Las memorias de Mamá Blanca.'" *Sic* 299 (1967): 478–80.

Schade, George D. "*Memorias de Mamá Blanca:* A Literary Tour de Force." *Hispania* 39 (1956): 157–60.

Silva Castro, Raúl. "Las memorias de Mamá Blanca." *Cultura Venezolana* 39 (1929): 145–46.

Simón, José G. "Teresa de la Parra, pionera del movimiento feminista." *Círculo: Revista de Cultura* 14 (1985): 85–89.

Stillman, Ronnie Gordon. "Teresa de la Parra, Venezuelan Novelist and Feminist." En *Latin American Women Writers*. Pitsburgo: Latin American Literary Review Press, 1977.

Uslar Pietri, Arturo. "El testimonio de Teresa de la Parra." En *Letras y hombres de Venezuela*. Madrid: Editorial Mediterráneo, 1974.

Vidal de Kaul, Adelina. "Teresa de la Parra en 'Memorias de Mamá Blanca.'" *Cultura Universitaria* 5 (1949): 189–95.

Blanca Nieves y compañía

[Fragmento de *Memorias de Mamá Blanca*]

Blanca Nieves,[1] la tercera de las niñitas por orden de edad y de tamaño, tenía entonces cinco años, el cutis muy trigueño, los ojos oscuros, el pelo muy negro, las piernas quemadísimas[2] de sol, los brazos más quemados aún, y tengo que confesarlo humildemente, sin merecer en absoluto semejante nombre, Blanca Nieves era yo.

Siendo inseparables mi nombre y yo, formábamos juntos a todas horas un disparate ambulante[3] que sólo la costumbre, con su gran tolerancia, aceptaba indulgentemente sin hacer ironías fáciles ni pedir explicaciones. Como se verá más adelante, la culpa de tan flagrante disparate la tenía Mamá, quien por temperamento de poeta despreciaba la realidad y la sometía[4] sistemáticamente a unas leyes arbitrarias y amables que de continuo le dictaba su fantasía. Pero la realidad no se sometía nunca. De ahí que Mamá sembrara a su paso con mano pródiga[5] profusión de errores que tenían la doble propiedad de ser irremediables y de estar llenos de gracia. «Blanca Nieves» fue un error que a mis expensas, durante mucho tiempo, hizo reír sin maldad a todo el mundo. Violeta, la hermanita que me llevaba trece meses, era otro error de orden moral mucho mayor todavía. Pero eso lo contaré más adelante. Básteme decir por ahora, que en aquellos lejanos tiempos mis cinco hermanitas y yo estábamos colocadas muy ordenadamente en una suave escalerilla[6] que subía desde los siete meses hasta los siete años, y que desde allá, firmes en nuestra escalera, reinábamos sin orgullo[7] sobre toda la creación. Esta se hallaba entonces encerrada dentro de los límites de nuestra hacienda Piedra Azul, y no tenía evidentemente más objeto que el de alojarnos en su seno[8] y descubrir diariamente a nuestros ojos nuevas y nuevas sorpresas.

Desde el principio de los tiempos, junto a Mamá, presididas por Papá,

---

1. This common girl's name is sometimes used for men, too. It alludes to the Virgen de las Nieves.
2. Very tanned.
3. A walking misnomer.
4. Scorned reality and subjected it.
5. With the result that as she went along her way Mamá would sow with a prodigal hand.
6. Formed a gently rising staircase.
7. We ruled without pride [i.e, without haughtiness].
8. Lodging us in its bosom.

especie de deidad ecuestre con polainas,[9] espuelas,[10] barba castaña y sombrero alón de jipijapa,[11] vivíamos en Piedra Azul, cuyos fabulosos linderos[12] ninguna de nosotras seis había traspasado nunca.

Además de Papá y de Mamá, había Evelyn, una mulata inglesa de la isla de Trinidad,[13] quien nos bañaba, cosía nuestra ropa, nos regañaba en un español sin artículos[14] y aparecía desde por la mañana muy arreglada con su corsé, su blusa planchada, su delantal y su cinturón de cuero.[15] Dentro de su corsé, bajo su rebelde pelo lanudo,[16] algo reluciente y lo más liso posible,[17] Evelyn exhalaba a todas horas orden, simetría, don de mando,[18] y un tímido olor a aceite de coco.[19] Sus pasos iban siempre escoltados o precedidos por unos suaves chss, chss, chss,[20] que proclamaban en todos lados su amor al almidón[21] y su espíritu positivista adherido continuamente a la realidad como la ostra está adherida a la concha.[22] Por oposición de caracteres, Mamá admiraba a Evelyn. Cuando ésta se alejaba dentro de su aura sonora, con una o con dos de nosotras cogidas de la mano, era bastante frecuente el que Mamá levantara los ojos al cielo y exclamara dulce e intensamente en tono de patética acción de gracias y cantando muchísimo las palabras, cosa que era en ella forma habitual e invariable de expresar sus pensamientos.

—¡Evelyn es mi tranquilidad! ¡Qué sería de mí sin ella!

Según supe muchos años después, Evelyn, «mi tranquilidad,» se había trasladado desde Trinidad hasta Piedra Azul, con el objeto único y exclusivo de que las niñitas aprendieran inglés. Pero nosotras ignorábamos semejante detalle, por la sencilla razón de que en aquella época, a pesar de

---

9. Gaiters.

10. Spurs.

11. I.e., a broad-brimmed hat, known as a Panama hat, made of jipijapa (a type of straw) and worn widely throughout Central America.

12. Confines.

13. An island in the West Indies, off the northeastern coast of Venezuela.

14. Scolded us in Spanish devoid of articles.

15. Leather belt.

16. Kinky.

17. As smooth as she could stretch it.

18. Authority.

19. Coconut oil.

20. A faint rustle. For Teresa de la Parra, it implies irony and also creates a relation between sound and symbol.

21. Starch.

22. As firmly adhered to reality as an oyster to its shell.

la propia Evelyn, no teníamos aún la más ligera sospecha[23] de que existiese el inglés, cosa que a todas luces era una complicación innecesaria. En cambio, por espíritu de justicia y de compensación cuando Evelyn decía indignada:

—Ya ensuciaste[24] vestido limpio, terca, por sentarte en suelo.

Nosotras no le exigíamos[25] para nada los artículos, los cuales, al fin y al cabo, tampoco eran indispensables.

Al lado de Evelyn, formando a sus órdenes una especie de estado mayor, había tres cuidadoras[26] que la asistían en lo de bañarnos, vestirnos y acostarnos y se reemplazaban tan a menudo[27] en la casa que hoy sólo conservo mezclados y vaguísimos recuerdos de aquellos rostros negros y de aquellos nombres tan familiares como inusitados:[28] Hermengilda . . . Eufemia . . . Pastora . . . Amanda. Independientes del estado mayor había las dos sirvientas de adentro: Altagracia, que servía la mesa, y Jesusita, que tendía las camas y «le andaba en la cabeza»[29] a Mamá durante horas enteras, mientras ella, con su lindo y ondulado pelo suelto, se balanceaba imperceptiblemente en la hamaca.[30]

En la cocina, con medio saco viejo prendido en la cintura a guisa de delantal[31] y un latón oxidado en la mano a guisa de soplador,[32] siempre de mal humor, había Candelaria, de quien Papá decía frecuentemente saboreando una hallaca[33] o una taza de café negro: «De aquí se puede ir todo el mundo menos Candelaria.» Razón por la cual los años pasaban, los acontecimientos se sucedían y Candelaria continuaba impertérrita[34] con su saco y su latón, transportando de la piedra de moler al colador del café, entre violencias y cacerolas, aquella alma suya eternamente furibunda.[35]

Por fin más allá de la casa y de la cocina había el mayordomo, los

23. The slightest suspicion.
24. Dirtied.
25. We did not require from her.
26. Nursemaids.
27. So often.
28. Unusual.
29. "Worked on Mamá's head."
30. Hammock.
31. Like a work apron.
32. A rusty piece of tin in her hand like a fan [for the fire].
33. Relishing an *hallaca* [i.e., a cornmeal pie stuffed with meats, rice, and vegetables and steamed in plantain leaves—a typical dish of Venezuela and Colombia].
34. Undaunted.
35. That eternally raging soul of hers.

medianeros, los peones, el trapiche,[36] las vacas, los becerritos,[37] los mangos, el río, las mariposas, los horribles sapos, las espantosas culebras semilegendarias[38] y muchas cosas más que sería largo de enumerar aquí.

Como he dicho ya, nosotras seis ocupábamos en escalera y sin discusión ninguna el centro de ese Cosmos. Sabíamos muy bien que empezando por Papá y Mamá hasta llegar a las culebras, después de haber pasado por Evelyn y Candelaria, todos, absolutamente todos, eran a nuestro lado seres y cosas muy secundarias creadas únicamente para servirnos. Lo sabíamos las seis con entera certeza y lo sabíamos con magnanimidad, sin envanecimiento ninguno.[39] Esto provenía quizá de que nuestros conocimientos, siendo muy claros y muy arraigados, estaban limitados a nuestros sentidos, sin que jamás se aventuraran a traspasar por soberbia o ambición las fronteras de lo indispensable. ¡Tan cierto es que los conocimientos vanos crean los deseos vanos y crean las almas vanas! Nosotras al igual que los animales, carecíamos amablemente de unos y de otros.

Nuestra situación social en aquellos tiempos primitivos era, pues, muy semejante a la de Adán y Eva cuando, señores absolutos del mundo, salieron inocentes y desnudos de entre las manos de Dios. Sólo que nosotras seis teníamos varias ventajas sobre ellos dos. Una de esas ventajas consistía en tener a Mamá, quien, dicho sea imparcialmente, con sus veinticuatro años, sus seis niñitas y sus batas llenas de volantes[40] era un encanto.[41] Otra ventaja no menos agradable era la de desobedecer impunemente comiéndonos a escondidas,[42] mientras Evelyn almorzaba, el mayor número posible de guayabas[43] sin que Dios nos arrojara del Paraíso cubriéndonos de castigos y de maldiciones.[44] El pobre Papá, sin merecerlo ni sospecharlo, asumía a nuestros ojos el papel ingratísimo[45] de Dios. Nunca nos reprendía; sin embargo, por instinto religioso, rendíamos a su autoridad suprema el tributo de un terror misterioso impregnado de misticismo.

---

36. The sugar mill.
37. Calves.
38. The horrible toads, the frightful, semilegendary snakes.
39. Without the slightest vanity.
40. Flounced dresses.
41. Delight.
42. On the sly.
43. Guavas, a tropical fruit.
44. Without God's throwing us out of Paradise and overwhelming us with punishments and curses.
45. Thankless role.

Por ejemplo: si Papá estaba encerrado[46] en su escritorio, nosotras las seis, que solíamos andar ignorando este detalle, nos sentábamos en el pretil contiguo a aquel *sancta-sanctorum* y allí en hilera[47] y levantando todas a una vez las piernas, gritábamos en coro: «Riquiriqui riquirán, los maderos de San Juan. . .»[48] Una voz poderosa y bien timbrada,[49] la voz de Papá, surgía inesperadamente de entre los arcanos[50] del escritorio:

—¡Que callen esas niñas! ¡Que las pongan a jugar en otra parte!

Enmudecidas como por ensalmo,[51] nos quedábamos inmóviles durante unos segundos, con los ojos espantados y una mano extendida en la boca hasta salir, por fin, todas juntas, en carrera desenfrenada[52] hacia el extremo opuesto del corredor, como ratones que hubiesen oído el maullido[53] de un gato.

Por el contrario: otras veces nos subíamos en el columpio[54] que atado a un árbol de pomarrosas[55] tendía sus cuatro cables frente a aquel ameno rincón del corredor donde entre palmas y columnas se reunían la hamaca, el mecedor y el costurero[56] de Mamá. De pie todas juntas en nuestro columpio, agarrándonos a sus cuerdas o agarrándonos unas a otras, nos mecíamos lo más fuertemente posible, saludando al mismo tiempo la hazaña[57] con voces y gritos de miedo. Al punto,[58] esponjadísima[59] dentro de su bata blanca cuajada[60] de volantes y encajitos,[61] asistida por Jesusita,

46. Shut up.

47. In a row.

48. "St. John's Logs" (a children's song from a game quite popular in Spanish-speaking countries). The words are from the poem by Colombian José Asunción Silva (1865–1896), "Los maderos de San Juan."

49. Pleasantly pitched.

50. Secrets, mysteries.

51. Incantation.

52. In a mad dash.

53. Meow.

54. Swing.

55. Rose apples, a tropical fruit.

56. Sewing table.

57. Feat.

58. At once.

59. Fluffy.

60. Curd.

61. Billowy, covered with flounces and lace.

con el pelo derramándose en cascadas[62] y con la última novela de Dumas[63] padre en la mano, del seno de la hamaca surgía Mamá:

—¡Niñitas, por amor de Dios: no sean tan desobedientes! ¡Bájense dos o tres por lo menos de ese trapecio![64] Miren que no puede con tantas[65] y que se van a caer las más chiquitas. ¡Bájense, por dios; háganme el favor, bájense ya! ¡No me molesten más! ¡No me mortifiquen![66]

Nosotras, arrulladas por tan suaves cadencias y prolongados calderones,[67] tal cual si fueran las notas de un cantar de cuna,[68] seguíamos marcando a su compás nuestro vaivén:[69] Arriba..., abajo..., arriba..., abajo..., y encantadas desde las cumbres de nuestro columpio y de nuestra desobediencia enviábamos a Mamá durante un rato besos y sonrisas de amor, hasta que al fin, atraída por los gritos, llegaba Evelyn y: chss, chss, chss, se acercaba al columpio, lo detenía y así como se arrancan las uvas de un racimo maduro nos arrancaba[70] una a una de sus cuerdas y nos ponía en el suelo.

Cuando Mamá se iba a Caracas en una calesa[71] de dos caballos, acontecimiento desgarrador[72] que ocurría cada quince o dieciséis meses, para regresar al cabo de tres semanas de ausencia, tan delgada como se había ido antes y con una niñita nueva en la calesa de vuelta, tal cual si en realidad la hubiera comprado al pasar por una tienda, cuando Mamá se iba, digo, durante aquel tristísimo interregno de tres y hasta más semanas, la vida, bajo la dictadura militar de Evelyn, era una cosa desabridísima, sin amenidad ninguna,[73] toda llena de huecos negros y lóbregos como sepulcros.

---

62. Overflowing in cascades.

63. Alexandre Dumas *père* (1802–1870), the French novelist and playwright, best known for his popular romances *The Three Musketeers* (1844) and *The Count of Monte Cristo* (1845).

64. Trapeze.

65. It can't hold so many.

66. Don't torture me!

67. Lulled by such gentle cadences and sustained notes.

68. Lullaby.

69. Swinging.

70. Plucked us off.

71. Calash or carriage.

72. Heartbreaking occurrence.

73. Without any fun whatsoever.

Pero cuando en las mañanas, a eso de las nueve, llegaba el muchacho de la caballeriza, conduciendo a Caramelo, el caballo de Papá, y éste, a lo lejos, sentado en una silla con una pierna cruzada sobre la otra se calzaba las espuelas, nosotras nos participábamos alegremente la noticia:

—¡Ya se va! —Ya se va! Ya podemos hacer riqui-riqui en el pretil.

Decididamente entre Papá y nosotras existía latente una mala inteligencia que se prolongaba por tiempo indefinido. En realidad no solíamos desobedecerle sino una sola vez en la vida. Pero aquella sola vez bastaba para desunirnos sin escenas ni violencias durante muchos años. La gran desobediencia tenía lugar el día de nuestro nacimiento. Desde antes de casarse, Papá había declarado solemnemente:

—Quiero tener un hijo varón y quiero que se llame como yo, Juan Manuel.

Pero en lugar de Juan Manuel, destilando poesía, habían llegado en hilera las más dulces manifestaciones de la naturaleza: «Aurora,» «Violeta,» «Blanca Nieves,» «Estrella,» «Rosalinda,» «Aura Flor,» y como Papá no era poeta, ni tenía mal carácter, aguantaba aquella inundación florida, con una conformidad tan magnánima y con una generosidad tan humillada, que desde el primer momento nos hería con ellas en lo más vivo de nuestro amor propio y era irremisible: el desacuerdo quedaba establecido para siempre.

Sí, mi señor don Juan Manuel, tu perdón silencioso era una gran ofensa, y, para llegar a un acuerdo entre tus seis niñitas y tú, hubiera sido mil veces mejor el que de tiempo en tiempo le manifestaras tu descontento con palabras y con actitudes violentas. Aquella resignación tuya era como un árbol inmenso que hubieras derrumbado por sobre los senderos de nuestro corazón. Por eso no te quejes si, mientras te alejabas bajo el sol, hasta perderte allá entre las verdes lontananzas[74] del corte de caña, tu silueta lejana, caracoleando en Caramelo, coronada por el sombrero alón de jipijapa, vista desde el pretil, no venía a ser más sensible a nuestras almas que la de aquel Bolívar[75] militar, quien a caballo también, caracoleando como tú sobre la puerta cerrada de tu escritorio, desde el centro de su marco de caoba y bajo el brillo de su espada desnuda, dirigía con arrogancia todo el día la batalla gloriosa de Carabobo.[76]

---

74. Far horizons.

75. Simón Bolívar (1783–1830), the liberator of northern South America from the rule of Spain.

76. The battle won by Bolívar's forces on June 24, 1821, thus assuring Venezuela's independence.

Cristina Peri Rossi

1941- URUGUAY

De abuelos italianos, Cristina nació en Montevideo. Su padre trabajaba en las textileras y su mamá era maestra. Fue ella quien le enseñó a Cristina el amor a la lectura. Estudió letras en la Universidad de Montevideo y se hizo periodista. Tenía un tío quien le proporcionó libros desde niña.

En 1963 publicó la oscura realidad de la mujer en *Viviendo*. En su cerrado mundo, la protagonista se ve sentenciada a la soltería. En dos de los tres cuentos del libro, "El baile" y "No sé qué", discretamente sugiere relaciones lesbianas en las que las mujeres tienen que seguir su destino para llegar a ser felices.

Con el libro *Los museos abandonados* (1969) ganó un premio literario en Uruguay. En esta obra se ve la falta de comunicación entre hombres y mujeres en un mundo de destrucción y decadencia. En *El libro de mis primos* presenta una fuerte crítica al capitalismo. En él mezcla prosa y verso, perspectivas y voces. Esta innovadora obra le ganó el premio Marcha en 1969.

Indicios pánicos (1970) es como una premonición de la dictadura que se apoderó del Uruguay en 1973. El libro se prohibió. A media noche Cristina tuvo que escapar y exiliarse en España.

En *Evohé* (1971) Peri Rossi hace un juego de palabras con el que celebra el "cuerpo" femenino que intercambiablemente mezcla con "palabra". Este libro de poemas fue revolucionario y sacudió al mundo intelectual del Uruguay.

Ha publicado en España *Descripción de un naufragio* (1975), *Diáspora*

(1976), y *Lingüística general* (1979) donde explora el arte, el lenguaje y las relaciones lesbianas. En *La tarde del dinosaurio* (1976) y *La rebelión de los niños* (1980) los protagonistas, que son mayormente niños, aparecen más astutos y sabios que los adultos. Los niños son los mejores testigos de la corrupción del mundo porque todavía no están debilitados por la frustración y el conformismo. En 1983 publicó una colección de cuentos y ensayos *El museo de los esfuerzos inútiles*.

En 1984 publicó su novela más importante, *La nave de los locos*. En ella revive la metáfora medieval de Sebastián Brant empleada también por Michel Foucault. Se centra en "El tapiz de la creación" que se encuentra en la Catedral de Gerona. El tapiz muestra la armonía inmutable en el mundo creado por Dios, que Peri Rossi invierte para mostrar la realidad de las injusticias humanas y en especial contra la mujer, condenada a la prostitución y a otras depravaciones. Una parte muestra a una mujer en busca de un aborto. Veladamente va la sátira a las enseñanzas misóginas de la religión. Esta novela condena la agresividad del poder y celebra a las víctimas que lo resisten rompiendo las convenciones sociales.

Una pasión prohibida (1986) tiene cualidad parabólica y se burla de las ideas simplistas que existen sobre el juicio final, la revelación y el patriotismo. Otros temas que Peri Rossi trata son: la soledad de la vida contemporánea, la guerra y la represión política. Trata el psicoanálisis satíricamente y también escribe sobre el amor, la política y el arte.

Explora lúcida y digresivamente la realidad presentándonos un mundo en vía de deterioro y desintegración. Infunde la complejidad política en su obra con un entendimiento claro de las causas y efectos que afligen a la sociedad. A pesar de la forma elíptica e indirecta en que enmarca su narración, el lector percibe el mensaje contenido en cada cuento. Algunos de sus blancos son los abusos e injusticias de la dictadura militar, el egoísmo de los ricos, el exilio, la marginación de la mujer y de los niños. Expone el desmoronamiento de un orden social caduco, mediante un proceso narrativo de desrealización que desemboca en una denuncia social. Ella acuñó el término "ombliguismo", para criticar el egoísmo de la gente que sólo mira su ombligo sin considerar al resto del mundo. A pesar de la crítica, su literatura no es nihilista; espera el advenimiento de un nuevo orden social más humano.

En su producción literaria Peri Rossi afirma la solidaridad y colectividad humana. Lo hace empleando un estilo híbrido, combinando narrativa, poesía y juegos intertextuales. También recurre a puntuación original para crear ambigüedad con la que intenta comunicar la irrealidad de la realidad. Su escritura se distingue por la ruptura de la lógica representativa lo cual produce una ilusión referencial. Da rienda suelta a su imaginación sin fronteras. El resultado es una narrativa lírica, ecléctica, desmitificante, liberante y novedosa.

BIBLIOGRAFÍA CRÍTICA

Araújo, Helena. "Simbología y poder femenino en algunos personajes de Cristina Peri Rossi." *Plural: Revista Cultural de "Excelsior"* (México) 205 (1988): 26–29.

Benedetti, Mario. "Cristina Peri Rossi: Vino nuevo en odres nuevos." En *Literatura uruguaya siglo XX*. 2a ed. Montevideo: Alfa, 1969.

Cánepa, Gina. "Claves para una lectura de una novela de exilio: *La nave de los locos* de Cristina Peri Rossi. *Anales del Instituto Ibero Americano* (Göteborg, Suecia) 1 (1989): 117–30.

Deredita, John F. "Desde la diáspora: Entrevista con Cristina Peri Rossi." *Texto Crítico* (Universidad Veracruzana, México) 9 (1978): 131–42.

Guerra Cunningham, Lucía. "La referencialidad como negación del paraíso: Exilio y excentrismo en *La nave de los locos* de Cristina Peri Rossi." *Revista de Estudios Hispánicos* (St. Louis) 23 (1989): 63–74.

Kaminsky, Amy. "Gender and Exile in Cristina Peri Rossi." En *Continental, Latin American and Francophone Writers*. Nueva York: University Press of America, 1987.

Mora, Gabriela. "*La nave de los locos* y la búsqueda de la armonía." *Nuevo Texto Crítico* (Stanford) 1 (1988): 343–52.

Morello-Frosch, Marta. "Entre primos y dinosaurios con Cristina Peri Rossi." En Lucía Guerra Cunningham, ed., *Mujer y sociedad en América Latina*. Santiago de Chile: Editorial del Pacífico, 1980.

Olivera-Williams, María Rosa. "*La nave de los locos* de Cristina Peri Rossi." *Revista de Crítica Literaria Latinoamericana* 11 (1986): 81–89.

Ordóñez, Montserrat. "Cristina Peri Rossi: Asociaciones." *Eco* (1982): 196–205.

Pereda, Rosa María. "Cristina Peri Rossi: La parábola de un naufragio." *Camp de l'Arpe* 12 (1974): 24–26.

Verani, Hugo J. "La historia como metáfora: *La nave de los locos* de Cristina Peri Rossi." *La Torre: Revista de la Universidad de Puerto Rico* 4 (1990): 79–92.

La nave de los locos[1]

[Fragmentos]

EL TAPIZ DE LA CREACIÓN[*]

El tapiz está dispuesto horizontalmente, de modo que el visitante que está sentado frente a él, en el largo sillón de madera tallada, o de pie, a pocos pasos de distancia, puede contemplarlo en toda su extensión, desplazando su mirada del costado izquierdo al derecho y de arriba a abajo. En el tapiz, como en ciertos cuadros, se podría vivir, si se tuviera la suficiente perseverancia. Todo en él está dispuesto para que el hombre se sienta en perfecta armonía, consustanciado, integrado al universo, rodeado de criaturas fantásticas y reales: pájaros con cola de pez y perros alados,[2] leones con caparazón de tortuga y serpientes con cara de lobo; ángeles que pescan con aparejos y vientos contenidos en odres[3] hinchadas; todo, en el tapiz, responde a la intención de que el hombre que mira —espejo del hombre representado con hilos de colores— participe de la creación, al mismo nivel que el buey de cabeza de loro y la espada de la cual nacen hojas lanceoladas y para que sin salirse de los límites de la tela, esté en el centro mismo de la creación, no por ello alejado de los bordes o extremos. Hay cuadros así, donde todo está dispuesto para que el hombre viva en ellos exonerado del resto del mundo.

El tapiz original, tejido en el siglo XI o tal vez en el XII, tenía seis metros de largo, de los cuales sólo se conservan tres y sesenta y cinco centímetros. El desgaste del tiempo (épocas enteras sublevadas) ha hecho desaparecer casi la mitad, pero algunos hilos de colores y la estructura general de la obra permiten saber qué temas se desarrollaban en la parte desaparecida del tapiz y los fragmentos que se conservan, mutilados, lo confirman. Lo que admiramos en la obra, además de su fina elaboración, de su bello entramado[4] y la armonía de sus colores, es una estructura; una estructura tan perfecta y geométrica, tan verificable que aún habiendo

---

1. Because in the original *Nave de los locos*, the symbol-keyed notes (*, †, ‡, §) were numbered notes and therefore part of the novel, they are here presented as endnotes following the excerpt in question.

2. Winged.

3. Wineskin.

4. Latticework border.

desaparecido casi su mitad, es posible reconstruir el todo, si no en el muro de la catedral, si en el bastidor de la mente. Allí se despliegan los metros que faltan, como fragmentos de una armonía cuyo sentido es la metáfora del universo. Lo que amamos en toda estructura es una composición del mundo, un significado que ordene el caos devorador, una hipótesis comprensible y por ende reparadora. Repara nuestro sentimiento de la fuga y de la dispersión, nuestra desolada experiencia del desorden. Un esfuerzo racional y sensible por dotar[5] a toda la materia de sentido sin renunciar por ello a la complejidad. En telas así sería posible vivir toda la vida, en medio de un discurso perfectamente inteligible, de cuyo sentido no se podría dudar porque es una metáfora donde todo el universo está encerrado.

Lo que nos asombra y nos asombrará siempre, es que una sola mente haya podido concebir una estructura convincente, placentera y dichosa como ésta; una estructura que es una metáfora, sin dejar de ser por ello, también, una realidad.

* Se trata de *El tapiz de la creación*, de la Catedral de Gerona. En alguno de sus viajes, Equis vio este tapiz. Y se conmovió. A diferencia de la tapicería gótica, que combina elementos paganos y corteses con símbolos cristianos, el de la creación es mucho más austero, corresponde a esa religiosidad medieval capaz de construir un mundo perfectamente concéntrico y ordenado. Pero cualquier armonía supone la destrucción de los elementos reales que se le oponen, por eso es casi siempre simbólica. Equis contempló el tapiz como una vieja leyenda cuyo ritmo nos fascina, pero que no provoca nostalgia.

EQUIS, III: EL HOMBRE ES EL PASADO DE LA MUJER

Teniendo en cuenta las previsiones de la Organización Mundial de la Salud (O.M.S.), que leyó en una revista extranjera, mientras volaba de Madrid a Toronto, y suponiendo que él es uno de los individuos que se ajustan a los cálculos generales, Equis[†] supone que vivirá hasta los setenta años, siempre y cuando un automóvil veloz (es un peatón algo distraído), el cigarrillo («Acelérame la muerte» es la frase con la que Vercingetórix suele pedirle un cigarrillo, siguiendo un hábito que Equis reconoce como un rasgo psicológico de sus compatriotas: transformar lo angustioso en una broma macabra), o un general ensoberbecido no aparezcan de improviso, para alterar las estadísticas. Los años que le faltan hasta entonces, Equis quisiera

---

5. Endow.

pasarlos sentado en la butaca del cine Rex,[‡] función continua, desde las dos de la tarde, contemplando (con detrimento de su coxis, pero la belleza exige alguna clase de sacrificio) las evoluciones de Julie Christie en la pantalla lugar donde estará a salvo, siempre, del paso del tiempo, de la celulitis, el cáncer y la bomba de neutrones.

De todo eso quisiera salvarla él mismo, y también, del monstruo infame que la acecha en la habitación, oculto en el último rollo, tenaz, invisible, todopoderoso dispuesto a violarla con sus máquinas secretas. Julie Christie se pasea, nerviosa, con un temor impreciso; nada de lo que ve, en principio, en ese laboratorio que conoce bien (pues trabaja en él) la induce al temor, sin embargo, sus narinas (esas deliciosas y delicadas alas de mariposa) tiemblan casi imperceptiblemente y sus ojos de gacela, inquietos, buscan, entre los frascos y potes, entre las retortas y los tubos de cristal, una señal, un indicio del peligro que le aguarda. El monstruo —invisible pero omnipresente, «como las dictaduras,» dice Vercingetórix— con una orden de su poderoso cerebro ha cerrado puertas y ventanas; cuando Julie Christie escucha el ruido de un objeto al caer y de la última cerradura que faltaba, se lanza hacia la puerta, grita desesperadamente, sin que nadie la oiga, y Equis comienza a transpirar. Transpira por los bellos ojos de Julie Christie, en los que el miedo aletea como un pájaro enjaulado; por los cabellos de Julie Christie que comienzan a despeinarse; por las piernas de Julie Christie que buscan, afanosas, un camino de salida; por su pelo rubio, por su boca carnosa, por sus senos firmes, por sus brazos torneados y Vercingetórix dice, súbitamente:

—No la aguanto más. Me voy. Ya tuve bastante.

Y lo deja solo en el cine (la sala está vacía) admirando ese rostro de mujer en la pantalla, esos cabellos. Solo y anhelante, a la espera (una espera que se prolonga demasiado, multiplicando morbosamente los detalles, con un regodeo oscuro que invita a la complacencia de la máquina implacable que se lanzará sobre la bella Julie Christie con el furor y la inmisericordia de los mecanismos, de las piezas engarzadas con precisión, de la fuerza que se sabe irresistible —como un temblor de tierra o la erupción de un volcán— y puede actuar cuando quiere. Solo y anhelante, escuchando su propia respiración amplificada por el resuello de la máquina excitada; solo con el temor de que sus propias fantasías aparezcan ahora en la pantalla, y dividido entre el amor a Julie Christie, el deseo de salvarla y la secreta, maligna complacencia con lo que va a ocurrir, la máquina rompiendo, destructora e implacable, todos los objetos de la habitación; la máquina perforando las paredes; la máquina resoplando mientras reduce a escombros los obstáculos que ella, ingenuamente, pone a su paso; la máquina convirtiendo en hojarasca el vestido de Julie Christie, riendo cuando ella queda desnuda, indefensa y en el colmo de su atracción; Julie Christie desnuda no parece desnuda; todavía está vestida con la mirada turbia y languidecente —ambigua— de sus ojos de mar; todavía está vestida con los senos como paltas; la máquina que, atronadora y múltiple la aplasta contra la cama entre las luces refulgentes del rayo láser.

Todo parecía irremediablemente estúpido alrededor, en la pantalla, salvo aquel acto descomunal y polimorfo, brutal como la conquista de Leda por el cisne. Todo parecía irremediablemente estúpido al lado de la cosmogónica deflagración del orgasmo macho, especialmente los hombres tontos y ciegos, incapaces de oponerse a la máquina y su furor, que la habían dejado sola y un grupo de mujeres había colgado un cartel, a la puerta de un edificio público al lado del cine. El cartel decía, en grandes caracteres: EL HOMBRE ES EL PASADO DE LA MUJER, afuera llovía, el portero del cine, cuando lo vio salir por tercera vez y dirigirse nuevamente a la taquilla, lo miró, socarrón y le dijo:

—Le convendría hacerse socio. Como un club de fútbol.

Y él, borracho todavía por la luz de neón y por los efluvios de los ojos azules de Julie Christie secuestrada, de Julie Christie empalada por la máquina fálica, cambiaba las escenas de la película y sobre la pantalla ya no veía más el pésimo film de Danniels, sólo veía a Julie Christie balanceándose, a Julie Christie sacudiendo los cabellos, a Julie Christie susurrando *el hombre es el pasado de la mujer,* un pasado tosco, anterior a la conciencia, deplorable, como todos los pasados, y la máquina estaba a punto de violarla por segunda vez, una máquina bestial y omnipresente, a la cual era imposible identificar porque se trataba, en realidad, de un símbolo, un símbolo que estaba en todas partes y contra la que Julie Christie, el porvenir del hombre, nada podía hacer, pues esa máquina pesada y torpe, tosca y ensoberbecida, no conocía el límite ni la resistencia, gran símbolo fálico, estructura del poder invencible.

Después de la última función, abandonó, extenuado, el cine, bajo la mirada burlona del portero.

—Le puedo vender un fotograma —le dijo el hombre, con ese oscuro sentimiento de superioridad de los que no entienden. ¿Cuál le gustaría? ¿El de la violación? Vamos a cerrar —agregó—, pero mañana volveremos a abrir, duerma tranquilo, siempre hay sitio —le aconsejó, paternal y burlón.

—Hay dos cosas que detesto en la vida —respondió Equis— La segunda, es esperar.

Vercingetórix estaba, medio borracho, en la puerta del bar. Se había empeñado en destruir el cartel golpeándolo con sus grandes manazas de orangután. Mojado y todo, el cartel resistía, a pesar de que Vercingetórix había conseguido perforar la H de hombre y la S de pasado.

—Pero, ¿qué estás haciendo? —le reprochó Equis, cuando lo vio, el brazo derecho amarrado a una A y una D al hombro, como un disfraz de payaso.

—Estoy haciendo pedazos el futuro del hombre —dijo Vercingetórix, con esa rapidez que caracteriza al borracho con un largo ejercicio en rescatar palabras del lago del alcohol.

† En cuanto a los nombres, Equis piensa que en general son irrelevantes, igual que el sexo, aunque en ambos casos, hay gente que se esfuerza por merecerlos. Una vez, se entretuvo haciendo una lista de nombres posibles para él. Ulises era adecuado para destacar la condición de viajero, pero sus resonancias literarias lo determinaban demasiado. Se hubiera sentido en la obligación de reescribir la Odisea, como peripecia moderna: cualquier motivo es bueno para huir de una esposa abnegada. Archibaldo era sonoro, pero algo antiguo. ¿Había sido caballero de alguna orden? Tendría que averiguar en la enciclopedia de su vecina. La buena señora acababa de comprarse una flamante de treinta y seis volúmenes encuadernados en pasta roja, del mismo color que sus sillones. De regalo, le dieron un mueble de madera barnizada, donde ella colocó el televisor y el gato. Equis conoce a un individuo que se gana la vida vendiendo enciclopedias editadas en fascículos. Sabe todas las respuestas que puede darle a un cliente remiso, y las publicó en un folleto que recibió un premio de la Asociación de Vendedores Ambulantes. Lo conoció por casualidad. Trató de venderle los fascículos que le faltaban de la Historia de la Medicina, Manual Práctico. Confidencialmente, le contó que casi todos sus clientes eran hipocondríacos. «Igual que yo,» respondió Equis. «Si compra todos los que le faltan de una sola vez —le explicó el vendedor— podrá hacerse un diagnóstico rápido y eficaz sin necesidad de ir al médico.» «Prefiero esperar cada lunes, cuando se ponen a la venta —le contesó Equis—. Hacia el fin de semana, siempre me siento fatal, y el domingo me acuesto con mucha expectativa: estoy seguro de que descubriré mi nueva enfermedad en el fascículo siguiente.» El vendedor quedó algo perplejo. Enseguida sacó su libreta de notas y apuntó. «Repítame eso de la ex . . .» «pectativa,» corrigió Equis. Después, leyó la línea de la hoja, para cerciorarse de que estaba bien escrita. «¡Es extraordinario!» —exclamó el vendedor. «Nunca me habían dado ese argumento. Tendré que agregarlo en la nueva edición del folleto de Consejos a los Vendedores Ambulantes y buscar una respuesta adecuada. Todos los días se aprende algo nuevo. Cuando la tenga, lo llamaré por teléfono.» Y le pagó una cerveza.

También le hubiera gustado llamarse Iván, pero estaba seguro de que a alguien se le iba a ocurrir que se trataba de un fugitivo del Este. Y Horacio era imposible, después *Rayuela*.

‡ Derruido posteriormente, a causa de la inflación, el avance de los medios técnicos y el video. En su lugar se levanta un cementerio de automóviles, tan destartalado como el viejo cine. Años después —cuando Julie Christie ya se había convertido en monja de una congregación de Hermanas Descalzas— Equis descubrió en el baldío cercano, el resto del rótulo luminoso del cine, precisamente la letra X. Todavía conservaba algunas lamparitas y alambres, los cables se habían desflecado y era inútil pensar que iluminara nada, pero Equis se abrazó a ella como a un rencor, y la arrastró hasta su apartamento. Dificultosamente subieron juntos la escalera, jadeantes, y la portera no dijo nada, porque estaba harta de verlo vivir solo, y prefería una letra desmadejada a los aullidos de un perro.

EL VIAJE, IV: HISTORIA DE EQUIS

A poco de llegar a una ciudad, Equis consigue trabajo[§]—es muy hábil y puede ganarse la vida dictando clases acerca del romanticismo alemán o barriendo los andenes del metro, como taquígrafo en una empresa naviera o sirviendo platos en un restaurante—, alquila habitación, compra algunos libros (Equis se ha resignado a comprar los mismos libros en diversas ciudades), algunos discos (Equis adora la música de Wagner y sus días son mejores cuando puede oír «*O sink hernieder*» cantado por Kirsten Flagstad, versión que como ha podido comprobar, no se encuentra fácilmente en cualquier tienda) e instala dos o tres objetos familiares, carentes, en general, de cualquier valor que no sea el afectivo. No son siempre los mismos, porque Equis ha comprendido que en definitiva, su existencia, como la de casi todo el mundo, es una incesante dialéctica entre la pérdida y la conquista, donde muchas veces extraviamos —por azar, desgracia u olvido— cosas que amamos y ganamos cosas que nunca quisimos obtener —por error, suerte o indiferencia—. Pasando de ciudad a ciudad, Equis ha adquirido objetos y ha perdido otros, y aunque a veces, a la mañana, despierta sorprendido, con una anhelante necesidad de volver a ver un objeto que recuperó en sueños, y que abandonó hace algunos años en una pieza de hotel o regaló a un amigo ocasional, y Equis sabe que esa angustia es muy intensa (como si de recuperarlo dependiera alguna clase de certeza, de fidelidad o de asistencia), puede decirse que el tránsito de los objetos, su fugacidad, es algo que acepta con naturalidad, inmerso en el fluir del tiempo como un pez en la corriente. Quizá por la misma razón, tampoco experimenta excesiva alegría cuando —instalado en otro lugar— vuelve a poseer algunos objetos.

§ Es falso decir que Equis ha encontrado trabajo rápidamente en todas las cuidades en las que ha vivido durante esta larga e inconclusa peregrinación. Son tiempos difíciles y la extranjeridad es una condición sospechosa. El hombre sedentario —el campesino o el hombre de ciudad que viaja sólo ocasionalmente, durante sus vacaciones o por asuntos de familia— ignora que la extranjeridad es una condición precaria, transitiva, pero también intercambiable; por el contrario, tiende a pensar que algunos hombres son extranjeros y otros no. Cree que se nace extranjero, no que se llega a serlo.

Una vez, caminando por la calle de una ciudad en la que no había nacido, Equis se encontró con una mujer que tenía un curioso parecido con otra, que había conocido años atrás, en otro lugar. Posiblemente el parecido era más ilusorio que real —Equis es un buen viajero y conoce perfectamente la sensación de *déjà vu*—; posiblemente, el parecido era fruto de la alucinación o de la nostalgia, de la soledad o del deseo, pero guiado por esa emoción que nacía en zonas ambiguas, Equis se acercó a la mujer, y con mucha delicadeza, la invitó a tomar un café.

—Discúlpeme —le dijo, con un acento que ella debió considerar extraño—. Usted me recuerda a una mujer que conocí hace tiempo, en otro lugar. No se sienta responsable por eso. ¿Podríamos sentarnos a tomar un café?

La mujer, más sorprendida que interesada, no atinó a rechazar la invitación, poco frecuente. Se sentaron frente a una mesa roja, en un abominable bar americano que Equis detestó de inmediato, pero fue elegido por ella y le pareció poco cortés de su parte resistirse. La música era estridente, y además, el lugar estaba lleno de máquinas tragamonedas. Las paredes olían a aceite, a sudor y por todas partes había relucientes fotografías de hot-dogs y patatas fritas. Ella pidió un helado de vainilla, con nata y chocolate. Equis, un café.

—¿Es usted extranjero? —le preguntó la mujer, como si eso tuviera mucha importancia. Equis se fastidió.

—Sólo en algunos países —le contestó— y posiblemente no lo seré durante toda la vida.

Ella lo miró con cierta sorpresa.

—No nací extranjero —le informó—. Es una condición que he adquirido con el tiempo y no por voluntad propia. Usted misma podría llegar a serlo, si se lo propusiera, aunque no se lo aconsejo. Por lo menos, no de una manera definitiva.

«De cada tres tipos que se me acercan, dos están completamente locos,» pensó ella, que se consideraba una mujer de poca suerte. No atinaba a explicarse por qué. No era fea, había estudiado dos años en una universidad y su familia no tenía ninguna tara apreciable. En alguna parte había leído que los seres humanos emiten, igual que los animales, un efluvio químico, aparentemente impreceptible, pero que actúa como poderoso influjo de atracción o de rechazo. Con seguridad, el suyo atraía a los locos. Y el mundo estaba lleno de locos sueltos. Seguramente no los encerraban a todos porque no había espacio suficiente, y muchos hacían una vida aparentemente normal, hasta que el efluvio químico aparecía y entonces la particularidad se desencadenaba. Dejaban libres a los más tranquilos, a los menos peligrosos, pero igual, deberían obligarlos a llevar un distintivo, una marca, como los alérgicos o algo así, para que la gente no estuviera expuesta a toparse con ellos y a tratarlos como a individuos normales.

—Hace años, precisamente —continuó Equis— conocí a una mujer muy parecida a usted, si me permite la irreverencia de una comparación.

Hablaba de una manera muy retórica y algo arcaica; ella pensó que a lo mejor se debía que los extranjeros aprenden la lengua de una manera menos espontánea; o quizá fuera un síntoma de su locura.

—Hace muchos años —insistió Equis—. Yo sólo tenía seis.

Ahora sólo faltaba que le contara toda su infancia. Los locos tienen tendencia a refugiarse en la niñez. ¿Cómo haría para ponerse de pie e irse sin provocar una escena violenta?

—Es muy curioso: era extranjera, y tal vez por eso, me enamoré de ella.

—¿A los seis años? —preguntó ella, alarmada, y olvidándose momentáneamente de que estaba hablando con un loco.

—Fue mi primer amor —respondió Equis, algo orgulloso. Se arrepintió enseguida. ¿Por qué iba a sentirse orgulloso de eso? —Pero lo importante —señaló— es que se trataba de una extranjera.

A ella eso le pareció sin ninguna importancia.

—¿Comprende? Era una mujer alta, espigada, de cabellos castaños, que hablaba con dificultad nuestra lengua. A mí, a los seis años, me parecía delicioso oír el rumor de sus erres y el silbido de sus zetas.

«Está completamente loco. ¿Será mejor que me ponga de pie y le diga, por ejemplo: —Discúlpeme, debo irme, llegaré tarde al trabajo, o huiré directamente por la puerta de la izquierda? Nunca se sabe cómo puede reaccionar un loco.»

Súbitamente, Equis se sintió muy melancólico. Tanto, que dudó frente al relato iniciado, no supo si continuar o no.

—Usted, por ejemplo, ¿cuántos amigos extranjeros tiene?

Había perdido su oportunidad. Pudo haberse levantado en el momento en que él calló y salir corriendo por la puerta abierta. No le importaba correr. Además, era cierto que se le estaba haciendo tarde.

El silencio de la mujer aumentó su melancolía.

—El otro día vi a una anciana en el metro —comenzó a contar, súbitamente—. Iba sentada frente a mí. Una anciana deliciosa, debo decir. Tenía los cabellos blancos y una sonrisa muy fresca; los ojos, que eran muy vivaces, también sonreían. Miraba con curiosidad y ternura, con cierto regocijo interior. Tenía un bolso en la mano, con verduras. Parecía algo pesado. Me sonrió espontáneamente, y esa sonrisa me conmovió por completo. ¿Sabe usted? Los emigrantes tenemos una vida emocional muy inestable.

«Me lo imaginé —pensó ella—. Ahora me va a contar toda la historia del hospital, su internación, cómo huyó y yo tendré que llamar a la policía, con lo que detesto meterme en problemas.»

—Nos volvemos hipersensibles —aclaró Equis—. Pensé en una tía que tengo. Una vieja tía que cuando era chico me tejía pulóveres y me preparaba pasteles, adornados con frutas. Hace muchos años que no la veo. De modo que me puse a mirar a la anciana como si se tratara de ella, y la ternura que me invadió fue tanta que se me llenaron los ojos de lágrimas. Quería demostrarle mi cariño, ayudarla, subir juntos la escalera, hacer la sopa y escuchar la radio; quería conversar con ella acerca del verano y del invierno, el sabor de los tomates y de las lechugas, el precio del azúcar y la decadencia de las costumbres. Aunque usted no pueda creerlo, la anciana me miraba con ternura, comprendía, algo comprendía, algo que estaba más allá del silencio y que podríamos llamar complicidad. ¿No cree que la complicidad es lo mejor que podemos tener con alguien? Y sentados uno frente al otro, en el viejo vagón del metro que chiflaba demasiado, como un asmático, los dos establecimos esa suerte de complicidad, ella me sonreía, con cierta picardía (una picardía que sobrevolaba las naranjas de la bolsa y los tallos de apio) y yo le sonreía y había un pequeño territorio de paz y de cordialidad, de armonía, de modo que cuando llegó mi estación no se me ocurrió bajarme, no me importaba adónde me conducía, porque mi tía estaba allá, entre la media docena de higos negros y la falda meticulosamente planchada, con el olor de los limones y del pastel de nata, viajábamos sin prisa sonriéndonos mutuamente en la penumbra del vagón, soportando con comodidad los malos olores, la suciedad y el encierro, de modo que ella me alargó media manzana (la había partido con una pequeña navaja) y yo me la comí.

«A lo mejor es un maniático que siente una pasión malsana por las ancianas,» pensó la mujer. «Eso, me evitaría problemas. Es posible que me parezca a alguien que conoció en su infancia, pero de ninguna manera me puede confundir con una anciana.»

—Cuando ella se bajó —continuó Equis— descendí detrás suyo. Me ofrecí a llevarle el bolso. Sonrió con un gesto radiante. ¿Comprende usted la palabra? ¿Sabe lo que quiero decir?

Además de ser extranjero, presumía de conocer bien la lengua y estaba dispuesto a darle clases. Esto la irritó.

—Por supuesto que entiendo —contestó, malhumorada.

—Me dio el bolso y caminamos juntos hasta la puerta de su casa. Me invitó a subir. Yo tuve deseos de llorar.

«¿Los locos lloran o no lloran?» Eso, ella no lo sabía. Pero era probable que sí.

—Iba a subir, pero desistí. Pensé que si subía, no iba a querer irme nunca más de allí.

Se dio cuenta de que él miraba hacia afuera, posiblemente evocando la escena. Aprovechó la oportunidad para huir.

EL VIAJE, VIII: LA NAVE DE LOS LOCOS

En el cuadro, la nave de los locos ha iniciado ya la travesía. A bordo, veinte hombres vestidos de gala, con sus trajes de noche perfectamente almidonados, los cuellos duros, guantes blancos y brillantes zapatos de charol. Es posible que esos hombres pensaran en una dichosa celebración a bordo; han subido a la nave ataviados con sus ropas de fiesta y el aire solemne y un poco tieso de las grandes ocasiones. Lejos, en el mar, se divisan algunas luces.

Cuenta la tradición que los barqueros se embarcaban hasta alta mar; una vez llegados allí donde las aguas son más profundas y las corrientes agitan la nave, los marineros, silenciosamente, deslizaban otras embarcaciones al costado, descendían hasta ellas —abandonando a los locos a su destino— y regresaban a tierra. Los orates[6] se daban cuenta a medias de esta maniobra. Si oponían alguna resistencia a la soledad en que quedaban en el mar, era fácil convencerlos de que los tripulantes bajaban por poco tiempo, para reponer los comestibles, buscar agua potable o reparar la embarcación. No se tienen noticias de rebeliones a bordo, sea por la férrea disciplina impuesta, sea porque el movimiento del mar fascinaba hasta tal punto a los orates que se volvían mansos. Artemius Gudröm, uno de los pocos navegantes de esta clase de viajes que guardó memoria de ellos, cuenta la siguiente anécdota: (Artemius era un ingeniero de naves bastante famoso a mediados del siglo XVI. Sin embargo, había contraído numerosas deudas, por su afición al juego, y estando preso, a causa de ello, en una prisión de Renania, y harto de las malas condiciones de vida en reclusión, aceptó cambiar su condena por la de bogar en una de estas naves, bajo nombre supuesto, y al mando de la expedición. Según cuenta en el único libro que dejó escrito —*Ars navegatoris*—, realizó tres viajes en naves de locos, hasta cumplir su condena. Su relato no es muy minucioso, fuera porque no se complacía en rememorar estos episodios, fuera porque estaba más preocupado en los detalles técnicos de la navegación de sus días: hondura y calado[7] de las embarcaciones, tamaño de la quilla,[8] características del velamen, riesgos y tribulaciones de las rutas.)

Habiendo embarcado desde un puerto de Flandes, en 1583, la travesía se desarrollaba en orden, según lo previsto, hasta llegar a los alrededores

6. Lunatics.
7. Draft.
8. Keel.

de Lovaina. La nave albergaba a 36 orates, procedentes, la mayoría, de distintas ciudades de Renania, de los cuales 22 eran hombres, diez mujeres y los cuatro restantes niños, casi adolescentes. Además de ellos, en la nave viajaban el propio Artemius y ocho tripulantes, reclusos de distintas cárceles de Sajonia que habían preferido la condena de navegar con los locos a la cárcel. La comida se había agotado y también el agua, pero Artemius no daba muestras de preocupación: faltaba poco para que llegara el momento de deslizar al costado de la nave la pequeña embarcación en la que él y sus ocho compañeros regresarían, sanos y salvos, a la costa. Sin embargo, uno de los locos, al cual Artemius bautizó con el nombre posiblemente supuesto de Glaucus Torrender, daba muestras de inquietud casi desde el comienzo de la travesía. Observa el propio Artemius que si bien el movimiento del mar (al cual, curiosamente, llama *berceo* y a veces meceo o mecimiento) tenía un poder hipnótico sobre los orates, muchos de los cuales, por contemplarlo con absoluta fijeza, con la cabeza inclinada hacia el agua, estaban a punto de caer y con frecuencia se hundían, sin que nadie diera la voz de alarma ni se molestara en rescatarlos, este fenómeno no se producía en Glaucus Torrender, antes bien, el movimiento del agua le provocaba inquietud. Artemius atribuye esta diferencia al hecho de que Glaucus no era un loco común. Extremadamente inteligente y despierto, agudo, muy observador, Glaucus se había destacado desde el comienzo por su sentido del orden y la responsabilidad. No sólo se había interesado por la marcha de la navegación, aprendiendo sin ayuda los rudimentos del arte de comandar y dirigir una nave, sino que se había hecho cargo del suministro de víveres, del racionamiento del agua y de la provisión de sal. Asegura Artemius que Glaucus era un admirable administrador y que su ayuda resultó fundamental, dado que los tripulantes que le acompañaban en este viaje eran gente indisciplinada, borrachos empedernidos y pendencieros. Todo hace suponer que Artemius y Glaucus se hicieron amigos, tan amigos como lo pueden ser, en definitiva, un hombre medio loco que parece cuerdo y un hombre medio cuerdo que parece loco. Por lo que se desprende del relato de Artemius, no conversaba a menudo con Glaucus, y su amistad se desarrollaba en silencio, compartiendo tareas. Aparentemente, cuenta el cronista, Glaucus no caía en raptos de delirio, como el resto de los orates, ni fantaseaba, como los demás, que imaginaban historias diversas y confusas sin adivinar nunca su destino. Acaso el único síntoma de Glaucus era un pernicioso insomnio, que lo hacía velar en la nave cuando todos —a excepción del timonel[9]— dormían. Dice Artemius que Glaucus no durmió una sola noche, no dio muestras de cansancio y

9. Helmsman.

tampoco durmió de día. Mientras los demás pasajeros, seducidos por el berceo del mar —según palabras del ingeniero de navegación— entraban en procesos de aguda hipnosis, o en raptos de locura, deliraban creyéndose en otros lugares y mantenían extravagantes conversaciones o soliloquios, Glaucus vigilaba, atento, la derrota de la nave, repartía provisiones, evitaba el robo, atendía la posición de los astros. ¿Sospechaba Glaucus el destino de tan extraña y simbólica navegación? Sea como sea, llegó el día señalado para que la tripulación abandonara el barco y a bordo de una nave más pequeña regresaran a tierra, entregando a los locos, con pocos víveres y agua, a su destino errante en alta mar.

Artemio había previsto la posibilidad de que su compañero favorito de viaje, Glaucus, velara, esa noche, como en las anteriores, y presa de la inquietud que lo agobiaba desde el principio, opusiera alguna resistencia al hecho de que la tripulación abandonara la nave; para tal caso había guardado una fuerte dosis de un somnífero (preparado con hierbas de la India) capaz de hacer dormir un caballo. Sin embargo, cuando revisó sus ropas, no encontró el frasco con la pócima salvadora. Tampoco lo encontró en su gabinete. Esto desconcertó a Artemius, que se encontró, así, de improviso, sin el recurso con el que había contado. Asegura que en un rato de locura propia, pensó en desembarcar a Glaucus junto a la tripulación, pero temió la reacción de sus compañeros, esos reclusos tan poco dóciles y caritativos. Por otro lado, su condena no había terminado, y un episodio como éste podía llevarlo nuevamente a las cárceles que tanto temía.

Llegado el momento del desembarco, Artemius comprobó que todos los locos dormían, como solía suceder a la noche, salvo Glaucus. Este, aparentemente manso, pero vigilante, aguardaba sentado en un barril, con la mirada fija en cada uno de sus movimientos. Dice Artemius que una amarillenta luna menguante iluminaba el proceloso mar y que las nubes, bajas, a veces la cruzaban como sombras de pájaros que huyen.

La tripulación estaba impaciente y ya habían comenzado las tareas de soltar el bote encargado de conducirlos a tierra. Embarazado, Artemius se acercó a Glaucus, para despedirse de él con alguna explicación que disminuyera su inquietud, y confiado en aquella parte de loco que seguramente había en Glaucus, le explicó que él y el resto de los tripulantes habían decidido llegar en bote hasta la costa más próxima, a fin de aprovisionarse, ya que los víveres y el agua faltaban y que teniendo en cuenta los conocimientos que Glaucus había adquirido durante la travesía, dejaba el mando de la nave en sus manos. Que la condujera suavemente en círculos, para no modificar la trayectoria, y junto a sus compañeros, estarían de regreso lo antes posible, cargados de galletas de mar, carne salada, mantequilla y queso. Dice Artemius que Glaucus lo miró terriblemente, con una mirada oscura y melancólica que lo obligó a murmurar la última frase preso de un escalofrío.

No bien terminada su explicación, Artemius fue sobresaltado por un grito espeluznante, al mismo tiempo que sordas imprecaciones e insultos saltaban de la boca de los marineros indignados: el bote izado al agua, no bien tocó la superficie del mar, se fue a pique.[10]

Artemius resume el final de la historia de la siguiente manera: sin embarcación con la cual volver, sin comida, sin agua, se vio obligado a dirigir la nave hasta cerca de la costa, lo cual consiguió luego de varios días de viaje. Pero los locos, hambrientos, daban señales de peligrosa inquietud y la tripulación, exasperada por el accidente, se había vuelto más intolerante aún. Pese a su oposición, varios locos fueron arrojados al mar por los marineros, y Glaucus, observador, no emitía palabra. Llegados a cierta distancia de la costa, Artemius dio orden de que todo el mundo se echara al agua y tratara de ganar la orilla; sabía perfectamente que los locos temían al mar y no lo harían y que si alguno conseguía vencer su terror y se lanzaba, difícilmente ganaría la costa, por falta de experiencia o de tenacidad.

En efecto; fuera porque no entendieron el significado de las palabras, fuera porque estaban sumidos en sus propios sueños, para los cuales no existe el concepto de costa o de orilla, ni siquiera, quizás, el de muerte, los locos no saltaron al agua, a excepción de uno: Glaucus, que saltó detrás de los ocho marineros y de Artemius, y al cual el ingeniero de naves vio naufragar enseguida, a la amarillenta luz lunar, envuelto en blanca espuma. A lo lejos, sin rumbo, bogaba la nave de los locos.

El anónimo pintor del cuadro ilustra el momento en que la nave, cargada de locos, parte de un puerto de Flandes. En el paseo, cerca de la costa, damas y caballeros se han dado cita, vestidos con sus mejores galas, para contemplar el espectáculo. Hay mujeres con parasoles y hombres con bastones de mango de plata. Las mujeres tienen gestos desenvueltos y los caballeros parecen muy educados.

Todos están de pie, conversando o mirando la nave. El pintor ha prestado más atención a esta escena, llena de espectadores, que a la nave en sí, lejana, donde Equis ha buscado en vano los ojos alucinados de Glaucus o el noble perfil de Artemius.

---

10. Sank.

Lo que más fastidia a Equis de este tránsito incesante de ciudad en ciudad, es la imposibilidad de tener perro. Piensa que quizá podría tener uno, pero no le gustaría abandonarlo, y además, cuesta muy caro trasladar a un perro de un lugar a otro. Por otra parte, no está muy seguro de que una vida tan incierta fuera del agrado de un perro, animal dócil que ama el hogar y la rutina. Por la misma razón, Equis no puede tener plantas, ni esposa (animal dócil que ama el hogar y la rutina).

APÉNDICES

BIBLIOGRAFÍA GENERAL

APÉNDICE A

Esquema metodológico del análisis literario y estudio estilístico integral de un texto.[1]

I. INFORMACIONES AUXILIARES

Datos sobre el autor

Antecedentes
Biografía
Ubicación
Escuelas y tendencias
   a las que se adhirió

Datos sobre la obra

Fecha de composición
Relación con el resto
   de la producción del autor
La época
Ecos que promovió
Fortuna literaria
Acogida de la crítica
Influencias que ejerció

II. A PARTIR DE LA RELECTURA DEL TEXTO

Obra elegida
   Ubicación
   Carácter
   Rasgos externos sobresalientes
   El porqué del título

III. ANÁLISIS INTERNO

Origen
   Asunto
   Tema

1. Adopted, with minor changes, from Raúl Castagnino, *Arte y ciencia de la expresión* (Buenos Aires: Editorial Nova, 1974), 385–91.

Motivaciones
Idea central
Argumento

Fuentes
¿Realidad exterior?
¿Realidad interior?
¿Libros?
¿Tradición?
¿Fantasías?

Intertextualidad
Observación directa
Memoria
Introspección
Reminiscencia
Imitación
Glosa
Paráfrasis

Contenidos
Individuales
Lo psicofisiológico
Sentimientos
Motivaciones
Vivencias
Sociales
Lo económico
Lo familiar
Lo político
Lo jurídico
Lo ideológico
Etc.
Estéticos
Inspiración
Género

El espacio
Presencia de lo geográfico
Ubicación y localización del tema

Paisaje literario
Escenario

El tiempo
 Época
 Moralidad
 Concepción del tiempo
 Juegos temporales

El género
 Epico
 Dramático
 Lírico

Personajes
 Caracteres
 Tipos
 Arquetipos
 Prototipos
 Psicología

Relación de los personajes con el autor
 Extraídos de sí
  Autobiográfico
  Virtualidad
 Extraídos del contorno
 Síntesis de seres diversos
 Personajes no-personas

Interrelación entre los personajes
 Jerarquía
 Protagonista
 Antagonista
 Héroe
 Secundarios

Presentación
 Directa
  En acción
  Por expresión y estilo

Indirecta
  Prosografía
  Epopeya
  Retrato
  Por el enmarcamiento

Acción y argumento
  Lenta o dinámica
  Predominante o relegada

IV. ANÁLISIS DE FORMAS INTERIORES

Estructura y composición
  Vivencias, inspiración
  Plan
  Partes y divisiones
  Puntos de vista
  Las transiciones
  Secuencias

Vocabulario
  Neologismos
  Arcaísmos
  Cultismos
  Tecnicismos
  Indigenismos
  Barbarismos
  Jergas

Estructura
  Narración
    ¿Orden lógico?
    ¿Orden espontáneo?

Exposición
  Directa
  Memorizada
  Cuadro (estática)
  Film (dinámica)
  Deductiva

Inductiva
Abstracta
Concreta
Rodeos
Parábolas
Símbolos
Alegorías

Diálogo
Conversacional
Literario
Combatiente
Directo
Indirecto
Libre

Epístola
Informativa
Persuasiva
Sentimental
Protocolar
Familiar

V. ANÁLISIS DE LAS FORMAS EXTERIORES EN CUANTO EXPRESIVIDAD INDIVIDUAL

Expresión (complejo sensorial)
Auditivas
Visuales
Cromáticas
De movimiento
De espacio
De forma
Sinestesias
Senestesias
Ilusiones de los sentidos

Expresionismo
Relación causa-efecto
Elaboración intelectualizada

Prosopopeya sin animismo
Personificación sin animismo
Estrechas subordinaciones
Tiempo fijado y preciso
Construcción oracional trabada y amplia

Equívocos Sensoriales
Apariencia y espontaneidad
Dinamización expresiva
Materialización de lo inmaterial
Animación de lo inanimado
Concreción de lo abstracto y viceversa
Metáforas animadas
Prosopopeya con animismo

Impresionismo
Proyecciones subjetivas
Tiempo fluyente e infijable

Oraciones
Cláusula
Breves
Construcción nominal
Repetición
Aumentativos
Hipérbole
Sinonimia
Perífrasis
Alusión
Intensificación
Eufemismo

Sintaxis y estilo
Morfología
Verbos
Tiempos, modos, aspecto
Histórico
Habitual
Etico
Atemporal

Hipotético
Perifrástico
Sintagmático

Construcción oracional
   Orden de los elementos
   Yuxtaposiciones
   Coordinaciones
   Subordinaciones
   "Anotación de agenda"
   Cláusula en abanico
   Presión afectiva
   Presión de la intencionalidad
   La entonación y la línea melódica
      de la oración como valor estilístico

VI. SÍNTESIS Y CONCLUSIONES DEL ANÁLISIS PARA LA INTERPRETACIÓN Y LA VALORACIÓN DE LA OBRA

APÉNDICE B

El realismo mágico: Teoría y características

Gran número de las escritoras contemporáneas emplean el realismo mágico. Para facilitar su comprensión se incluye el siguiente estudio mio.[1]

> Era insensato querer explicarle algo a la maga. Fauconier tenía razón, para gentes como ella el misterio empezaba precisamente en la explicación.
>
> J. Cortázar, *Rayuela*

LO MÁGICO Y LO FANTÁSTICO

Ningún tratadista ha proporcionado una definición del realismo mágico que sea unánimemente aceptada. La mayor dificultad reside en que su expresión colinda con lo fantástico, lo maravilloso y lo sobrenatural. Hay que decir que los dos últimos elementos son parte del realismo mágico mientras que lo fantástico no lo es.

Para empezar habría que establecer las diferencias entre lo mágico y lo fantástico. El enfoque del asunto se basa en el pensamiento de Alejo Carpentier, el cual es considerado el más válido para la definición y estudio del tema. En la *Introducción a la literatura fantástica*, Tzvetan Todorov destaca que, en lo fantástico, el escritor suele crear o inventar cosas como elfos, hadas, genios, y los pone en un mundo encantado, sin contradicciones, donde la única lucha es entre el bien y el mal.

En lo maravilloso, el narrador penetra en lo profundo de la realidad para desentrañar sus misterios. Los misterios no están fuera de la realidad

---

1. This essay was published, in slightly different form, in Gloria Bautista Gutiérrez, *Realismo mágico, cosmos latinoamericano* (Bogotá: Editorial América Latina, 1991), chap. 2.

sino que son parte integrante de élla. Por eso, lo maravilloso y lo sobrenatural no entran en conflicto con la realidad sino que la complementan. La apreciación de Miguel Angel Asturias, cuando se refiere a Guatemala, sirve para ilustrar la cuestión y la posición del escritor y su medio: "la realidad y lo maravilloso son inseparables. Las personas se mueven en una mezcla de magia y realidad . . . vivimos en un mundo sin fronteras entre lo real y lo maravilloso."[2] Ya se ha dicho que no siempre todo lo que es maravilloso pertenece al realismo mágico, aunque si puede decirse que el realismo mágico está impregnado de lo maravilloso. También hay que tener presente que lo maravilloso no es un elemento nuevo en la literatura. La novedad reside en el contacto que tiene lo maravilloso con la influencia surrealista que crea una actitud denominada realismo mágico.

Carpentier cree que el objetivo del escritor es captar una realidad americana que a los ojos del hombre europeo resulta fantástica. En Latinoamérica todo es gigantesco: su geografía, historia y mitología. Cada día está pleno de contrastes y extremos. Un astronauta puede encontrarse con un ser que acaba de salir de la edad de piedra. Aquí puede encontrarse la riqueza más opulenta y la pobreza más inhumana. La fusión de todos estos elementos y paradojas conforma el realismo mágico.

La tarea del escritor es buscar "la mitad oculta de la vida" como la llama Carlos Fuentes: la presencia de lo maravilloso en la realidad. El resultado es una metáfora revelada a través del lenguaje, una transformación poética de lo real. Por ello, la historia que se cuenta no tiene que ser exacta ni cronológica sino que llega a establecer sus propias reglas y límites.

LA FE Y LO MARAVILLOSO

Hay dos elementos esenciales en el realismo mágico como son la presencia de lo maravilloso y la fe. Carpentier es quien mejor los integra: "Lo maravilloso comienza a serlo de manera inequívoca cuando surge de una inesperada alteración de la realidad (el milagro), de una revelación privilegiada de la realidad, de una iluminación inhabitual o singularmente favorecedora de las inadvertidas riquezas de la realidad, percibidas con particular intensidad en virtud de una exaltación del espíritu que lo conduce a una especie de 'estado límite.' Para empezar, la sensación de lo maravilloso presupone una fe."[3] Según la idea carpenteriana, un milagro es la inesperada alteración de la realidad, o sea, un suceso mágico. Por

2. Miguel Ángel Asturias, "Quince preguntas," *Revolución* 3 (1959): 53.
3. Alejo Carpentier, *El reino de este mundo* (México: Iberoamericana de Publicaciones, 1949), 10.

tanto, la fe es el constituyente básico para el milagro y para el caso, todos tienen que tener fe: el autor, los personajes, el lector. La fe incluye la aceptación de acontecimientos extraordinarios como algo normal en la realidad objetiva; al aceptarlos, tenemos lo real maravilloso y son los milagroscrónicas que cuentan los escritores mágicorrealistas.

El Tercer Mundo está lleno de fe, de crédulos en mitologías antiguas que yuxtapuestas a las cristianas, producen la maravilla del milagro. Por este ingrediente de credibilidad, lo sobrenatural o mágico no provoca ninguna reacción especial. En el deleite literario, los personajes, el autor narrador y el lector mantienen una actitud de impasibilidad.

El mito, al igual que el milagro, se fundamenta en la fe. Mircea Eliade afirma que si no hay fe no es posible acceder a la verdad sobrenatural o mitológica. La fe condiciona la realidad y la puede hacer verosímil o creíble llegando a liberar la imaginación del autor para hacer posible lo imposible. El diluvio sobre Macondo que presenta Gabriel García Márquez, con una duración de cuatro años, once meses y dos días, es un ejemplo muy ilustrativo de la libertad ilimitada de la imaginación, de las posibilidades para combinar elementos diferentes y opuestos que pueden multiplicarse.

Carpentier no concibe lo real maravilloso como un fenómeno ontológico sino más bien histórico: "Pero ¿qué es la historia de América, sino una crónica de lo real maravilloso?"[4] La visión de la realidad hace que el tiempo se enfrenta con lo imaginario, se diluya y no fluya lineal ni cronológico sino según el sentir y actuar de los protagonistas, y por ende, del autor. En este ambiente, los recuerdos pueden tener pasado, presente y futuro. El tiempo llega a ser un elemento más de la imaginación del relator para crear la maravilla, el milagro.

No puede dejarse de lado como otro elemento del realismo mágico, la tensión entre dos realidades: la creada y la inventada. El mundo inventado es el producto de la manipulación de la realidad material y está limitado por ella. Lo creado contiene una doble realidad en la cual coexisten lo real y lo irreal, y da origen a una realidad mágica. El arte no se ha liberado de la magia, más bien, el arte sirve para fines mágicos. La magia es una unidad sincrética de creencia religiosa y actividad artística y puede ser la una o la otra, o bien, ambas a la vez.

Al confrontar el realismo mágico nos damos cuenta de que sus bases son bastante abstractas y complejas. Ya se observó que el escritor, para materializar, expresar o verbalizar el realismo mágico, se vale de técnicas surrealistas y utiliza figuras retóricas como la hipérbole, la ironía, la

---

4. Ibid., 14.

---

metáfora, la elipsis, la silepsis, la alegoría, y la catacresis. Así mismo, se vale del humor, la ironía, lo onírico, el mito, lo telúrico y metafísico para fundirlos en la realidad presentada.

CARACTERÍSTICAS MÁGICORREALISTAS

El realismo mágico surgió como una reacción contra el positivismo y el racionalismo. Los escritores, cansados de las narraciones "calculadas," prefirieron romper las normas establecidas y sondear nuevos caminos. Utilizaron los sueños, el subconsciente, lo mítico y sobrenatural para explorar y ahondar en los misterios de la realidad.

El escritor es un dios que sondea, halla y re-crea e intenta por medio del idioma verbalizar una realidad que a veces, contiene abstracciones inexpresables. El mágicorrealista lucha por exteriorizar su agonía interna para encontrar los hilos que tiene en común con otros hombres, utilizando el realismo mágico como arma o herramienta de trabajo. El valor del realismo mágico reside en el poder de representar literariamente una realidad abstracta y profunda, y así llegar a explorar más allá de los límites conocidos.

Para llegar a entender el realismo mágico es necesario concretar sus características para poder aplicarlas en un análisis literario. Se pueden atribuir al realismo mágico las siguientes características:

1. La exactitud en la descripción realista aplicada a un asunto sobrenatural o mágico. El narrador tiene una gran preocupación por el estilo y prefiere que sea sencillo, preciso y claro.

2. La yuxtaposición de elementos, temas, hechos y situaciones para mostrar la relatividad de la realidad.

3. El empleo de manifestaciones surrealistas para recrear atmósferas oníricas, extrañas e imprecisas. El escritor utiliza lo grotesco y prolonga la realidad hasta llegar a hacerla aparecer como una caricatura. También emplea el automatismo síquico para explorar el subconsciente.

4. La sorpresa es el resultado de la combinación de factores reales o irreales, concretos o abstractos, trágicos y/o absurdos.

5. El sincretismo. Concilia magia y religión, civilización y salvajismo, miseria y riqueza, y otros aspectos.

6. La utilización del mito sin preocuparse de su fidelidad a la historia, sino como un medio para forjar el mundo autónomo de la novela.

7. La disrupción limitadora del tiempo cronológico y del espacio objetivo.
8. La aceptación de lo insólito como algo familiar, validando lo real y lo irreal, al igual que lo maravilloso y lo mágico como parte integral de lo cotidiano y normal.
9. Los personajes funcionan en un plano de realidad autónoma carente de juicios o de criterios preestablecidos.
10. Una preocupación constante por los problemas sociales, políticos y culturales de Hispanoamérica.

En general, diríase que la narrativa mágicorrealista presenta una especie de solidaridad entre el escritor y su pueblo. El escritor se apodera dialécticamente del contexto vivencial de su gente y se fundamenta, no tanto en consideraciones teóricas, sino en una serie de fenómenos reales. Al adueñarse de la realidad, el autor puede decirle más al lector sobre su realidad cósmica que muchos estudios científicos.

Una inquietud que sobreviene a menudo al examinar la producción mágicorrealista es ¿Dónde termina la realidad y comienza la magia? Tan sólo sabemos que la magia subyace en toda realidad y que el escritor mágicorrealista involucra la realidad objetiva con la mágica.

BIBLIOGRAFÍA CRÍTICA

Arnasen, H. H. *History of Modern Art: Painting, Sculpture, Architecture.* Nueva York: Harry Abrams, 1968.

Bautista, Gloria. "El realismo mágico. Historiografía y características." *Verba Hispánica* 50 (1991): 1, 19–25.

Bravo, José Antonio. *Lo real maravilloso en la narrativa latinoamericana actual.* Lima: Editoriales Unidas, 1978.

Carpentier, Alejo. *El reino de este mundo.* México: Editorial Iberoamericana de Publicaciones, 1949.

Daniel, Lee. "Realismo mágico: True Realism with a Pinch of Magic." *South Central Bulletin* (College Station, Tejas) 42 (1982): 129–40.

Eliade, Mircea. *Mitos, sueños y misterios.* Buenos Aires: Abril, 1961.

———. *Myth and Reality.* Nueva York: Harper & Row, 1963.

Flores, Ángel. *El realismo mágico en el cuento hispanoamericano.* Tlahuapan, México: Premia, 1985.

Leal, Luis. *Varias interpretaciones en torno a la nueva narrativa hispanoamericana.* Santiago de Chile: Editorial Donald Bleznick, 1972.

Menton, Seymour. *Magic Realism Rediscovered.* London: Associated University Press, 1983.

Plenells, Antonio. "El realismo mágico ante la crítica." *Chasqui* (Provo, Utah) 17 (1988): 9–23.

Ricci, Gabriela. *Realismo mágico y conciencia mítica de América Latina.* Buenos Aires: Fernando García Cambeiro, 1985.

Rodríguez Monegal, Emir. "Realismo mágico vs. literatura fantástica: Un diálogo de sordos." En *Actas del XVI Congreso de Literatura Hispanoamericana.* East Lansing, Mich., 1973.

Trías, Eugenio. *Metodología del pensamiento mágico.* Barcelona: Edhasa, 1970.

Todorov, Tzvetan. *Introducción a la literatura fantástica.* Traducción de Silvia Delpy. Buenos Aires: Editorial Tiempo Contemporáneo, 1972.

———. *Literatura y significación.* Barcelona: Editorial Planeta, 1971.

Valbuena Briones, Ángel. "Una cala en el realismo mágico." *Cuadernos Americanos* 166 (1969): 233–41.

Vela, Fernando. "Realismo mágico: Problemas de la pintura europea más reciente de Franz Roh." *Revista de Occidente* (1927): 79–86.

Zeitz, Eileen. "Hacia una bibliografía sobre el realismo mágico." *Hispanic Journal* (Indiana University de Pensilvania) 3 (1981): 159–67.

BIBLIOGRAFÍA GENERAL

Alegría, Fernando. "Aporte de la mujer al nuevo lenguaje poético de Latino-américa." *Revista / Review Interamericana* 12 (1982): 27–35.

Alonso Fuentes, María Elena. "Towards a Feminist Reading of Latin American Women Writers." Dis. doctoral, University of Massachusetts, Amherst, 1986.

Arancibia, Juana Alcira. ed. *Evaluación de la literatura femenina de Latinoamérica*. Siglo XX. San José: Educa, 1985.

Araújo, Helena. "¿Crítica literaria feminista? *Eco* 44 (1984): 598–606.

———. "¿Cuál literatura femenina?" *El Espectador, Magazín Dominical,* 20 septiembre 1981.

———. "Escritoras latinoamericanas: ¿Por fuera del boom?" *Quimera* 30 (1983): 8–11.

———. "Narrativa femenina latinoamericana." *Hispamérica* 11 (1982): 23–34.

———. *La Scherezada criolla: Ensayos sobre escritura femenina latinoamericana*. Bogotá: Universidad Nacional, 1989.

Arenal, Electa. "Two Poets of the Sandinista Struggle." *Feminist Studies* (College Park, Maryland) 7 (1981): 19–27.

Bassnett, Susan. "Coming Out of the Labyrinth: Women Writers in Contemporary Latin America." En *Modern Latin American Fiction: A Survey,* ed. John King. Boston: Faber & Faber, 1987.

Brown, Joan. *Women Writers in Contemporary Spain*. Newark: University of Delaware Press, 1991.

Bullrich, Silvina. "The Woman Writer in Latin America." *Américas* 37 (1985): 54–55.

Castro-Klaren, Sara. "La crítica literaria feminista y la escritora en América Latina." En *La sartén por el mango,* ed. González y Ortega.

Castro-Klaren, Sara, Sylvia Molloy, y Beatriz Sarlo. *Women's Writing in Latin America: An Anthology*. Boulder: Westview Press, 1991.

Chase, Kathleen. "Latin American Women Writers: Their Present Position." *Books Abroad* 33 (1959): 150–51.

Correas de Zapata, Celia. "Escritoras latinoamericanas: Sus publicaciones en el concepto de las estructuras del poder." *Revista Iberoamericana* 51 (1985): 591–603.

—————. "La mujer en las letras de América." *Ensayos Hispanoamericanos.* Buenos Aires: Ediciones Corregidor, 1978.

Corvalán, Graciela N. *Spanish American Women Writers in English Translation: A Bibliography.* Los Angeles: California State University, 1980.

Fernández Sein, Ana H. "Primer congreso sobre escritoras de América Latina." *Sin Nombre* 6 (1975): 59–61.

Figueira, Gastón. "Daughters of the Muses." *Americas* 2 (1950): 28–39.

Fox-Lockert, Lucía. *Women Novelists in Spain and Spanish America.* Metuchen, Nueva Jersey: Scarecrow Press, 1979.

Francescato, Martha Paley. "Women in Latin America: Their Role as Writers and Their Image in Fictions." En *Women in Latin American Literature: A Symposium.* Amherst: University of Massachusetts, International Area Studies Programs, 1979.

Gámbaro, Griselda. "Algunas consideraciones sobre la mujer y la literatura." *Revista Iberoamericana* 521 (1985): 471–74.

Garfield, Evelyn Picón. *Women's Voices from Latin America. Interviews with Six Contemporary Authors.* Detroit: Wayne State University Press, 1985.

González, Patricia Elena, y Eliana Ortega, eds. *La sartén por el mango: Encuentro de escritoras latinoamericanas.* Río Piedras, P.R.: Ediciones Huracán, 1985.

González Freire, Nati. "La mujer en la literatura de América Latina." *Cuadernos Hispanoamericanos* 414 (1984): 84–92.

Grupo Mujer y Sociedad. *Mujer, amor y violencia.* Bogotá: Tercer Mundo Editores, 1991.

Guerra Cunningham, Lucía. "La mujer latinoamericana y la tradición literaria femenina." *Fem* 3 (1979): 14–18.

Guerra Cunningham, Lucía, ed. *Mujer y sociedad en América Latina.* Santiago de Chile: Editorial del Pacífico, 1980.

Handelsman, Michael H. "Algunas observaciones sobre el por qué y el para qué de la crítica literaria feminista." *Letras Femeninas* 6 (1980): 63–70.

Horno-Delgado, Asunción. *Breaking Boundaries: Latina Writings and Critical Readings.* Amherst: University of Massachusetts Press, 1989.

Hughes, Psiche. "Women and Literature in Latin America." En *Unheard Words,* ed. Mineke Schipper. Nueva York: Allison and Busby, 1985.

Johnson, Julie G. *Women in Colonial American Literature: Literary Images.* Westport, Conn.: Greenwood Press, 1983.

Kilpatrick, Susan. *Las románticas.* Berkeley: University of California Press, 1989.

Lagos, Ramiro. *Mujeres poetas de Hispanoamérica: Movimiento, surgencia e insurgencia.* Bogotá: Ediciones Tercer Mundo, 1986.

Lindstrom, Naomi. "Feminist Criticism of Latin American Literature: Bibliographic Notes." *Latin American Research Review* 15 (1980): 151–59.

López, Jorge Jacinto. "¿Existe una literatura específicamente femenina?" *La Estafeta Literaria* 501 (1972): 14–17.

López González, Aralia. *De la intimidad a la acción: La narrativa de escritoras y su desarrollo.* México: Universidad Autónoma Metropolitana, 1985.

López González, Aralia, ed. *Mujer y literatura mexicana y chicana*. México: Colegio de México, 1990.

Marting, Diane E. *Women Writers of Spanish America: An Annotated Bio-Bibliographical Guide*. Nueva York: Greenwood Press, 1990.

Meyer, Doris, y Margarite Fernández Olmos, eds. *Contemporary Women Authors of Latin America*. Tomo 1: *Introductory Essays*. Brooklyn: Brooklyn College Press, 1983.

Miguel, María Esther de. "La mujer en su literatura y su responsabilidad como escritora." *Revista de la Universidad Nacional de Córdoba* 10 (1969): 321–37.

Miller, Beth, ed. *Mujeres en la literatura*. México: Fleischer Editora, 1978.

———. *Women in Hispanic Literature: Icons and Fallen Idols*. Berkeley: University of California Press, 1983.

Miller, Ivette, y Charles Tatum, eds. *Latin American Women Writers—Yesterday and Today*. Pitsburgo: Latin American Literary Review Press, 1977.

Molloy, Sylvia. "Sentido de ausencias." *Revista Iberoamericana* 51 (1985): 483–88.

Mora, Gabriela. "Narradoras hispanoamericanas: Vieja y nueva problemática en renovadas elaboraciones." En *Theory and Practice of Feminist Literary Criticism*, ed. Gabriela Mora y Karen S. Van Hoofe. Ypsilanti, Mich.: Bilingual Press, 1982.

Mora Escalante, Sonia Marta, et al. "El segundo sexo: La segunda literatura." En *Evaluación de la literatura femenina de Latinoamérica. Siglo XX*, ed. Arancibia.

Ordóñez, Elizabeth. *Voices of Their Own*. Lewisburg, Pa.: Bucknell University Press, 1991.

Pérez, Janet. *Contemporary Women Writers of Spain*. Boston: Twayne, 1988.

Peri Rossi, Cristina. "Literatura y mujer." *Eco* 42 (1983): 498–506.

Poniatowska, Elena. "La literatura de las mujeres en América Latina." *Eco* 42 (1983): 462–72.

Redondo, Susana. "Proceso de la literatura femenina hispanoamericana." *Cuadernos* 6 (1954): 34–38.

Rice Cortina, Lynn Ellen. *Spanish-American Women Writers: A Bibliographical Research Checklist*. Nueva York: Garland, 1983.

Rivero, Eliana. "Hacia una definición de la lírica femenina en Hispanoamérica." *Revista / Review Interamericana* 12 (1982): 11–26.

Rosenbaum, Carmen Sidonia. *Modern Women Poets of Spanish America*. Nueva York: Hispanic Institute, 1945.

Roses, Lorraine Elena. "Las musas no escriben, inspiran. Latin America: Region of Invisible Women Writers." *Third Woman* 3 (1986): 99–105.

Ugarte, Manuel. "Women Writers in South America." *Books Abroad* 5 (1931): 238–41.

Valenzuela, Luisa. *The Other Face of the Phallus*. Nueva York: Cambridge University Press, 1986.

Valenzuela, Víctor. *Grandes escritoras hispanoamericanas. Poetisas y novelistas*. Bethlehem, Pa.: Lehigh University Press, 1947.

Valis, Noel, y Carol Maier. *In the Feminine Mode*. Lewisburg, Pa.: Bucknell University Press, 1990.

Vitale, Luis. *Historia y sociología de la mujer latinoamericana*. Barcelona: Fontamarama, 1981.

Welles, Marcia L. "The Changing Face of Women in Latin American Fiction." En *Women in Hispanic Literature*, ed. Miller.

Wilson, S. R. "Art by Gender: The Latin American Woman Writer." *Revista Canadiense de Estudios Hispánicos* 6 (1981): 135–37.